Calvario

ÁLBER VÁZQUEZ

Calvario

Una historia de culpa, dolor
y arrepentimiento en el origen del cristianismo

la esfera de los libros

Primera edición: marzo de 2024
Segunda edición: mayo de 2024

Avenida de San Luis, 25
28033 Madrid
Tel.: 91 443 50 00
www.esferalibros.com

ISBN: 978-84-1384-775-7
Depósito legal: M. 2.354-2024
Fotocomposición: J. A. Diseño Editorial, S.L.
Impresión y encuadernación: Huertas
Impreso en España-*Printed in Spain*

El tiempo se ha cumplido
y el reino de Dios está cerca. ¡Arrepentíos!

Marcos 1, 15

LIBRO PRIMERO

JESÚS

1

Sábado

El sábado, Jesús ya sabía que la llegada del fin del mundo era inminente. Quizás por ello, la decisión de establecerse, con su grupo de seguidores, en la casa de Lázaro en Betania parecía la adecuada. La aldea se encontraba al este de Jerusalén, a no más de media hora de camino si se elegía la senda que dejaba al norte el Monte de los Olivos. Es decir, no podría haber encontrado un emplazamiento mejor para llevar adelante sus planes. Unos planes que cambiarían el mundo para siempre. No, mejor aún: que lo extinguirían tal y como lo conocemos para convertirlo en algo nuevo y diferente.

Lázaro siempre puso su casa a disposición del maestro. «Cuando sea y en las condiciones que sea», le había dicho. Jesús, poco dado a abusar de sus amigos —y Lázaro lo era desde que, tiempo atrás, Jesús lo auxiliara en unas circunstancias cruciales—, dejó estar el ofrecimiento, aunque no lo olvidó. Por ello, cuando supo que había llegado el momento de ir a Jerusalén, decidió aceptar la invitación de su amigo Lázaro. Algo incómodo, ha de decirse, pues el grupo que acompañaba a Jesús se completaba, en aquellos días, por un total de treinta y cinco almas, de las cuales cuatro eran mujeres y el resto, hombres.

Fue esta la razón de que, cuando llegaron a Betania y se presentaron en la casa de Lázaro, Jesús se disculpara con su amigo antes de apresurarse a añadir que lo liberaba de su ofrecimiento. «No estás obligado a acogernos y no por ello tu imagen caerá en desdicha», explicó Jesús. Lázaro no quiso oír ni una sola palabra más e insistió en que todos, los treinta y cinco discípulos de Jesús y Jesús mismo, eran bienvenidos en su hogar. Lo único que lo apenaba era no disponer de sitio para acomodarlos a todos dentro del recinto de su propiedad. Jesús repuso que ya hacía más que suficiente y aceptó que tanto él como sus discípulos más cercanos —Pedro, Santiago, Andrés y Juan— y el grupo de mujeres que lo acompañaban se alojasen bajo el techo de la vivienda mientras que el resto montaba sus tiendas en un huerto colindante.

Lázaro era un pequeño artesano dedicado a fabricar ajuares de cocina: ollas, pucheros, platos, vasos, jarras... Aunque no era, ni mucho menos, rico, se ganaba bien la vida. Todavía tenía dos hermanas sin casar —Marta y María—, las cuales, tras el fallecimiento de sus padres, vivían bajo su mismo techo encargándose de las tareas del hogar, del mantenimiento del huerto y del cuidado de unos cuantos animales domésticos. Ni qué decir tiene que Lázaro era un estudioso de las Escrituras: nadie que no lo fuera podría haberse llamado amigo de Jesús, pues no era Jesús un hombre que acostumbrara a trabar relación con gentes que ignoraran la Ley de Moisés.

La llegada del grupo de Jesús supuso una pequeña revolución en Betania. Allá no vivían más de cien personas, de modo que treinta y cinco visitantes —treinta y seis, contando a Jesús— amenazaban con poner la aldea patas arriba. Jesús, desde un principio, tranquilizó a Lázaro: «Tus vecinos no tendrán queja de nosotros», aseguró. Y sería cierto, pues los de Jesús apenas se movieron de sus tiendas, salvo para asearse y utilizar la letrina que ellos mismos abrieron a cien pasos de distancia en pleno campo.

Jesús observaba tan rigurosamente el sábado que incluso las discusiones teológicas, a las que tan aficionados eran sus discípulos, quedaban descartadas hasta el ocaso. Lázaro, que también era un buen polemista, trató de tentar a Jesús arguyendo que «la observancia del sábado no afecta a las palabras», pero Jesús no cayó en la trampa. «¿Cómo se encuentran tus hermanas?», preguntó este, cambiando de tema y abogando por la charla intrascendente, a su juicio ajena a las restricciones exigidas para el sábado.

Se encontraban bien, y si Jesús no las había visto hasta entonces era porque Lázaro, al ver aproximarse por el camino a Jesús, les había ordenado que se encerraran en la cocina y cocieran pan suficiente «para dar de comer a este grupo de maravillosamente elegidos».

«He de casar a ambas», dijo Lázaro. Y, mirando a los ojos a Jesús, añadió: «¿Crees que, entre tus discípulos, podríamos hallarles marido?». El pobre Lázaro albergaba la esperanza de, de algún modo, *emparentarse* con Jesús. Y si no con él, porque eso era imposible, sí con alguien de su entorno inmediato. «Nosotros hemos renunciado a fundar familias, Lázaro, pues en el reino de Dios carecerán de todo sentido», manifestó Jesús.

Pedro, Santiago, Andrés y Juan, los cuatro hombres que, en todo momento y sin descanso, flanqueaban a Jesús, asintieron. Esa era la primera y más importante exigencia del maestro: el abandono de lo terrenal para así bien mirar hacia delante. Jesús afirmaba que, tras la llegada del reino de Dios, Dios en persona, de forma efectiva y obvia, proveería en el orden nuevo. Pan y felicidad, como ellos, los discípulos, resumían la explicación, bastante más compleja, de Jesús: el reino de Dios sería la época del esplendor y las abundancias, del banquete radiante e infinito, de la provisión espléndida y de los manjares esenciales. En el reino, donde todos contemplarían directamente el rostro de Yahvé, no habría maridos ni esposas, ni más vínculos familiares que los que el amor a Dios señala: un estado de dicha plena, de quietismo silente, pero también de risa y efervescencia, de afecto universal.

De los cuatro hombres que constituían el entorno íntimo de Jesús, los cuatro eran grandes conocedores de las Escrituras. Pedro y Juan habían sido los dos primeros en dejarlo todo y seguir a Jesús. Algo más de dos años atrás, lo habían visto predicar en la orilla occidental del lago Tiberíades. Entonces, Jesús marchaba solo por los caminos de Galilea. No buscaba discípulos o, si los buscaba, no lo dejaba traslucir. En una de aquellas tardes, Pedro y Juan, pescadores ambos y dueños de una pequeña barca con la que salían a faenar, se aproximaron a Jesús mientras este predicaba a un exiguo grupo de lugareños: apenas media docena de hombres atendía a su interpretación de las Escrituras. Pedro y Juan, que se jactaban de conocer lo escrito palabra por palabra, lo escucharon, primero con cierta condescendencia y, poco después, con admiración. Jesús explicaba las escrituras sin desviarse demasiado de la ortodoxia, pero, a diferencia de otros muchos predicadores ambulantes, lo hacía con un aplomo y una claridad invencibles. Jesús hablaba y tenía razón. Qué menos que, por lo tanto, caminar tras sus pasos. «Si queréis venir conmigo, no traigáis segunda túnica», exigió Jesús. Pedro y Juan aceptaron, creyendo que se embarcaban en una aventura que los mantendría ocupados durante cuatro o cinco días, y ya llevaban más de dos años a su lado.

El lago Tiberíades se hallaba rodeado de numerosas aldeas de minúsculo tamaño, las cuales eran muy del gusto de Jesús a la hora de predicar. Por ello, en cuestión de tres meses, regresaron al punto donde Pedro y Juan se habían unido a Jesús y estos convencieron a sus respectivos hermanos —Andrés, de Pedro; Santiago, de Juan— para que, a su vez, se incorporaran al grupo. Comenzaba así una época que no había visto su final: la del Jesús siempre acompañado de un círculo de fieles estudiosos de las Escrituras que gozaban desmigajando las nuevas interpretaciones propuestas por el maestro.

Ese grupo de adeptos, no obstante, crecía y menguaba sin que a Jesús le pareciera mal. Tras el núcleo esencial que formaban Pedro, Santiago, Andrés y Juan, existía un círculo de ocho hombres más, los cuales, unidos a los primeros, constituían el conjunto de doce discípulos estables de Jesús. El resto iba y venía. Algunos apenas pasaban unos pocos días junto a Jesús. Lo oían predicar en este o en aquel pueblo, y luego se despedían y regresaban a sus casas y a sus quehaceres. A Jesús le parecía bien y reprendía a sus doce más cercanos cuando estos insistían en que «la exigencia se redoble, no vayan a colársenos observantes laxos de la Ley». «Si son judíos, es para ellos lo que predico», aducía, entonces, el maestro. Y es que Jesús creía que su mensaje debía extenderse a todos los rincones del país, no en vano el reino de Dios llegaría para ellos en tanto en cuanto que eran súbditos del reino de Israel.

La presencia de Jesús en Betania en víspera de la Pascua no parecía circunstancial. Jesús no se había explayado al respecto —no acostumbraba a hacerlo— y ni tan siquiera sus cuatro íntimos conocían sus intenciones. Sin embargo, Jesús poseía un plan y había llegado la hora de compartirlo. En presencia de Lázaro, más diligente y entregado que los propios discípulos, Jesús, con voz tranquila, explicó que, tras mucho meditarlo, había llegado a la conclusión de que él era el mesías y que, como tal, poseía la llave que encajaba en la gran puerta que conducía al reino de Dios. «¿Serás tú el que la abra?», preguntó Santiago. «Seré la llave, no la mano», respondió Jesús, un tanto enigmáticamente.

Pasó, entonces, a detallar sus explicaciones. Jesús creía que el advenimiento del reino de Dios era inminente. De hecho, si se era buen observador, podían distinguirse los primeros rumores de su llegada. «¿No notáis que el diablo está acobardado?», preguntó sin esperar respuesta. «Es cuestión de días», añadió.

De manera que más les valía —le valía a Jesús, pero les valía también al resto de hombres que este necesitaba para llevar adelante su plan— apresurarse a allanar el camino a las legiones de ángeles que, una vez abierto de par en par el cielo, descenderían a la tierra, para, implacables, separar a los justos de los pecadores. «Será Yahvé tan iracundo como jamás lo habéis conocido», expresó Jesús.

Lázaro, llegados a este punto, se pasó la mano por el rostro y se lo frotó. Le preocupaba la posibilidad de ser él un pecador más, de no estar a la altura de los acontecimientos y de que los ángeles del Juicio Final lo apartaran de un manotazo. Jesús, entonces, sonrió abiertamente. «Pobre Lázaro», dijo. «¿No sabes que si tú estás fuera del reino de Dios, todos nosotros lo estamos contigo?». Era su forma de expresar que cualquier buen judío que cumplía con la Ley de Moisés podía estar tranquilo: el reino de Dios les pertenecía y al banquete celestial se sentarían en posiciones preeminentes.

Jesús bromeaba con frecuencia, y no era raro oírle afirmar que era el mesías de Dios y, a renglón seguido, aventurar que quizás él no tuviera sitio en el reino que ya llegaba. «A fin de cuentas, a cada uno se le exigirá en función de sus capacidades», indicaba para expresar que Yahvé no trataría igual a un judío de la calle que hacía lo que podía por obedecer la Ley de Moisés que a ellos, sabios estudiosos de la Ley escrita. «A nosotros, se nos requerirá algo más que estar circuncidados, respetar el sábado y realizar sacrificios para expiar los pecados».

«Se nos exigirá atención al plan que mañana dará comienzo», añadió tras una breve pausa en la que Lázaro y los discípulos se mantuvieron a la expectativa.

«¿Qué plan, maestro?», acertó, un rato después, a preguntar Pedro. Llegados a este punto, los discípulos sentían miedo. ¿Cómo no sentirlo, si se aproximaba el fin de los tiempos? Como judíos piadosos, lo deseaban ardientemente, pero eso no evitaba que, siendo como eran hombres de carne y hueso, el miedo los pusiera a temblar.

Jesús volvió a sonreírles. Él tampoco era ajeno a tanto desasosiego. Que Dios lo hubiese señalado para invocar su reino lo colmaba de dicha, aunque también de inquietud. ¿Y si no estaba a la altura de las circunstancias? ¿Y si, pese a todos sus esfuerzos, no lograba dar con la estrategia para insertar la llave en el ojo de la cerradura? ¿Y si, en suma, fracasaba?

«Cae sobre mis espaldas una responsabilidad única, y seréis vosotros los primeros en conocerla», explicó Jesús en voz baja. «Puedo salir de la habitación, si es que deseáis hablar en confianza», dijo Lázaro. «No», lo interrumpió Jesús al tiempo que levantaba una mano en el aire. «Para ti también tengo un cometido, pues desde esta casa actuaré y en ti creo para que la atiendas y a los míos des refugio».

Las cuatro mujeres que formaban parte del círculo de Jesús se llamaban María Magdalena, Salomé, Juana y Raquel. Las cuatro eran mujeres solteras, pues de otro modo no podrían haberse integrado en el grupo sin que sus maridos las repudiaran, y provenían, a diferencia de la gran mayoría de los discípulos varones, de buenas familias judías galileas. Las cuatro poseían patrimonio propio y, lo que era más importante en aquellas circunstancias, dinero metálico, contante y sonante, que utilizaban abiertamente para sostener a los treinta y seis integrantes del cortejo de Jesús.

Un Jesús poco inclinado a consentir el trabajo remunerado —y no eran pocos los discípulos que le insistían en la necesidad de, cuanto menos temporalmente, aceptar unos cuantos jornales para salir de los apuros cotidianos—, aunque sí la simple dación. El maestro solía ser rotundo al respecto: «Rechazad las ataduras del trabajo y su cotidianeidad, pues el fin del mundo está aquí». El mensaje no podía ser más claro: ocupaos de salvar vuestras almas, porque lo demás está de más.

Y, sin embargo, había que comer. Jesús preconizaba una frugalidad extrema y sin fisuras, de la que él, sin duda, daba muestras cada día y en cada momento. Comía muy poco, apenas lo justo para no caer desmayado, y no aceptaba que los miembros varones de su séquito poseyeran bienes. Según él, caminaban con lo puesto, literalmente con lo puesto. De esta forma, el equipaje —más allá de las tiendas que sí portaban para montarlas aquí y allá y pernoctar a cierto resguardo y no a plena intemperie— no existía. «Id ligeros para que ligera surja vuestra noticia», declaraba.

Y, sin embargo, pues, había que comer. Ahí entraban en juego María Magdalena, Salomé, Juana y Raquel, que, con su capitalito, adquirían, allá por donde pasaran, lo necesario para la subsistencia. Ellas sí podían portar —o, al menos, Jesús no había mostrado reservas al respecto— equipaje, lo cual suponía que unos cuantos panes y algo de salsa fermentada de pescado para untar en ellos no les faltaban.

El hecho de que los alimentos que tomaban, que el propio Jesús consumía, los portaran las mujeres daba cuenta de la posición del maestro respecto a ellas. Jesús era un judío de rígidos principios morales y religiosos, pero tan estricta era la tenencia de los mismos como su interpretación. Así las cosas, Jesús no creía que las mujeres estuviesen eternamente impuras, por mucho que sangraran una vez al mes o no fueran capaces de recitar de corrido las Escrituras. Las mujeres judías pertenecían al pueblo elegido por Dios y vivían en la tierra que este les había prometido. En consecuencia, contaban para su plan y no cabía relegarlas a posiciones inferiores. Debían participar, estaban obligadas a participar, y participarían.

Fueron Marta y María, las hermanas de Lázaro, las que más se sorprendieron de la familiaridad y el afecto con la que Jesús trataba a las mujeres. Ellas dos se habían criado en el seno de una familia judía de las de toda la vida, en la que el padre —y, en ausencia de él, el primogénito varón— decidía cómo había de discurrir el día a día de las mujeres de la casa. Dado que Lázaro era un gran devoto, ellas habían tenido acceso a las Escrituras y a la sinagoga, pero lo normal era que esto no fuese así y que su existencia cotidiana hubiera quedado circunscrita a las labores del hogar.

«Es muy guapo», había dicho Marta, una vez que las seis mujeres se reunieron en la cocina de la casa y comenzaron a trajinar en la preparación del pan. Sonreía, la pobre Marta, pensando que las mujeres que venían con Jesús se mostrarían cómplices de su comentario. «Nosotras no acostumbramos a describirlo en esos términos», replicó, seca, María Magdalena. Durante unos minutos, ninguna habló y el polvo de la harina en suspensión se plegó sobre sí mismo creando extrañas figuras.

«No quería ofender», añadió, al rato, Marta. «No lo has hecho», corrigió, muy rápido, María Magdalena. «Sencillamente, no sabías cómo hablar de él». Y esbozó una sonrisa para dar por zanjado el asunto.

Como un buen número de discípulos de Jesús, María Magdalena había nacido en la orilla occidental del lago Tiberíades. Era, pues, una galilea que provenía de ese mundo rural fervoroso y entregado. Su padre era un severo observante de la Ley de Moisés que veía con malos ojos a cualquier reformista. Y Jesús lo era. La obsesión de este por llevar la prédica no a las sinagogas, sino allá donde se hallaran los más pobres y los más desposeídos, no caía bien entre los rabinos convencionales. «¿Acaso los mendigos no forman parte del pueblo de Israel?», opinaba siempre Jesús con el tono de voz de los que no aguardan respuesta. Un tono que, más que el fondo de lo expresado —sí, claro que eran parte del pueblo de Yahvé, quién lo negaría—, conseguía que los dientes rechinaran en torno a él.

Cuando María Magdalena solicitó el permiso de su padre para unirse al grupo predicante de Jesús, este, con todo, no se negó. Aquel no era el papel que una mujer joven debía desempeñar en la sociedad judía, pero Jesús, al que había escuchado predicar en un par de ocasiones, parecía un hombre cabal y justo. Algo extravagante en sus determinaciones, pero judío de los pies a la cabeza y recto a más no poder.

Desde entonces, y ya iba para un año, María Magdalena acompañaba a los discípulos responsabilizándose de que a Jesús y a su círculo íntimo de doce discípulos no les faltara lo esencial para que su trascendental tarea —así la consideraba María Magdalena— se llevara a cabo sin una dificultad más de las estrictamente inevitables.

Quizás convenga señalarlo ahora, para evitar susceptibilidades futuras: en el grupo de Jesús no se permitían afectos más allá de los puramente fraternales. Jesús no se mostraba en contra de ellos —más bien, al contrario: hablaba siempre a favor del amor—, pero juzgaba que la misión que tenían encomendada no dejaba espacio para nada que no fuera la prédica y el aviso de la inminente llegada del fin de los tiempos. «Además, una vez que el Juicio Final haya concluido y los justos pisen el Israel verdadero, no existirán maridos ni esposas, pues Dios dispondrá un orden nuevo y fraterno basado en la serena contemplación de su rostro».

Así que, tanto Magdalena como Salomé, Juana y Raquel disfrutaban de la incuestionable hermandad que, entre judíos de cualquier sexo, preconizaba Jesús; pero nada más.

Y desde luego que Jesús era «muy guapo».

Más tarde, Pedro decidió salir a dar una vuelta por las inmediaciones. Lo hizo solo, aprovechando que los demás dormían una breve siesta, y con la excusa de «estirar las piernas, que cada día me duelen más». Era un hombre joven y fuerte, pero en el grupo de Jesús se lo trataba con respeto, casi con sumisión, y de ningún modo nadie objetaría nada.

Así fue y, bajo un sol despiadado, Pedro paseó por las calles desiertas de Betania y dio una y mil vueltas al plan que Jesús les había comunicado: al día siguiente, Jesús entraría en Jerusalén declarándose rey de Israel.

Si en condiciones normales este acto se vería revestido de una importancia capital, en vísperas de la Pascua adquiría una relevancia indescriptible. Jerusalén, aquellos días, se convertía en el centro del universo judío, pues todo hombre sano y en sus cabales se encontraba obligado a peregrinar hasta la ciudad y ofrendar un sacrificio en el Templo de Yahvé para así expiar los pecados. Y los judíos serían muchas cosas, pero no unos impíos que se tomaran a la ligera la Ley de Moisés. Quien podía y debía estar en Jerusalén estaba en Jerusalén.

De ahí, precisamente, que la decisión de Jesús —cruzar las murallas de Jerusalén proclamándose rey de Israel— intimidara a Pedro. No por lo que los judíos pudieran pensar de Jesús —lo recibirían con gozo, Pedro no lo dudaba—, sino a causa de los romanos que ocupaban Judea: uno de los principales objetivos del rey de Israel —del mesías—, sería el de liberar a los judíos de cualquier opresión que lo subyugase. ¿Cómo podría, de otro modo, acceder el pueblo elegido al reino de Dios? ¿Acaso era posible disfrutar de la dicha plena, de los mil años de concordia entre el Altísimo y sus gentes, si estas se hallaban sometidas por hordas de gentiles? De ninguna manera.

El primer acto que emprenderían las legiones de ángeles iracundos enviados por Dios sería el de exterminar a todos los romanos. Como esta conclusión se encontraba al alcance de cualquiera, los propios romanos la colegirían sin demora. Un rey de Israel era lo último que necesitaban. De manera que, y en esto Pedro estaba muy en lo cierto, Jesús corría peligro.

La obligación de Pedro, ahora, era la de proteger al maestro. Incluso, juzgó, contra la opinión del maestro. Porque, en esto, de nuevo, Jesús actuaba despreocupadamente. Si él era el mesías, si Yahvé lo había designado para salvar a Israel propiciando la llegada de los ángeles iracundos que clasificarían a los hombres en buenos y malos —en justos y pecadores—, no cabía pensar que algo tan elemental como su propia seguridad individual quedara en suspenso. Como Dios proveería, Dios protegería.

Pedro prefería mantenerse más pegado a lo terrenal. Los malvados aún no habían sido separados y los romanos que sojuzgaban al pueblo de Israel campaban a sus anchas. Pedro no dudó de que su cometido era el de preservar la vida de Jesús ante el gran enemigo de Jesús: Roma, la miserable opresora del pueblo elegido por Dios. Morirían aplastados bajo el peso de los ángeles, sí, pero, mientras ese día llegaba, lo cotidiano importaba. «Está cerca», les había dicho Jesús a sus doce discípulos más queridos. «Está muy cerca».

En su proyecto para los hombres, Yahvé había dispuesto que cada uno, judío o pagano, contara con libre albedrío. Eso significaba que un soldado romano podía desenvainar, en cualquier momento, su arma, y atacar a Jesús. Pedro *sentía* que su deber era impedirlo. Si el plan de Dios está escrito, este era su renglón.

Resuelto a lograrlo, emprendió camino hacia Jerusalén. Llevaba consigo todo el dinero del que disponía el grupo, y no porque Jesús se lo encargara —Jesús se desentendía por completo de todo lo que tuviera que ver con la intendencia general; «Dios cuidará de nosotros», repetía cada vez que Pedro le refería sus dificultades para abastecerse hasta de lo más elemental—, sino debido a que él mismo, por cuenta propia, había asumido la tarea. María Magdalena, Salomé, Juana y Raquel, como se ha dicho, disponían de dinero propio pues a ellas, en tanto en cuanto que mujeres, no les afectaban las disposiciones tajantes que Jesús imponía a los miembros varones del grupo. Ninguna tuvo que escuchar el imperativo «déjalo todo en este mismo instante y únete a mí» con el que el maestro desafiaba a cualquiera que pretendiese seguirlo. De modo que, entre las cuatro, habían reunido un pequeño capital y se lo habían entregado a Pedro para que «dispusiera de él como fuese oportuno».

Pedro cruzó la muralla de Jerusalén a través de la puerta sur y accedió directamente al barrio más populoso de la ciudad. Allí, se daban cita artesanos y comerciantes, que era a quienes Pedro buscaba, además de una miríada de pecadores de muy diferente ralea que, por cientos y hasta por miles, se remozaban en el lodo abyecto de sus faltas y omisiones. Pese a que el Templo de Yahvé, imponente y majestuoso, los contemplaba desde muy corta distancia, los impíos hacían caso omiso de su presencia sagrada y se sumergían en una vida de libertinaje e impureza. Pobres diablos... Desconocían que el fin del mundo era inminente. Sin embargo, Jesús había decidido —y esa era la razón última de que Pedro lo admirara tanto— que también para ellos habría sitio en el reino de Dios si se arrepentían de sus pecados y emprendían la senda correcta, que no era otra que la estricta observancia de la Ley de Moisés. «Sed buenos los unos con los otros, sed misericordiosos y rezad a Yahvé sobre todas las cosas», decía siempre Jesús para así culminar sus prédicas. «Sed buenos de corazón y hallaréis vaso y plato en el banquete celestial que se aproxima».

No obstante, Pedro no estaba allí para convertir a nadie. Caminó por las estrechas callejuelas atestadas de gente, frunció el ceño para protegerse del barullo, preguntó aquí y allá y no tardó demasiado en dar con el taller de un herrero armador. «Quiero tres de tus mejores espadas», le pidió Pedro.

El herrero, un hombre de unos cincuenta años al que no le quedaba un solo diente y que no parecía haberse lavado en meses, miró de arriba abajo a Pedro antes de contestar. «¿Espadas, dices?». El discípulo de Jesús asintió. «Tengo las mejores de la ciudad, pero no te costarán baratas». Por toda respuesta, Pedro levantó su bolsa en el aire e hizo tintinear las monedas que guardaba en su interior.

Pedro era pescador y sabía cómo negociar un buen trato. Para él, regatear los precios se hallaba al orden del día. De este modo, el herrero, que se las daba de listo y al que Pedro caló casi de inmediato, no tuvo demasiadas oportunidades y se vio obligado a rebajar su precio si quería cerrar la venta. Al final, fueron tres buenas espadas de primera calidad por cinco didracmas, una suma respetable para la exigua economía de los seguidores de Jesús, pero nada comparable a los doce que, de salida, exigía el herrero.

Con el paquete que contenía las armas bajo el brazo, Pedro se encaminó hacia la muralla para atravesarla y regresar a Betania. En un par de ocasiones, el gentío le impidió avanzar y se vio obligado a dar media vuelta e intentar una ruta más desahogada. Aquella muchedumbre lo incomodaba y le habría gustado chasquear los dedos y encontrarse a salvo en la tranquila Betania. No obstante, y pese a que comenzó a sudar y que la túnica se le pegó a la espalda, concluyó que más le valía echar un vistazo: en cuestión de horas, Jesús estaría entrando en Jerusalén y sería *esta* gente que ahora se amontonaba en plazas, calles y callejones, la misma que lo rodearía durante esos momentos cruciales para la historia de Israel. Había hecho bien en comprar las espadas, pensó.

En Jerusalén, Pedro fue testigo de ello: se blasfemaba abiertamente; se robaba al vecino en cuanto el vecino retiraba la atención; se daba rienda suelta a los instintos más bajos, como los intentos de seducción o la lascivia; la codicia campaba a sus anchas y no era raro que un judío deseara los bienes de otro judío; se prostituían las mujeres a plena luz, como si aquel comportamiento fuera el más normal del mundo; en suma, se ofendía a Dios sin tregua ni descanso.

El hecho de que el dinero corriera a raudales por las calles, pues allá se agolpaban miles de peregrinos obligados por la Ley judía a gastar una décima parte de sus ganancias «en cualquier cosa que deseen», no hacía sino agravar el problema. Pedro no lo sabía, porque su congoja y su atribulación eran tales que veía los pecados reales —que ciertamente se cometían con un desparpajo lacerante— y también los ficticios, pero en aquellas calles bulliciosas, se daba cita un buen número de judíos piadosos que se limitaba a cumplir con la Ley de Moisés, puede que con cierta laxitud, sí, aunque con devoción auténtica.

Cuando, por fin, Pedro cruzó la puerta bajo la muralla y abandonó la ciudad, respiró aliviado. El corazón dejó de palpitarle con intensidad y recobró el sosiego. Él no era un hombre que se exaltara fácilmente. No, de verdad que no. Sucedía, sencillamente, que Jerusalén, para un humilde hombre de campo como él, suponía una fuente de turbación. Y de furia. Jesús lo habría reprendido si lo hubiese sabido, pues él propugnaba que «solo en calma nos protegemos de las equivocaciones», pero también para Pedro Dios tenía encomiendas.

«Lo protegeré, si es necesario, con mi vida», caviló camino de Betania. «Si he de condenar mi alma por ello, así sea».

Resuelto y animado, Pedro cubrió a paso ágil el último tramo que lo separaba de la aldea. Una vez allí, con el sol declinando en el firmamento, la actividad había regresado al campamento de seguidores de Jesús. Se esperaba que este, como era costumbre en él, les hablara antes del ocaso. Las charlas de Jesús no se acogían a ninguna costumbre, y lo mismo el maestro les enseñaba a interpretar las Escrituras como departía distendidamente en torno al sabor del pescado o las rozaduras que le provocaban las sandalias. Era, Jesús, un hombre de carácter afable que, sin embargo, no dudaba en narrar, con todo tipo de detalles, cómo la bóveda nocturna se fragmentaría en mil pedazos cuando los ángeles divinos irrumpieran en Israel para cumplir las profecías sagradas. Entonces, a los discípulos que escuchaban, los invadía un espanto que a Jesús terminaba por apiadar: «Y sobre vosotros quedará extendido un manto invisible de agua transparente, bajo el cual asistiréis asombrados al espectáculo del Juicio Final». No habrá descanso para los pecadores, pero el deleite de los piadosos comenzaría en esa misma hora.

Cuando pasó junto a las tiendas instaladas en el huerto de Lázaro, los discípulos que allí acampaban lo observaron y observaron el gran paquete que portaba bajo el brazo. Pedro, que no tenía tiempo para explicaciones, buscó con la mirada a dos hombres en concreto: Ezequías y Bernabé. Ambos eran hombres muy jóvenes, de poco más de veinte años, y, pese a ser tenaces estudiosos de las Escrituras, aún les faltaba lo que Jesús denominaba «el tramo sumergido». A Pedro le caían bien, más o menos como todos, aunque la impetuosidad que en algunas ocasiones habían demostrado los relegaba a un segundo término en aquel ejército de mansos. «Es a Yahvé a quien le concierne la liberación de Israel, no a nosotros», sentenciaba Jesús para así condenar rotundamente cualquier amago de rebelión armada contra los romanos.

A Jesús no se lo protegería con manos tibias. Pedro llamó, con un gesto de mentón, a Bernabé, quien de inmediato se levantó y se puso a su lado. Unas cuantas tiendas más lejos, descubrió a Ezequías e hizo lo propio. «Seguidme», murmuró sabedor de que el resto de hombres los observaba.

Pedro condujo a los dos discípulos tras unas cuantas higueras y allá desenvolvió el paquete y descubrió las tres relucientes espadas. Los discípulos las miraron con incredulidad. Ambos sentían por Pedro un respeto reverencial, casi idéntico al que experimentaban por Jesús. Por ese motivo, no discutieron cuando Pedro le entregó una a cada uno. «Con ellas velaréis por nuestro maestro», ordenó, sin titubeos. «¿Y el maestro?», preguntó Bernabé. «¿Estará de acuerdo?». «Ocultadlas bajo la ropa y no le digáis nada. Nuestra tarea es cuidar de él para que él salve a Israel».

La tercera espada se la quedó Pedro. Se aproximaban los días auténticos.

2
Domingo

El profeta Zacarías había augurado: «Alégrate, hija de Jerusalén: tu rey vendrá a ti tranquilamente montado a lomos de un burro». Esta sentencia, por su trascendencia e importancia, en Israel la conocían hasta los niños de seis años. El rey de Israel, el hombre al que Dios encargaría la precipitación de sus designios apocalípticos, no llegaría a Jerusalén comandando ejércitos poderosísimos o sobre monstruosas máquinas celestiales. No guiaría a decenas de miles de ángeles violentos, ni tampoco haría que tambores y trompetas retumbaran a su paso.

El rey de Israel, cuya simple presencia serviría a Dios para desencadenar el Juicio Final, atravesaría las murallas de Jerusalén a lomos de un burro. Y, lo más importante: los jerosolimitanos lo sabían. Porque aquel pueblo de Dios —pecador, sin la menor duda, aunque, precisamente por eso, enteramente consciente de la existencia de Yahvé y de su plan para su nación elegida— no pasaría por alto la llegada de un hombre a lomos de un burro. ¿Podría argüirse que en Jerusalén entraban, todos los días del año, hombres a lomos de burros? Podría y, por ello, al gesto habrían de darle el debido empaque. Jesús no pensaba limitarse a cruzar la muralla encaramado a un burro, sino que lo haría *al tiempo que* tanto él como los suyos proclamaban a los cuatro vientos el mensaje central de su prédica: que el final de los tiempos era inminente, que se desencadenaría en cuestión de horas o días y que, pese a ello, aún existía tiempo para arrepentirse.

El burro era propiedad de Lázaro, que lo cedió de mil amores. Pedro le aseguró que se lo devolverían intacto al final de la jornada, pero Lázaro se desentendió: «Haced con él lo que sea necesario», dijo. Ni qué decir tiene que este se hallaba al tanto de los planes de Jesús para proclamarse en público mesías de Dios y rey de Israel, y le emocionaba la posibilidad de participar en los preparativos del fin de los tiempos. De esta forma, no dudó en unirse a la comitiva que partió de Betania dejando atrás a sus hermanas y a las cuatro mujeres pertenecientes al séquito de Jesús: la entrada solemne en Jerusalén y la declaración explícita que conllevaba atañía únicamente a los judíos varones. El reino de Dios llegaría para hombres y mujeres sin distinción, pero a estas últimas les bastaba con mantenerse puras y aguardar.

Así las cosas, una hora después del amanecer, el grupo de Jesús, formado por treinta y tres hombres, avanzó a buen paso por el camino que, desde Betania, conducía a Jerusalén. Los nervios se hallaban a flor de piel, aunque Jesús, caminando siempre en vanguardia y con los fieles Pedro, Santiago, Juan y Andrés flanqueándolo, no dejaba traslucir emoción alguna. El maestro estaba muy acostumbrado a mostrarse en público, tanto en sinagogas —donde inicialmente diera comienzo a sus prédicas—, como en aldeas y pueblos de mayor entidad. Cierto era que Jerusalén no se asemejaba en nada a ningún lugar donde antes hubiese intervenido, pero ello no lo retrajo. Sentía que Dios *quería* que estuviese allí haciendo lo que se disponía a hacer. La prueba de que esto era así no podía resultar más palmaria: desde que, años atrás, se separara de su maestro, Juan Bautista, y diera inicio a su propio ministerio, no se había topado con un solo predicador que dispusiese de mimbres suficientes para considerarse el mesías. No para que los demás lo consideraran como tal —algo que tan siquiera en el caso de Jesús había sucedido aún—, sino para que él lo hiciese: nadie que no se sienta señalado por Yahvé está señalado por Yahvé. Tan sencillo como eso.

Lo cual no significaba que lo contrario —bien lo comprendía Jesús— resultara inmediatamente cierto: no todo el que se siente ungido por Dios lo está en verdad.

¿Lo estaba Jesús? Si a un pensamiento le había dado vueltas en los últimos días y semanas, era a este. Rezó y rezó para que el Altísimo aclarara su mente y percibió las señales, los leves impulsos, el tácito brillo con el que los ángeles impregnan las primeras horas del alba. Sí, lo estaba. El fin de los tiempos se hallaba tan cerca que había comenzado, como quien dice, a desbordar. Y Jesús *veía* ese aluvión divino, lo intuía con nitidez a través de los telones de lo terrenal y lo humano. Sobre el cielo de Israel, las legiones de ángeles justicieros se agolpaban, preparadas para descender e intervenir en cuanto Dios diera la señal. Esa multitud de seres celestiales *presionaba* en el aire, lo hacía muy sutilmente, pero Jesús lograba apreciarlo, pues, a él, Yahvé le había otorgado ojos que no ven y que, así, ven más y mejor.

Media hora después, se encontraban frente a la puerta sur de Jerusalén. Para entonces, la actividad ya bullía en el interior de la ciudad, y miles de personas, hombres y mujeres, iban y venían, se enfrascaban en sus quehaceres cotidianos, conversaban, debatían, gritaban, levantaban polvo, se peleaban, iniciaban la ruta al Templo con palomas vivas en las manos... Había mendigos por doquier, mujeres de mala especie y falsos profetas aullando ininteligibles interpretaciones de las Escrituras. Vieron hombres ebrios venidos de lejanos rincones, judíos de la diáspora que ya no hablaban ni hebreo ni arameo y que se irritaban cuando sus interlocutores desconocían el griego. También tomaron buena cuenta de los peregrinos píos —que eran muchos, no vaya a creerse lo contrario— que se disponían a cumplir con las obligaciones establecidas para ellos en la Ley de Moisés, hombres ricos y hombres humildes, gentes cultivadas y analfabetos de campo, todos ellos unidos por la indisoluble fe en Dios.

Jesús, que había llegado hasta la muralla caminando como uno más, se dispuso a encaramarse al burro. Fue entonces cuando Simón, uno de sus doce más cercanos, se aproximó, se agachó ante él y formó un estribo con sus manos para ayudar al maestro. Jesús agradeció el gesto con una mirada. Le gustaba Simón, con quien en no pocas ocasiones había debatido en presencia de todos. Simón opinaba que el reino de Dios precisaba de auxilios, de impulsos que fueran más allá de la simple anunciación que Jesús preconizaba. Con los cuales Jesús no estaba del todo en desacuerdo, siempre y cuando no se superara un límite que para Simón era más que difuso: la utilización de la violencia contra el invasor pagano de Israel. «Yahvé se ocupará de los romanos», aseguraba Jesús al tiempo que posaba su mano derecha sobre el hombro izquierdo de Simón. Este acataba lo dicho, siempre lo hacía, pero no por ello dejaba de creer que más les valdría armar a cien o doscientos hombres jóvenes y atacar con ellos a la guarnición extranjera que dominaba su ciudad santa.

«Vamos», dijo Pedro al tiempo que golpeaba, con suavidad, la grupa del burro. Jesús se puso en marcha. Se encontraba a escasos diez pasos de la puerta abierta en la muralla y sus discípulos lo rodearon para acompañarlo en el tránsito. «Respetad a las gentes, dejad que me vean y se aproximen», indicó Jesús. A continuación, puso la mirada en el frente y dejó que el burro lo condujera, primero a través de la puerta y, acto seguido, ya en el interior de la ciudad.

Jesús, como judío piadoso que era, conocía muy bien Jerusalén pues había peregrinado a ella en numerosas ocasiones. Se encontraban en la ciudad baja, muy lejos del Templo de Yahvé, y aquella puerta de entrada no había sido escogida al azar: en torno a ella se apelotonaban los pobres y los desposeídos, aquellos a los que Jesús siempre había tenido como objetivo de su prédica. Se hallaban en el hogar de los transgresores de la Ley de Moisés, de los auténticos pecadores a los que él dirigía su mensaje: arrepentíos y abrazadme para así abrazar el inminente reino de Dios.

El burro suponía el grito. Sobre él —tan indignamente, como pensarían más tarde algunos de los sacerdotes del Templo de Yahvé—, Jesús proclamaba que él era quien era, y no otra cosa distinta. Que el avance a través de las callejuelas lo hiciera rodeado de discípulos fieles redondeaba el mensaje: «No somos falsos profetas ni os pedimos nada que no esté al alcance de cualquier judío: arrepiéntete y regresa a la senda de Dios».

Los primeros en prestar atención a la comitiva fueron unos peregrinos samaritanos que entre ellos se expresaban en hebreo y no en el arameo habitual de los jerosolimitanos. Jesús, que dominaba bastante bien el hebreo, los conminó, con una sonrisa, a acercarse. Uno de los samaritanos, un hombre muy entrado en años, sin apenas pelo en la cabeza y que lucía una barba cana y poblada, lo hizo en primer lugar. «¿Quién eres tú?», preguntó, a dos pasos de distancia de Jesús. «Soy quien crees que debo ser», contestó Jesús en hebreo, algo más serio pero sin retirarle, del todo, la sonrisa. El samaritano parecía confundido, y no era para menos. Como cualquiera, conocía bien las Escrituras y se consideraba un judío devoto. Sabía, por lo tanto, de lo profetizado por Zacarías: el rey de Israel llegaría a Jerusalén a lomos de un sencillo burro.

Y no un rey cualquiera, sino el rey que habría de encabezar la liberación de los oprimidos. Pedro cruzó una mirada con Santiago y Santiago lo hizo con Andrés y con Juan. Simón, el discípulo que había ayudado a Jesús a montar, se ubicaba tras la grupa del burro, y Ezequías y Bernabé, con las espadas entregadas por Pedro bajo las túnicas, algo más retrasados aunque sin perder de vista al maestro. Fueron momentos que los seguidores de Jesús vivieron con gran tensión, para qué negarlo. ¿Y si algo salía mal? ¿Y si nadie tomaba en serio la proclamación de Jesús?

«¡Sálvanos, hijo de David!», exclamó, de pronto, el samaritano. Lo hizo en hebreo y, a continuación y con gran dificultad, en arameo. El grupo de peregrinos que iba con él se había ido aproximando muy despacio. Algunos de sus integrantes, los de mayor edad, lo contemplaron sorprendidos y lo interpelaron de esta forma: «¿Qué te sucede? ¿Por qué hablas así?». Pedro, a corta distancia, pudo escuchar cómo los samaritanos más jóvenes arqueaban las cejas en señal de escepticismo.

«¡Es el mesías!», gritó el viejo. Se movía despacio, pero no a causa de su edad, sino de la turbación. «¡Es el mesías!», repitió. El resto de samaritanos dudó. Jesús comprendió que tenían en buena estima a su amigo y, quizás por eso, se mostraban más cautelosos de lo que habría sido normal: nadie quiere que a alguien a quien amas le tomen el pelo, pero tampoco que se ponga en evidencia rechazando lo que es obvio.

«Miradme», intervino Jesús, siempre a lomos del burro. «Vengo a deciros que hoy es el día en el que el mundo se convertirá en justo para la tierra de Israel. Hoy no habrá mañana, salvo para que las puertas del cielo se abran y los truenos retumben. ¿Acaso habéis transgredido la Ley de Moisés? Si es así, arrepentíos, pues solo los que con la Ley se hallen reconciliados participarán de su banquete entre nosotros».

«Venimos a Jerusalén precisamente para expiar, en el Templo, nuestros pecados», alegó el anciano. «Hacedlo», convino Jesús. «Pero recordad que Dios mirará dentro de vuestros pechos, y no en la sangre de los corderos que sacrifiquéis en su nombre».

El samaritano asintió. Y levantó su mano derecha en el aire para apaciguar a los suyos. «Es él», les dijo en susurros y apenas volviendo el rostro. «Es él, y haríais bien en alfombrar el suelo que pisa». El viejo hacía, así, alusión al Libro de los Reyes, donde se explicaba que, al paso del rey ungido de Israel, los judíos habrían de extender sus mantos para que caminara siempre sobre un suelo limpio. De hecho, el anciano no aguardó la respuesta de sus compañeros y, despojándose él mismo del manto con el que se cubría la túnica, lo lanzó, con manos temblorosas, frente a las patas delanteras del burro montado por Jesús.

En Jerusalén, abundaban los legionarios romanos uniformados. Cualquiera que quisiese, desde la parte baja de la ciudad, dirigirse al Templo de Yahvé atravesaba al menos cinco puestos de vigilancia desde los que los legionarios, siempre quisquillosos e impacientes, miraban con suspicacia lo que les rodeaba. Los judíos los aborrecían, pero habían aprendido a convivir —coexistir, más bien— con ellos. Los romanos hablaban en latín y, salvo honrosas excepciones, desconocían el arameo, el hebreo o incluso el griego. Con semejantes impedimentos, su capacidad para vigilar una ciudad como Jerusalén se veía mermada. Por desgracia para los judíos, no había nacido el romano que no supiera adaptarse a las circunstancias: con el paso de los años, habían logrado tejer una tupidísima red de espías invisible a los ojos de los jerosolimitanos pues de jerosolimitanos de sangre pura se hallaba constituida. No hay mejor confidente que tu vecino, ese que te ve cada día, con el que intercambias saludos y hasta compartes confidencias.

De esta forma, el gesto del anciano samaritano, precedido del gesto de Jesús avanzando sobre Jerusalén a lomos de un burro, llegó pronto a oídos de las autoridades romanas. Alguien llegaba y se proclamaba rey. Y a ese alguien, los que lo contemplaban lo reconocían como tal. Un rey de Israel, y esto sí que lo sabían muy bien los romanos, que reinaría sobre los judíos sin concurso de los ocupantes. Por decirlo con todas las letras: ni una hora después de que Jesús atravesara la muralla de Jerusalén, el prefecto de la ciudad, Poncio Pilato, ya había sido informado de que tenían un insurrecto entre ellos.

Que existían informantes entre los judíos, lo conocía Jesús, lo conocía Pedro y lo conocía el resto de discípulos que acompañaban a Jesús. Lo que ninguno de ellos sabía era que, además, había entre ellos un hombre que espiaba para los judíos saduceos que gobernaban el Templo de Yahvé. Formaba parte de los doce más íntimos de Jesús y se llamaba Judas.

Quizá, si el anciano hubiese actuado de otra forma, el futuro de Jesús habría sido otro. Pero la verdad fue que actuó como actuó, lo cual supuso que, tras el comprensible titubeo inicial, lo reconociera como el hombre que, erigido en rey, habría de rescatar a Israel de los malvados. Este hecho, sencillo de entender, desencadenó otros más, casi como si unos fuesen consecuencia de otros. Probablemente, en cierto modo, lo eran. La euforia que prendió en el anciano, prendió, así mismo, en los peregrinos samaritanos que lo acompañaban. Poco después, más y más hombres se aproximaron, curiosos, y observaron a un grupo de judíos píos celebrando que la profecía de Zacarías acababa de cumplirse. ¿Qué hijo de Jerusalén no se habría sumado, de inmediato, al alborozo?

Ni media hora más tarde de que Jesús atravesara la muralla, cientos de hombres —y alguna que otra mujer, de las pocas que había en las calles— tendían sus mantos a los pies del burro para que este avanzara sobre ellos. Se creyó, esto contra todo pronóstico, que esas pezuñas santificaban, de alguna manera, unos mantos que, tras los pisotones, sus dueños recobrarían. No era cierto, pues nada en la Ley de Moisés lo asevera, pero también entre los judíos más piadosos la vanidad prosperaba: «Este manto que llevo sobre mis hombros alfombró el camino del mesías, ¿sabes?».

Pedro no pudo evitar que la inquietud lo paralizara. Se hallaba muy cerca de Jesús, tanto que, si extendía la mano, podría tocarlo, y la muchedumbre que se le aproximaba lo intranquilizaba sobremanera. Respondió —porque él era un humilde pescador y no otra cosa, por mucho que hubiese asumido el papel de protector del maestro— quedándose casi inmóvil. Palpaba la espada oculta bajo su túnica y rezaba en silencio para no tener que exhibirla. La gente que se acercaba a Jesús lo hacía de forma amistosa, con sonrisas en los labios que Jesús devolvía, y, aunque era cierto que lo tocaban una y otra vez, no dio la sensación, en ningún momento, de que Jesús estuviera en peligro. Salvo que se pueda morir bajo un alud de afecto, el maestro se hallaba a salvo.

Mientras esto sucedía y Jesús avanzaba lentísimamente —como, por cierto, Zacarías había augurado— por las estrechas callejuelas de la ciudad baja, el informante de los sacerdotes saduceos, Judas, abandonó el grupo y se encaminó hacia el Templo de Yahvé. Judas había nacido en Qriyot —de ahí que fuera Iscariote—, es decir, en Judea. No compartía, por lo tanto, origen con Jesús y el grueso de sus discípulos, que provenían todos ellos de Galilea. Sería excesivo afirmar tajantemente que las procedencias de unos y de otros determinaron la animadversión que Judas fue, poco a poco pero sin descanso, desarrollando hacia los galileos en general y hacia Jesús, el galileo por antonomasia, en particular. Sin embargo, algo de ello había. ¿Acaso no siempre los de ciudad han mirado con desdén a los de campo? ¿Acaso un urbanita no observa por encima del hombro a un pueblerino? A todo esto, se le unía una certeza que, con el paso del tiempo, fue adquiriendo más y más relevancia: Judas era un buen conocedor de las Escrituras —de lo contrario, Jesús no lo habría admitido en su círculo más próximo—, pero los galileos lo eran más. A Judas, le trastornaba que un pescador simplón y taciturno como Pedro elevara análisis más elaborados que los suyos acerca de un versículo elegido al azar de las Escrituras. Jesús, en consecuencia, se alineaba, casi de manera habitual, con los galileos. Tan siquiera ahora, que se encontraban en el corazón de Judea, la opinión y la figura de Judas cobraban relevancia. Se sentía, en fin, marginado. Y si no marginado, sí arrinconado. De los doce más cercanos, era el duodécimo.

Cuando llegó al Templo de Yahvé, Judas se apresuró a ascender por la escalinata. En Jerusalén, nadie lo conocía —y había tanta gente por todas partes que, aunque alguien lo conociese, habría resultado un milagro que sus caminos se cruzaran—, pero no quería correr riesgos innecesarios. El traidor siempre cree que los demás sospechan de él. Accedió al Templo a través de la puerta doble y cruzó, a gran velocidad, el Patio de los Gentiles, donde, por centenares, los mercaderes y los cambistas realizaban sus negocios. A continuación, atravesó el muro que separaba lo mundano de lo sagrado, lugar en el que los guardianes armados del Templo le dieron el alto. «Llevadme ante Yohanán, el sacerdote», dijo, algo tembloroso. «Aquí hay muchos sacerdotes que se llaman Yohanán», repuso uno de los guardianes. Parecía capaz de aplastar a Judas como se aplasta a una mosca molesta. «Bueno, yo...», comenzó a balbucear el discípulo de Jesús. Los guardianes, entonces, rompieron a reír, y Judas comprendió que estaba siendo objeto de una broma. «Vamos, ven con nosotros», dijo el mismo guardián que había mantenido la conversación, aún con una sonrisa entre los dientes.

Yohanán era un sacerdote de alto rango. Se codeaba a diario con sacerdotes tan importantes o más que él, y no era raro el día en el que el propio sumo sacerdote del Templo, el dignísimo Caifás, le dirigía unas cuantas palabras. Por supuesto, Yohanán pertenecía a la casta de los saduceos, pues de otra forma jamás habría llegado tan alto en la intrincada madeja sacerdotal que gobernaba el Templo. Los saduceos, a diferencia de los fariseos y del propio Jesús, no creían que el fin del mundo fuera a llegar. Para ellos, la historia universal seguiría su curso y Yahvé no intervendría jamás, ni tan siquiera para liberar a Israel de sus opresores. En semejante tesitura, los saduceos pensaban que a los judíos más les valía consentir la ocupación romana y obtener algo bueno de ella. Bueno para sus bolsillos, desde luego.

Si no crees en el fin del mundo, difícilmente vas a creer en el mesías que lo anuncia y propicia. Los sacerdotes saduceos odiaban a muerte a todos los que se declaraban mesías, ya que los consideraban impostores y falsarios. Judas sí creía en el mesías —y creía que Jesús lo era sin duda alguna, ya que, de otro modo, no habría tenido sentido formar parte de su grupo—, pero pudieron más los resentimientos que las afinidades. Y decidió informar a los sacerdotes de lo que sucedía en el seno del grupo de Betania.

Judas y Yohanán tenían en común que ambos eran cariotas. Se conocían desde la infancia y, aunque Yohanán era algo mayor que Judas, la diferencia de edad no era suficiente para que no hubiesen asistido juntos a la sinagoga y juntos hubiesen estudiado las Escrituras. Con el paso de los años, Yohanán eligió la vía sacerdotal, mientras que Judas optó por viajar a Galilea y conocer, de primera mano, a los sabios itinerantes que recorrían el país predicando a cambio de un poco de comida o un refugio para pasar la noche. En Galilea, formó parte del grupo de Juan Bautista y allí conoció a Jesús. Al principio, este no le cayó nada bien, con ese tono tan seguro de sí mismo y su enervante costumbre de tener siempre la palabra adecuada en la punta de la lengua, pero, cuando el Bautista fue ejecutado por Herodes Antipas, no le quedó más remedio, tras probar suerte con otros predicadores de poca monta, que integrarse en el incipiente círculo de Jesús: Jesús podía parecer arrogante y hasta frío en el trato con los suyos, pero sus intervenciones siempre eran brillantes, y eso Judas, en el fondo, lo apreciaba.

Así las cosas, el día anterior, aprovechando el descanso del sábado, Judas se había trasladado hasta Jerusalén y, tras hallar a Yohanán en el Templo, le había confesado que en las inmediaciones de la ciudad se apostaba la banda de un destacado mesías que pretendía derrocar el orden establecido. «¿Pregona el fin de los tiempos?», había preguntado, cariacontecido, el sacerdote Yohanán. «Lo hace», contestó Judas. Como, cuando uno quiere y el otro está dispuesto, ponerse de acuerdo resulta muy sencillo, Yohanán deslizó un par de didracmas en la bolsa de Judas —una cantidad respetable, aunque no desmesurada— y le pidió que lo mantuviera «al tanto de los acontecimientos presentes y futuros».

Y ahí estaba Judas, cumpliendo con lo establecido. «Jesús ha entrado en Jerusalén proclamándose rey de Israel», afirmó. «¿Rey y mesías?», inquirió Yohanán. En lenguaje de los saduceos, esto venía a significar: «¿Está loco o desesperadamente loco?». «Rey y mesías», confirmó Judas.

En los eones que advendrían tras el Juicio Final, el rey de Israel sería aquel hombre que había ejercido de mesías de Dios. Para Jesús, pues, el mensaje mesiánico era el mensaje de la llegada de un nuevo gobierno auspiciado por Dios y ejecutado por su monarca ungido. A través de la mano del mesías actuaría Yahvé, hasta volverse indistinguibles.

Con dos nuevos didracmas a buen recaudo, Judas se aprestó a regresar al lugar de la ciudad baja donde Jesús y sus discípulos divulgaban la noticia de que por fin a Israel llegaría una época de justa paz. ¿Qué judío no se avendría a ello si lo único que el mesías solicitaba a cambio era que los infractores de la Ley de Moisés regresaran a ella? El pueblo judío era un pueblo piadoso, y si algunos de sus miembros se desviaban del camino correcto se debía a que no siempre hallaban acicates suficientes para esquivar la tentación. Ahora, con el feliz y glorioso reino de Dios en ciernes, las tornas cambiaban radicalmente. ¿Qué judío sería tan tonto de quedarse fuera teniendo la gran dicha definitiva al alcance de los dedos?

Cuando Judas llegó al corazón de la ciudad baja, se topó con una multitud que se agolpaba en torno a Jesús y que lo vitoreaba haciendo caso omiso a unos pocos legionarios romanos, los cuales se habían acercado para impedir la aglomeración pero que dieron media vuelta y desaparecieron cuando comprobaron que la masa enardecida no acataba las órdenes.

Jesús, en el centro del tumulto, sonreía a los que lo rodeaban, y extendía los brazos para tocarlos y recibir presentes: unos dátiles, algo de leche, pan sin levadura, puede que algún racimo de habas... Lo habitual en el zurrón de los viajeros peregrinos. Pedro, para entonces, ya había decidido que lo mejor que podían hacer era abandonar la ciudad y regresar a Betania. La multitud en torno a Jesús no paraba de crecer y pronto aquel lugar dejaría de ser seguro. «Nos vamos», le susurró al oído al maestro. Este, ocupado como estaba en saludar y corresponder a los jerosolimitanos y a los peregrinos que se le aproximaban, no respondió. Pedro, confuso y algo irritado, asió el ronzal del burro y tiró de él. El animal, que no parecía especialmente incómodo por la muchedumbre que lo rodeaba, se negó a moverse. Pedro volvió a tirar del ronzal, esta vez con mayor fuerza. Ahora sí, el burro respondió, giró la cabeza y se puso en marcha.

Poco a poco, la comitiva de discípulos logró hacerse paso hasta la muralla. Regresaban por el mismo camino que los había llevado hasta allí y, cuando cruzaron la puerta, dejaron atrás la ciudad y contemplaron los desérticos páramos que se extendían ante sus ojos, más de uno —Pedro entre ellos—, respiró con alivio.

«Ha sido maravilloso», expresó un discípulo llamado Tomás, que era acérrimo adepto a la prédica de Jesús, pero más aún a Jesús mismo: Tomás tenía al maestro por el más grande hombre que habría de conocer Israel, a la altura de los mismísimos David y Salomón. «Si hoy muero, habré visto la esencia misma del universo», añadió.

Jesús detestaba la grandilocuencia, pero, en esta ocasión, no la rechazó de plano. En su lugar, le tendió una mano a Tomás para que le ayudara a descender del burro. «Este animal ha hecho más que suficiente y hemos de devolvérselo a Lázaro en buen estado». Lázaro, que había asistido a la proclamación de Jesús y que, desde que esta diera comienzo, no había pronunciado una sola palabra, se limitó a balbucir: «Tomás está en lo cierto, maestro...».

En el camino de regreso a Betania, los discípulos felicitaban a Jesús y se felicitaban entre ellos. Juzgaban que el plan del maestro, en el cual creían a pie juntillas, se había desarrollado de la mejor de las maneras posibles: «¡Los soldados romanos no han osado acercarse!», exclamó un discípulo de nombre Mateo. Mateo había sido, antes de unirse a Jesús, un recaudador de impuestos para el opresor. Se dedicaba a recorrer Galilea exprimiendo a los suyos no ya con los tributos que la Ley de Moisés exigía para mantener el Templo de Yahvé —algo con lo que cualquier judío ya contaba—, sino con los de nueva impronta destinados a sufragar los gastos de Roma en Israel. Dicho de otro modo, Mateo había sido uno de los judíos más aborrecidos de toda Galilea. Sin embargo, un día comprendió lo que estaba haciendo y se arrepintió tan profundamente que decidió entregarse al estudio de las Escrituras. Meses después, Jesús lo hallaría en su camino y Mateo se le uniría cuando le pidió que lo dejara todo. «¿Dejarlo todo atrás?», preguntó Mateo. Y añadió: «Es lo que ansío desde hace demasiado tiempo».

Por fin en Betania, las mujeres salieron a su encuentro. María Magdalena, Salomé, Juana y Raquel habían pasado la jornada en la aldea. Aprovechando que no quedaba un solo varón en la casa, se bañaron, se lavaron el pelo y lavaron sus ropas, sucias del polvo de los caminos. Marta y María, las hermanas de Lázaro, las acogían con cierta reverencia: ninguna de las dos las envidiaba —la vida en el grupo de Jesús era dura y muy sacrificada—, aunque sí las admiraban. Salomé y Raquel, las más habladoras, les habían explicado que Jesús estaba allí «para abrir la puerta al reino de Dios, donde no habrá sitio para los romanos». Marta y María odiaban a los romanos, así que los planes de Jesús les parecieron maravillosos.

María Magdalena portaba un cuenco lleno de agua y se lo acercó a Jesús, ofreciéndoselo sin mediar palabra. Jesús, con una sonrisa, lo rechazó y afirmó que él bebería el último, después de que lo hicieran todos y cada uno de los discípulos, e incluso el burro. A María Magdalena, no podía evitarlo, le irritaban estas actitudes del maestro. ¿Por qué no aceptar, sin más, el cuenco de agua? Por supuesto, no osó replicarle nada. Pero no era necesaria tanta humildad, juzgaba María Magdalena.

Lo cual, por otro lado, lograba que su admiración por él, el respeto que le profesaba, se ensanchara más aún. ¿Qué clase de hombre extraordinario llega a casa tras un día de extenuante trabajo, bajo un calor asfixiante y un sol de justicia, y se niega a beber hasta que los que le acompañan lo hagan primero? Jesús. Ni más ni menos que Jesús de Nazaret.

Los discípulos venían comentando entre ellos los hechos acaecidos un rato antes en Jerusalén. Las mujeres, entonces, se aproximaron y les escucharon. Salomé formuló un par de preguntas, porque no acababa de creerse que todo hubiera salido tan bien, y aplaudió cuando los discípulos le refirieron que Jerusalén entera *sabía* que Jesús era el mesías rey de Israel.

«A estas horas, seguro que ya estarán preparándose para la llegada del fin de los tiempos», aventuró, con una amplia sonrisa en los labios, Salomé. «Todos hemos de hacerlo», le dijo, entonces, Jesús, que se hallaba algo separado del grupo pero que, no obstante, había escuchado la conversación. «Desde luego que sí, maestro», repuso, de inmediato, Salomé. Jesús no la había reprendido, pero casi.

Poco a poco, el grupo de discípulos fue disolviéndose. El buen ánimo y el optimismo eran más que palpables y no fue raro que, mientras unos y otros se entregaban a sus quehaceres diarios, se rememorara la grata experiencia del día: «¿Y la cara de sorpresa que puso el anciano? No podía creerse lo que estaba viendo...». «Tenías que haberte fijado en la de los samaritanos que le acompañaban... ¡Eso sí que ha sido inmejorable!».

Jesús, Pedro, Santiago, Andrés, Juan, así como María Magdalena y Salomé, entraron en la casa de Lázaro. Allá, se encontraron con que el pobre Lázaro se hallaba —visiblemente incómodo— respondiendo al interrogatorio al que lo sometían sus dos hermanas. «¿Es cierto que nadie ha dudado de que él es el mesías?», preguntaba Marta justo en el instante en el que Jesús accedió a la estancia. Lázaro, al descubrir al maestro, lo miró con gesto avergonzado. «No sucede nada», le tranquilizó Jesús. «Es normal que la gente se haga preguntas».

Pues no, no lo era, a juicio de Lázaro. Él habría esperado que sus hermanas se sumaran incondicionalmente a las exigencias propias de los tiempos. A Lázaro, no le cabía duda alguna de que lo que

Jesús afirmaba —la inminencia del Juicio Final y del consiguiente reino de Dios— era cierto. Habría esperado, por lo tanto, que sus hermanas no incomodaran a Jesús con preguntas fuera de lugar.

Por suerte, Jesús poseía una paciencia infinita y nunca se mostraba molesto por las actitudes de los que consideraba los suyos. Entendía, de algún modo, que su papel era, también, el de enseñar, el de mostrar el camino correcto a sus discípulos. Por eso mismo, cuando María Magdalena se plantó en mitad de la habitación con un barreño y una tinaja entre las manos —era costumbre que los varones judíos se lavaran los pies al entrar en una casa—, y la mirada fija en el techo, Jesús la observó sonriente y preguntó: «¿Qué te inquieta, María?».

María Magdalena no era una mujer que titubease. Debido a esto, algunos discípulos la consideraban una descarada, pero Jesús no opinaba igual. A él, le gustaba María Magdalena y la forma directa en la que lo interpelaba —completamente inusual en una mujer judía, más aún teniendo en cuenta que Jesús no era familiar suyo—, siempre con curiosidad e inteligencia. Si hubiese sido varón y hubiera estudiado las Escrituras desde muy temprana edad, habría sido un magnífico rabino.

«¿Cómo será..., cómo será el reino de Dios? Me refiero a que..., no sé cómo expresarlo..., ¿en qué modo el Altísimo nos gobernará?», preguntó. Jesús se tomó un rato antes de responder. Las características reales del mundo tras el Juicio Final —eso cuyo advenimiento Jesús proclamaba— preocupaban a muchos miembros de su séquito. A fin de cuentas, ellos albergaban grandes esperanzas de vivir en él, de manera que el interés parecía legítimo.

«Deberías conocerlo», dijo, bronco, Andrés. «No, no debería», saltó, de inmediato, Jesús. El maestro sabía adoptar un tono severo con el que reclamaba toda la autoridad para sí sin menospreciar a aquel a quien corregía. Andrés era un hombre honesto, uno de sus mejores discípulos, aunque pecaba de severo. Jesús no juzgaba necesarias las reprimendas de aquel tipo. Comoquiera que fuese, María Magdalena solo buscaba una explicación sincera. Puede que los hombres, muy al tanto del contenido de las Escrituras, no la necesitaran. Sin embargo, daba la sensación de que las mujeres sí. Bien, pues la recibirían.

«El nuevo reino de Dios se extenderá por toda la tierra de Israel», comenzó a decir Jesús. María Magdalena aún sostenía el barreño y la tinaja, aunque ahora lo miraba fijamente a él. Tenía unos ojos negros profundísimos. «¿Será un reino en este mundo?», lo interrumpió ella, para disgusto de los discípulos presentes. «Sí, sin duda, lo será», contestó Jesús. «Yahvé ha dispuesto que su reino sea terrenal, pues somos su pueblo elegido e Israel la nación en la que ha puesto toda su esperanza».

«Una vez que el cielo se abra y que las legiones de ángeles desciendan y se ocupen de los romanos, serán separados los dignos de los malvados. Con los primeros, Dios permanecerá en esta tierra prodigiosa. Por primera vez, veremos su aspecto, pues ocupará el Templo de Jerusalén y, desde él, reinará sobre todos y cada uno de los judíos atentos a la Ley».

«¿Y el resto de naciones? ¿Qué sucederá con los pueblos paganos? ¿Exterminará Dios a los romanos?».

«Será su potestad hacerlo, María, si así lo desea. En realidad, he de confesarte que desconozco qué hará el Altísimo con los romanos, más allá de expulsarlos de Israel impidiéndoles la entrada durante mil años. Quizás permita que los gentiles vivan lejos de las fronteras de nuestra tierra sagrada. Y fíjate que digo que no sé qué sucederá, porque no es algo que a mí me ataña: yo soy el mesías ante el pueblo judío, y lo que acaezca al margen del mismo no es de mi incumbencia. Dios me ha encargado que anuncie la llegada de su reino a Israel, y eso es lo que hago».

«Y con nosotros, con los judíos, ¿qué sucederá?».

«Viviremos la existencia prometida, María. Ni más ni menos que eso. Y como sé que vas a preguntar qué tipo de vida será esa, me apresuro a responderte antes de que lo hagas: en el nuevo reino de Israel, la Ley de Moisés volverá a respetarse en su integridad; no habrá ricos ni pobres, pues una nueva época de opulencia se extenderá hasta el último de los rincones de nuestra patria; será Israel la tierra de la justicia, y no existirá el delito ni existirá el quebranto, ya que la atenta mirada de Dios no los permitirá; y, sobre todo, seremos sencillos y felices, y seremos, al tiempo, el lugar del universo al que el resto de naciones observará con envidia, pues no en vano Dios, el único Dios que existe, nos habrá elegido a nosotros en detrimento de los demás».

«¿Y tú, Jesús? ¿Qué harás tú?».

«Sentarme a gobernar, María. Dios me ha encomendado la misión de aplicar su deseo, su interés en esta tierra nuestra. Solo actúo por su mano. Nada más».

«Pero, ¿continúas siendo un hombre?».

«Desde luego que lo soy, María. No te confundas, ni confundamos a nadie, pues, al hacerlo, quebrantaríamos la Ley de Moisés. Yo soy un hombre como cualquiera de nosotros lo es. Un hombre al que Yahvé ha elegido para llevar adelante su plan, pero un hombre a fin de cuentas».

«Si eres hombre, el polvo que cubre tus pies es auténtico. Déjame que te los limpie».

Jesús hizo caso omiso a las palabras de María Magdalena. En su lugar, decidió completar su exposición anterior: «No solo sigo siendo un hombre, María. Lo sigo siendo con más ardor, si cabe, que todos vosotros. *Necesito* ser un hombre, pues Dios quiere que un hombre sea el que transmita su mensaje al resto de hombres. Si no lo fuera, no podría servirle como humilde mesías de su causa... Y no, no vas a lavarme los pies. No habrá siervos ni señores en el reino de Dios, de modo que trae el barreño y deja que sea yo mismo quien me los lave».

Así, Jesús rompió el ensalmo imperante en la estancia. Los discípulos tendían a ensimismarse cuando Jesús hablaba, algo que en Jesús suscitaba sentimientos contradictorios: le agradaba, cómo no, que se le escuchara con atención, pero no aceptaba que sus palabras se asumieran sin análisis o examen. «Lavaos los pies», dijo, dirigiéndose a Pedro, Andrés, Juan y Santiago, «o las hermanas de Lázaro nos echarán a la calle por descorteses». Había comenzado a sonreír a medida que finalizaba la frase. El resto comprendió que, ahora, bromeaba. «¡Con toda razón!», añadió, por si a alguien le había quedado alguna duda.

Durante un par de horas, los hombres permanecieron en la estancia. Apenas hablaban, y se limitaban a descansar tras la jornada. Jesús se había retirado a un rincón y discutía, con Pedro, la necesidad de, al día siguiente, regresar a Jerusalén. El maestro pretendía que lo sembrado hoy tuviese continuidad. Pedro fruncía el ceño, pues aseguraba que «hoy los romanos nos han dejado en paz, pero no siempre va a ser igual». «Tranquilo, Pedro, tranquilo... ¿Es nuestro el plan de Dios?», le preguntó Jesús en voz baja. Hablaban con los rostros muy próximos, uno frente al otro, casi en tono confidencial. «Lo es», aceptó Pedro. «Pues sigamos, sigamos sin desfallecer».

A última hora de la tarde, llegaron a Betania varios jerosolimitanos que pretendían sumarse al grupo de Jesús. Avisado Pedro, fue este quien los recibió. ¿Más discípulos? No, no, no necesitaban más discípulos. Y menos en este instante, cuando podrían serlo o podrían no serlo. ¿Y si, entre los bienintencionados, se ocultaban espías de los romanos? Mejor no correr riesgos innecesarios.

«Venimos de Jerusalén», explicó uno de los recién llegados. Hablaba como si llegara caminando desde Galilea, y no desde una ciudad que se hallaba a media hora escasa. «Pues creo que lo mejor será que regreséis cuanto antes», gruñó Pedro. Muy a pesar suyo, se le notaba malhumorado. «Pero..., nosotros queremos unirnos al grupo del mesías». «El mesías no necesita más gente a su alrededor». «No dio esa sensación en Jerusalén, donde animó a todos los presentes a unirse a su causa». «Bueno, pues ahora el mesías no está y...».

Lo cual, claro, no era cierto. Jesús, desde la puerta de la casa, a la que se había asomado tras escuchar las voces, enfiló con la mirada a Pedro. «Estás mintiendo y lo sabes», venía a decirle con su expresión. Jesús encontraba innecesario el celo con el que Pedro lo protegía, aunque comprendía sus razones.

«Dejadlo todo en este preciso instante», señaló Jesús, sin moverse del sitio y dirigiéndose a los recién llegados, «y uníos a mí». No se trataba de un grupo numeroso —nueve hombres y una mujer—, y más tarde resultaría que ninguno de ellos era un estudioso de las Escrituras, pero suplirían sus carencias con grandes dosis de devoción y entrega. Demasiada, como llegó a sospechar Pedro, quien desconfiaba sistemáticamente de aquellos judíos que no recitaban de carrerilla lo que está escrito.

Sin embargo, Jesús pretendía ganar adeptos, pues ese y no otro era el centro de su prédica: «Uníos a mí y arrepentíos, arrepentíos para que los ángeles iracundos que han de llegar os dejen pasar».

Los recién llegados asintieron. Jesús recorrió el corto espacio que lo separaba de Pedro y, desde atrás, puso una mano en su hombro. No se dirigió a él, sino a Andrés y a Juan, cuando manifestó: «Llevad a los varones al huerto e intentad que dispongan de una tienda para pasar la noche; pedidle a la mujer que entre en la casa y explicadle a Salomé que la acogemos con los brazos abiertos».

Pedro continuaba con el ceño fruncido. Jesús lo llevó a dar un paseo por un olivar cercano. En los olivos, los racimos de capullos de los que un mes más tarde brotarían las flores comenzaban a desarrollarse. Jesús pasó los dedos por algunos de ellos y sintió el tacto suave de los bulbos. «¿Ves?», le dijo a Pedro. «Todavía queda medio año para que las aceitunas sean recolectadas, pero sin estos capullos incipientes nada de eso será posible».

«¿Ahora eres labrador?», refunfuñó Pedro. «Nunca he sido nada distinto», confesó Jesús. A Pedro, le sacaba de quicio que Jesús —su amigo Jesús— respondiera de aquella manera. ¿No se daba cuenta del gran peligro que se hallaban corriendo? ¿Acaso no merecía la pena andarse con un poco más de tiento?

«Dios tiene un plan para todos nosotros», añadió Jesús. «No he dicho que no sea así», repuso Pedro. «Pues confía en él, Pedro, confía en él... Nada va a salir mal porque *nada* puede salir mal. Es Dios quien actúa por mi mano y por la tuya».

«No deberíamos aceptar más gente en el grupo. Nos debilita», dijo Pedro. «Solo la indecisión nos debilita», adujo Jesús antes de añadir: «La razón por la que Dios me eligió para ser su mesías es que yo no vacilo. Dije que propiciaré la llegada de su reino y es lo que pienso hacer. De hecho, deberíamos hablar de lo que va a suceder mañana».

Mientras eso ocurría en Betania, en Jerusalén, Poncio Pilato recibía cumplida información de lo acaecido en la ciudad baja. Ya se ha dicho que, entre los judíos, existía un buen número de informantes que daba cuenta a los romanos de lo que sucedía hasta en los más recónditos rincones de la ciudad. Por si esto no fuera suficiente, una dotación de legionarios romanos fue testigo del incidente y hasta trató de intervenir para disolverlo, pero, en vista de que ellos eran pocos y los tumultuarios muchos, optaron por dar media vuelta y fingir que allí no había pasado nada. Por supuesto, informaron de lo sucedido a Pilato, quien no ponía pegas a una retirada a tiempo —la guarnición romana de Jerusalén se hallaba compuesta por cuatrocientos ochenta hombres que completaban una cohorte perteneciente a la Tercera Legión *Gallica;* la ciudad la abarrotaban decenas de miles de judíos—, aunque sí a la falta de diligencia a la hora de comunicar lo que sucedía: como Pilato afirmaba, «seremos lo que sepamos y nada más».

La sede de la prefectura era la torre Antonia, una fabulosa e inexpugnable fortaleza contigua al Templo de Yahvé. Los judíos afirmaban que había sido levantada para controlar todos y cada uno de los movimientos que ellos realizaban y no se equivocaban ni en media palabra. A los romanos, la vida cotidiana de aquella provincia minúscula perdida en el confín del imperio les importaba muy poco. En Roma, ni tan siquiera se habían molestado en designar un gobernador específico para Judea y la hacían depender jerárquicamente de Siria. El prefecto, por lo tanto, suponía un cargo menor en el que se delegaba «el gobierno de las tierras más polvorientas del Mediterráneo oriental».

Los romanos querían que el orden romano se respetara a rajatabla. Mientras los judíos pagaran impuestos y no se rebelaran contra la autoridad imperial, podían hacer lo que quisieran con sus vidas, incluso rezar a su triste dios único. De ahí que, en la práctica, la guarnición bajo el mando de Poncio Pilato solo estuviera atenta a los intentos de sedición y a los golpes contra el emperador. Para lo demás, hacían la vista gorda y eran los judíos, que disponían de su propia fuerza armada a las órdenes de los sacerdotes del Templo

—a diferencia de lo que sucedía en Roma, en Judea resultaba indistinguible el poder político del religioso—, quienes mantenían el orden e impartían justicia.

Pilato odiaba a los judíos. Le parecían un pueblo irritante, con esa costumbre de regirse, hasta en lo más nimio, por la Ley de Moisés, una norma obtusa que no se podía modificar o derogar porque había sido dictada por el mismísimo Yahvé en persona. Pilato, como buen funcionario romano, comprendía la importancia del derecho, pero no le entraba en la cabeza que todo fuera inmutable y eterno. «La vida va y la vida viene, ¿no?», solía decir. Solía decírselo a alguno de los suyos, pues los romanos jamás abandonaban la torre Antonia si no era para patrullar las calles o los campos; su existencia, en consecuencia, discurría al margen de cualquier contacto con los judíos. En la torre Antonia, nadie del exterior podía penetrar y los del interior tampoco tenían demasiado interés en salir.

Así las cosas, la noticia de que un hombre había llegado a Jerusalén designándose mesías puso en estado de alerta a la guarnición. «Con lo tranquilas que estaban las cosas...», se lamentó un funcionario prefectural ante el propio Poncio Pilato. Este lo escuchó pero dejó estar la queja. Los romanos se preocupaban mucho de comprender los hábitos y las costumbres judías, que eran, por cierto, numerosas e intrincadísimas. Por ello, sabían que se encontraban en el periodo conocido como la Pascua, en la que los judíos rememoraban su huida de Egipto varios siglos atrás. Tampoco les era ajena la idea del mesías, es decir, la de aquel salvador judío a medio camino entre el profeta místico y el implacable guerrero que anunciaba la llegada del Dios justiciero cuyo afán último sería el de acabar con las injusticias terrenales. Y ellos, los romanos de Judea —ni por asomo se les pasaba por alto—, suponían, para los judíos, la primera de ellas.

«¿Y sabemos quién es ese mesías? ¿De dónde ha salido?», preguntó Poncio Pilato. Se encontraba reunido en la estancia de la Antonia que utilizaba como despacho: en el interior de la fortaleza se hallaban más que apretados, y hasta el prefecto debía conformarse con un cuartito muy poco digno de su posición. En él, además de

Pilato, trabajaban cinco funcionarios y seis centuriones. Estos últimos eran quienes gozaban del gobierno efectivo del puesto, militar antes que civil, y se ocupaban de convertir las órdenes del prefecto en acciones reales.

«Dicen nuestros informantes que se llama Jesús, y que ha venido desde Galilea», contestó uno de los centuriones. Se llamaba Publio Cornelio y se trataba de uno de esos soldados romanos que se hacían a sí mismos: había ingresado en la legión como soldado raso y, poco a poco y gracias a su esfuerzo y a la valentía demostrada en combate, había ido ascendiendo hasta alcanzar el grado de centurión. De momento, permanecía asignado a la dotación de aquel rincón infecto del imperio, pero hacía méritos y puede que en dos o tres años lo trasladaran a un destino mejor. De hecho, toda la oficialidad destinada en Jerusalén, el prefecto incluido, aguantaba el día a día en el convencimiento de que hacerlo suponía la mejor vía para ascender en el cuerpo.

Así que lo último que necesitaban era un revoltoso que llegara desde fuera con la intención de causarles problemas. No lo permitirían.

«¿Jesús?», vociferó Pilato. «¿Y dónde está ahora ese Jesús?». Cornelio respondió de inmediato: «Ha abandonado la ciudad». «En ese caso, el problema se ha solucionado solo». «Aunque no ha ido demasiado lejos, prefecto: nos cuentan nuestros informantes que se ha refugiado en Betania, una pequeña aldea al este del Monte de los Olivos».

«Sé dónde está Betania, Cornelio». «No lo ponía en duda, prefecto».

Los romanos se hicieron el firme propósito de vigilar muy de cerca al tal Jesús. ¿Cómo? Introduciendo un confidente en su grupo. Alguien que fuese capaz de pasar desapercibido a ojos de los insurrectos y que pudiese facilitarles información de primera mano: un judío.

3
Lunes

Tras pasar la noche en Betania, el grupo de Jesús regresó, casi con las primeras luces del alba, a Jerusalén. Los planes del maestro consistían en ahondar en lo realizado el día anterior: comunicar a todos los judíos la llegada del mesías de Dios encarnado en su figura y advertir de que la observancia estricta de la Ley de Moisés constituía el único modo de superar el inminente Juicio Final. Para lograr esto último, Jesús decidió, en connivencia con Pedro y el resto de discípulos de su círculo más íntimo, encaminarse al Templo de Yahvé. Allí, Jesús actuaría.

Y lo haría ante una muchedumbre aún mayor que la que lo había acogido el día anterior. Porque el Templo, no se dirá suficientes veces, era el centro del universo judío y, por lo tanto, el lugar exacto en el que los miles de peregrinos acababan recalando. No por gusto o por curiosidad, sino porque la propia Ley impulsaba a ello: todo judío que había pecado estaba obligado a realizar un sacrificio en el Templo para así expiar su impureza. En la Ley, no existía otro modo de alcanzar el perdón. Daba igual que vivieras un par de calles más allá o al otro lado del Mediterráneo: solo peregrinando hasta Jerusalén y sacrificando un animal en el Templo de Yahvé —grande si tu pecado era grande, pequeño si era pequeño—, un judío piadoso lograba recuperar la pureza.

Ni qué decir tiene que este sistema tan estricto hacía las delicias de los que, en el Templo, se encargaban de que aquel mecanismo legal funcionara sin interrupción: la casta sacerdotal por un lado —que era quien efectivamente sacrificaba los animales— y las hordas de comerciantes y cambistas que se amontonaban en los patios para facilitar la vida de los peregrinos por otro, mano a mano, se enriquecían hasta límites inimaginables. Lo cual era perfectamente lícito: la Ley de Moisés, ni más ni menos que ella, ordenaba que así fuera.

Jesús, sin embargo, no se encontraba completamente de acuerdo con eso en lo que una práctica pía y legal —de nuevo, para los judíos, ambos eran asuntos indistinguibles— se había convertido. De esta forma lo explicó a sus discípulos: «El Templo ha de ser lugar de oración, y no un mercado infame». Fue Santiago quien, inmediatamente, le dio réplica, pues no era aquello lo que las Escrituras referían: «Pero, maestro, en el Templo expiamos nuestros pecados. Si no podemos hacerlo tal y como está escrito, ¿cómo conseguiremos ingresar en el reino de Dios?».

«A través del bautismo, como Juan Bautista nos mostró», explicó Jesús. «En adelante, el Templo será eso y nada más: un templo, un lugar al que acercarse y orar, la casa que Dios, cuando descienda del cielo, ocupará en Israel. Debemos cuidar de ella. Debemos prepararla para su inminente venida. Es a mí, como su mesías, a quien me corresponde anunciarlo».

De manera que los cuarenta y dos varones —Jesús, Lázaro y los nueve recién llegados que se unieron al grupo en la tarde anterior incluidos— se encaminaron a Jerusalén mientras que las mujeres permanecían en Betania.

La multitud con la que se toparon fue tal que ni siquiera Jesús se la esperaba. Por todas partes, la gente se agolpaba y en no pocas calles ya no era posible avanzar ni retroceder. La fuerza armada judía jamás abandonaba el Templo o sus inmediaciones, así que, hasta que Jesús y los suyos lograron, tras muchos esfuerzos, aproximarse al mismo, no notaron su influencia. En torno a las escalinatas del Templo, miles de peregrinos se arremolinaban bien con intención de acceder a él, bien con la de simplemente hallarse presentes en los alrededores del recinto más sagrado del mundo. Los soldados del Templo impedían los tumultos esgrimiendo, si era preciso, varas de madera con las que golpeaban a los peregrinos.

Pedro distinguió abultadas bolsas colgando de los cinturones. Los judíos llegaban al Templo desde los cuatro puntos cardinales y, una vez en él, se sabían obligados a cambiar las monedas corrientes en sus ciudades de origen por didracmas —la moneda usada en Jerusalén— para luego gastarlas, tal y como obligaba la ley, en sacrificios expiatorios. En la Pascua, había tanto dinero en el Templo y sus inmediaciones como en el resto de Judea y Galilea juntas.

Tras perder más de una hora en las escalinatas, Jesús logró ascender por ellas y, cruzando la puerta doble, acceder al Patio de los Gentiles. Este patio se ubicaba dentro del recinto del Templo, pero era ajeno a su área sagrada. Los judíos, siempre dispuestos a embarcarse en una buena discusión, debatían mucho al respecto: ¿hasta qué punto quien pisaba el Patio de los Gentiles pisaba en sagrado si, para acceder a él, había que atravesar la muralla que rodeaba al Templo? La respuesta, muy del gusto judío, era un sí y un no al mismo tiempo. Era cierto que se había superado la muralla principal de acceso al recinto sagrado, pero no la segunda. Solo tras esta, un visitante se hallaba en auténtico suelo sagrado. Prueba de ello era que, por un lado, los sacerdotes del Templo acostumbraban a permanecer tras la segunda muralla y, por otro, el Patio de los Gentiles no se denominaba así en vano: en aquella explanada, se permitía que los paganos situaran sus puestos, mesas y tenderetes, como de hecho sucedía: no eran pocos los que se anunciaban como fenicios del norte, idumeos del sur e incluso amonitas del lejano oriente.

A aquel lugar, accedió el séquito de Jesús con Jesús a la cabeza. Desde un primer momento, Pedro advirtió la contrariedad en el rostro del maestro. Y algo más: Jesús cerraba los ojos con fuerza para protegerse del inmenso ruido que se cernía sobre ellos. Cientos de personas dialogaban en lenguas conocidas —arameo, hebreo, griego— o ignotas —latín, acadio, fenicio—, y lo hacían a gritos, sin mostrar reverencia alguna por las losas que pisaban, por el significado del Templo en el que se encontraban, por, en suma, el único Dios verdadero. «Esta es la casa de mi padre», susurró Jesús entre dientes. Pedro lo oyó, y también lo oyeron Santiago, Andrés, Juan y Lázaro. «No permito que el hogar que ha de acogerlo permanezca en manos de sacrílegos».

Para Jesús, todos los que se arracimaban en el Patio de los Gentiles, todos los que vendían corderos, ovejas, bueyes o palomas destinados a los sacrificios, todos los cambistas de moneda, todos sin excepción —incluidos los judíos observantes que sin recato negociaban con los paganos— incumplían la Ley de Moisés. Al menos, la Ley de Moisés interpretada por Jesús.

De repente, echó a correr. Fue un gesto súbito, impropio de un Jesús que siempre se movía con pausa y sosiego. Su túnica se alzaba a cada paso que daba en dirección a los puestos de los cambistas. Pedro tardó en reaccionar y, para cuando lo hizo, Andrés, Santiago y Juan ya corrían detrás del maestro. Ninguno de los apóstoles conocía el modo en el que Jesús pretendía actuar en el Templo. De hecho, y esto Jesús lo confesaría más tarde, tampoco él había planeado nada en particular. Pretendía, únicamente, declarar en público que el uso que se le estaba dando al Templo de Yahvé sería justo y legal, pero no honesto a los ojos de Dios. Aquella era la casa del Altísimo y, en lugar de eso, parecía un vulgar mercado provinciano donde nadie se molestaba, tan siquiera, en mostrar el debido respeto.

De un manotazo, Jesús hizo saltar por los aires la mesa del primer cambista con el que se topó en su camino. El hombre, que era judío de los pies a la cabeza, a Jesús no le cupo la menor duda —«mejor», afirmaría después—, no daba crédito a lo que veía. Por un instante, un gesto de sorpresa quedó congelado en su rostro. Observaba cómo sus monedas, diligentemente apiladas sobre la mesa —aquí las de origen griego, ahí las sirias, allá las romanas, etcétera—, volaban por el aire y se mezclaban las unas con las otras. Los judíos más severos en la observancia de la Ley consideraban que el contacto con las monedas tornaba impuros a quienes lo hacían. Es decir, pecaban. Los sacerdotes del Templo, celosos siempre de su pureza, podían pasar décadas y décadas sin tocar una sola moneda. Por supuesto, sus criados se encargaban de ello, pues un sacerdote que se preciase le sacaba beneficio hasta al respirar de los peregrinos.

«¡Qué hacéis!», bramó Jesús, que no preguntaba sino que, colérico, exclamaba. «¡Qué hacéis! ¡Esta casa no es vuestra casa! ¡Este negocio ensucia las piedras del Templo!». El cambista que había visto cómo Jesús volcaba su mesa se giró en dirección al lugar donde habitualmente se reunían los guardias armados del Templo. Estos —cinco hombres de aspecto recio que vestían de forma idéntica— contemplaron la escena aunque no se movieron ni hicieron amago de intervenir. En ese momento Jesús lo desconocía, pero tenían orden expresa de, en caso de que llegara el galileo que afirmaba ser el mesías, dejarlo actuar.

«¿Y tú?», preguntó, siempre a gritos, Jesús. Se dirigía a un segundo cambista, situado este a un par de pasos del anterior. En el Patio de los Gentiles, se había hecho un silencio absoluto. Habría, allí, no menos de quinientas personas, quizás más, y todas ellas se quedaron paralizadas ante la brusca intervención de Jesús. Jamás habían sido testigos de algo semejante. «¿Y tú? ¿Ensombreces, con tus actos, la morada de Dios?». «Tengo derecho a estar aquí, porque el Templo no...», comenzó a balbucear el cambista, que parecía idumeo. Hablaba en un arameo fluido, aunque con marcado acento sureño.

«¡No oses explicarme qué es el Templo!», tronó Jesús, justo un instante antes de, con ambas manos, asir la mesa del cambista y voltearla con fuerza. Centenares de monedas tintinearon primero en el aire y, más tarde, sobre las losas del firme. Podría cualquiera haberse abalanzado sobre algunas de ellas, recogerlas y perderse entre el gentío, pero nadie dio un paso y todos continuaron escuchando los gritos iracundos de Jesús.

«¡Sabed que la llegada de Dios está próxima! ¡Sabed que solo es cuestión de muy pocos días! ¿Y qué hacéis vosotros? ¿En qué malgastáis el tiempo? ¡En ensuciar este lugar precioso que debería ser de oración!», rugió Jesús.

«¡Hemos de presentar nuestros sacrificios en el Templo!», intervino un hombre en arameo con fuerte deje hebreo. Se encontraba a unos doce pasos de distancia de Jesús, entre un grupo de peregrinos de túnicas blancas y barbas muy recortadas. «¡Es la Ley!», añadió vociferando alto y claro.

«Es Ley que los pecados hayan de ser perdonados», replicó, de inmediato, Jesús. Ya no gritaba como antes, aunque continuaba alzando mucho la voz. No habría sido necesario pues, aunque hubiera hablado en susurros, se le habría escuchado hasta en el último rincón del Patio. «Pero no derramando la sangre de palomas o corderos. No contraviniendo el deseo de Dios, que es el de mantener a salvo su hogar querido».

«Yo os digo», continuó tras una breve pausa en la que recobró el aliento, «que yo mismo os perdonaré vuestros pecados bautizándoos sin demora. Aquí están los que me siguen. Ellos saben que no miento, que es mía la institución del perdón de los pecados, que no será más la sangre derramada entre estas piedras, ni será la venta de la carne de los animales sacrificados la que engorde las bolsas de los sacerdotes».

«¿Quién dices tú que eres para hablar de esa forma?», preguntó, escéptico, el peregrino. Jesús le respondió: «Soy el que ha venido a determinar que el Templo sea, en adelante, un hogar sagrado para todos los judíos, y no el mezquino refugio de mercaderes que ahora es».

Uno de los guardianes armados del Templo juzgó que ya había escuchado suficiente y, sin pronunciar una sola palabra, desapareció tras una pequeña puerta. Corría a informar a los sacerdotes. «El que dice ser el mesías quiere prohibir los sacrificios». Los sacerdotes se volverían locos en cuanto se enteraran. Sin sacrificios, ¿de qué vivirían ellos? Significaría su final.

A renglón seguido, Jesús se volvió hacia los puestos de animales. En la fila más cercana a él, había seis de palomas, uno de corderos y uno más de bueyes. Por razones prácticas, lo más habitual era que los judíos pecadores sacrificaran aves. Algunos, si no venían desde demasiado lejos, las traían con ellos. Otros, por su parte, las adquirían en alguno de los numerosos establecimientos que dedicados a la compraventa de animales se extendían en las inmediaciones de Jerusalén. No obstante, de ninguna manera el peregrino se hallaba obligado a comprar el animal dentro del recinto del Templo. Aquello era, por expresarlo de algún modo, un servicio que los sacerdotes ofrecían a los peregrinos que no querían tomarse la molestia de andar acarreando sus propios animales. Porque si no todos estaban dispuestos a caminar durante días o semanas con una paloma viva en la mano, menos aún eran los partidarios de hacerlo con un cordero, una oveja o un buey. ¿Que había que pagar el triple de su valor en el Patio de los Gentiles? No era algo que un judío hiciera de buena gana, pero tampoco uno andaba ofreciendo bueyes a Yahvé todos los días. Podrían con el dispendio.

Jesús ignoró los puestos de los animales grandes y se dirigió a uno de palomas, cuyas jaulas comenzó a abrir entre miradas estupefactas. «¡Detente!», gritó uno de los mercaderes que atendían el tenderete, y que, a buen seguro, era el dueño de los animales que Jesús pretendía liberar.

«Ahora», dijo Pedro dirigiéndose a sus compañeros. Andrés, Juan, Santiago y varios discípulos más se aproximaron, muy rápido, a Jesús y lo secundaron. Una cosa era voltear mesas de cambistas y otra, muy distinta, emprenderla contra vendedores y ganaderos.

Pedro abrió la puerta de una jaula en la que se apretaban quince o veinte palomas. Su dueño, de inmediato, reaccionó y se fue a por él. Pedro no lo dudó y, según venía, le propinó un puñetazo en pleno rostro que le fracturó el tabique nasal. Jesús no aprobaba la violencia, aunque afirmaba que, en situaciones excepcionales, recibiría el amparo del Altísimo. A fin de cuentas, los ángeles que descenderían desde el cielo una vez que se desencadenara el fin de los tiempos lo harían con suma violencia para castigar a impíos y pecadores. Y, bueno, ese día aún no había llegado, pero, como Jesús aseguraba, ya se encontraban en los prolegómenos del mismo: ¿Acaso no se justificaba la violencia cuando de purificar el Templo de Yahvé se trataba?

Juan y Santiago se dirigieron al puesto de los bueyes, donde tres grandes bestias aguardaban comprador. A los dos discípulos, desde atrás, muy pronto se les unió un grupo de seguidores de segunda fila: cuarenta y dos hombres eran muchos hombres y, a poco que quisieran, se harían de notar en el Patio de los Gentiles. «¡Llevaos a los bueyes!», ordenó Santiago. Lo hacía a gritos, pues un murmullo cada vez más intenso se alzaba sobre sus cabezas y amenazaba con convertir sus conversaciones en ininteligibles.

Los discípulos obedecieron de inmediato, ante las protestas de los propietarios de los bueyes. «¡Son míos! ¡Son míos!», vociferaba uno, un hombre ya anciano con el semblante atravesado por la desesperación. «Tranquilo, viejo», le susurró Juan al oído, al tiempo que señalaba, con un dedo, un extremo de la explanada y añadía: «No te los vamos a robar. Dentro de un rato, ve a esa esquina del Patio y allá los encontrarás intactos». Jesús propiciaba y animaba la algarada, pero ni por lo más remoto habría tolerado un hurto. Si necesitaran los bueyes para comérselos y no morir de hambre, obligaría a los suyos a despedirse los unos de los otros y a confiar sus almas a Dios.

Jesús, por su parte, había vuelto a tomarla con los cambistas, cuyas mesas volcaba una detrás de otra. Cierto era que, para entonces, algunos de los agredidos trataban de defenderse. Por desgracia para ellos, la mayoría eran hombres de cierta edad —si no directamente ancianos—, y se enfrentaban a Jesús y sus discípulos, un numeroso grupo de hombres jóvenes, el mayor de los cuales no superaba los treinta y cinco años. Hubo empujones, malos modos e insultos, y solo Jesús volteó diecisiete mesas, una detrás de otra, para alborozo de los suyos, que lo seguían a corta distancia y hasta lo escoltaban.

El tumulto había comenzado de forma abrupta y de forma abrupta finalizó. Jesús, exhausto, dio un paso hacia atrás y observó lo que había propiciado: que en el Patio de los Gentiles del Templo de Yahvé no quedara un puesto en pie. El mensaje, pues, se extendía nítido y claro: sed, en adelante, puros y respetad la que es la casa de Dios. Acto seguido, el maestro se pasó el antebrazo izquierdo por la frente y se secó el sudor. «Nos vamos», le dijo, en voz baja, a Pedro, siempre situado cerca de él.

Como el lugarteniente que en realidad era, Pedro transmitió la orden al resto de discípulos. A algunos de los más jóvenes y entregados, la algarada comenzaba a írseles de las manos y causaban destrozos que Pedro consideraba innecesarios. «Esto ha marchado mejor de lo que esperábamos», pensó. «No lo echemos a perder».

«¡Salgamos de aquí!», indicó a los suyos. Tocaba en el brazo a Andrés y a Juan, y reclamaba de ellos que se pusieran en marcha para sacar de allá a su gente. «¡Nos vamos!», gritó Juan. «¡Deprisa! ¡No perdáis el tiempo!», se unió Andrés, mientras levantaba los brazos por encima de su cabeza y gesticulaba enérgicamente.

Mientras eso sucedía, los sacerdotes del Templo eran informados por el guardián armado que había observado el incidente. Fue él quien les refirió cómo un numeroso grupo de revoltosos había tomado al asalto el Patio de los Gentiles y alteraba el orden en él. «¿Con qué finalidad?», preguntó uno de los sacerdotes. «Con la de sembrar el desconcierto entre los peregrinos y los piadosos», respondió el guardia.

«Y con la de derribar los muros de esta sagrada institución», completó otro sacerdote. Se trataba de Yohanán, quien creía que llegaba el momento de informar a Caifás, el sumo sacerdote del Templo. «Pero, ¿de verdad que ese tal..., cómo se llamaba..., sí, ese tal Jesús... es peligroso?», preguntó un tercer sacerdote. Hasta aquella misma mañana, el propio Yohanán lo habría negado. O habría ofrecido una respuesta poco comprometedora: «Cree que se aproxima el fin del mundo, pero yo no le haría demasiado caso...». Sin embargo, el actual incidente iba mucho más allá de un simple paseo encaramado en un burro proclamando que una legión de ángeles caerá sobre Jerusalén.

«¿Debemos intervenir?», preguntó el guardián del Templo. Yohanán se lo pensó durante un instante y respondió: «No, no, dejad que actúe». Llegados a este punto, lo inteligente era permitir que Jesús descubriera, por completo, su juego. Le darían cumplida respuesta, pero después de considerar muy despacio todas las opciones disponibles.

Se marchaba el guardián para regresar junto a sus compañeros cuando apareció Judas. El discípulo traidor de Jesús llegaba a la carrera y sin aliento. Como el resto de discípulos, había participado en los disturbios y se había encargado de ahuyentar corderos e impedir que sus dueños, al menos en un primer momento, los recuperaran. «Que el escándalo sea de los que se recuerdan», había escuchado decir a los seguidores más jóvenes, aquellos que realmente se estaban divirtiendo con aquello.

«Judas», saludó muy levemente Yohanán. Los sacerdotes que acompañaban a este no conocían de nada a Judas —y en condiciones normales habrían ignorado por completo su presencia— pero el cariz que estaban tomando los acontecimientos en el Patio de los Gentiles los animó a prestar atención. ¿Disturbios en el interior del Templo? Jamás en sus vidas habían sido testigos de algo semejante. Lo que experimentaban, tras el natural desconcierto inicial, era miedo. Un miedo ciego y sordo, un miedo a perderlo todo de la noche a la mañana. Era lo malo de poseer mucho y poseerlo gracias a anclajes que hoy consideras firmísimos pero que al siguiente día pueden haber saltado por los aires. La riqueza —y la posición social, sin duda— de los sacerdotes provenía de las decenas de miles de sacrificios que cada año tenían lugar en el Templo. Era esa una fuente de ingresos inagotable y las propias Escrituras, cuando explicitaban en qué manera exacta habían de expiarse los pecados, la garantizaban. Pero si llegaba alguien —un extraño, un revoltoso, un revolucionario, un blasfemo, un sedicioso— y ponía en solfa aquel fastuoso aunque delicado equilibrio, ellos se verían en la calle y sin nada.

«Yohanán», devolvió Judas el saludo. «Parece ser que ya te han informado de lo que sucede». «Tu maestro ha montado un buen escándalo en el Patio de los Gentiles». «Así es, Yohanán. He venido raudo a contártelo porque creía que debías saberlo». «Desde luego, Judas, desde luego...». «En ese caso, regreso junto a los míos. No quiero que me echen en falta».

«Un momento», dijo, entonces, Yohanán. Los sacerdotes del Templo de Yahvé nunca levantaban la voz, pues no les hacía falta:

cada vez que separaban los labios y hablaban, alguien a su lado tomaba nota de lo dicho y lo ponía en práctica. Sin embargo, esta vez, Yohanán alzó ligeramente el tono de voz. Se sentía preocupado, muy preocupado. «Necesito saber hasta dónde está dispuesto a ir Jesús», señaló. El resto de sacerdotes presentes lo observaba en silencio. Entre ellos, todavía quedaban algunos, los menos, que aún no eran conscientes de que se hallaban ante un incidente verdaderamente grave; la mayoría, no obstante, consideraba justificado el tono inquieto de Yohanán.

«No conozco los planes de Jesús», explicó, tranquilo, Judas. Pretendía ser específico y responder concretamente a las preguntas que le hicieran. Solo así, pensaba, podría acabar cuanto antes y regresar junto al grupo. «Él solo los comparte con su círculo más cercano: Pedro y su hermano Andrés, Santiago y Juan. Y tan siquiera estoy seguro de que ellos sepan, a ciencia cierta, qué trama Jesús». «¿No os lo cuenta, Judas?». «Jesús habla constantemente, pero no de sus planes inmediatos». «¿Sospecha que puede haber algún infiltrado entre los suyos?». «No, lo dudo... Jesús no es un hombre desconfiado. Lo que sucede, creo yo, es que ni él mismo sabe qué va a hacer mañana. Posee una visión general de lo que quiere emprender y hacia ella se encamina sin titubeos. Sabe muy bien qué quiere lograr y cuáles son los objetivos que puede conseguir. A partir de ahí, improvisa sobre la marcha».

Yohanán permaneció en silencio una vez que Judas finalizó su explicación. Jesús, a juicio de lo que su discípulo refería de él, no era un iluminado sin demasiado seso, sino un hombre que conjugaba hábilmente determinación y flexibilidad. Conocía el destino, aunque no le preocupaba el camino siempre y cuando lo llevara hasta él. «¿Planeáis regresar a Jerusalén?», preguntó, tras la breve pausa.

Judas lo desconocía y así lo confesó. Y era cierto que lo desconocía. Sin embargo, no hacía falta ser demasiado listo para entrever las intenciones de Jesús. El fin del mundo se hallaba tan próximo que quizás se desencadenase en cuestión de dos o tres días. A lo largo de esta semana y antes del sábado, en cualquier caso. Por lo tanto, Jesús no abandonaría Jerusalén, donde se levantaba el Templo de Yahvé. Si acaso, al contrario: se hacía necesario redoblar su presencia en la ciudad para, por un lado, continuar proclamando la inminente llegada del Juicio Final y, por otro, insistir hasta el instante del arrebato divino en la necesidad de arrepentirse de los pecados. No quedaba tiempo. Y el tiempo que quedaba, Jesús lo pasaría en Jerusalén. Así se lo comunicó Judas a Yohanán.

«En ese caso», replicó el sacerdote, «quiero que sigas acudiendo a mí para informarme de lo que sucede». «Jesús no es peligroso», aseguró Judas en un gesto que Yohanán interpretó sin dificultad: al discípulo traidor lo asaltaba un remordimiento de conciencia que no impediría que continuara llevando adelante su delación, pero que, de alguna forma, lo perturbaba.

«¿No te parece peligroso un hombre que siembra el caos en el interior del Templo, que la toma con los honrados mercaderes que se limitan a cumplir lo estipulado en la Ley, que encabeza una turba de degenerados que no dudan en blasfemar en suelo sagrado?». La pregunta de Yohanán era retórica, y Judas se mantuvo en silencio. De acuerdo, el sacerdote tenía razón, pero el discípulo no creía que Jesús fuese capaz de ir mucho más lejos. Al menos, en lo que a actos violentos se refería. Sin demasiado ánimo, se lo comunicó a Yohanán: «Sé que mañana volveremos al Templo. Algo me dice que Jesús ya no puede parar. Pero no habrá más violencia». «¿Lo sabes verdaderamente o lo supones?», interrogó el sacerdote. «Lo supongo... y lo intuyo. Este no es el estilo de Jesús. De verdad que no lo es. Jesús es un profeta pacífico».

Yohanán entregó dos didracmas a Judas en pago por sus servicios —el sacerdote, a diferencia de muchos de los suyos, sí tocaba las monedas aunque lo volvieran impuro; lo consideraba una pequeña molestia que asumía con humildad en pos de la consecución de un bien mayor— y Judas, sin pronunciar una sola palabra, regresó junto al grupo de Jesús.

Los encontró abandonando la ciudad por la puerta del sur y enfilando el camino que los llevaba a Betania. Durante el trayecto, Judas atravesó una sucesión de calles y callejas en las que no se hablaba de otra cosa: el rabino que aseguraba ser el mesías había maltratado a los mercaderes y a los cambistas del Templo. Judas distinguió que las reacciones se hallaban divididas: mientras que algunos jerosolimitanos opinaban que ya era hora de que Dios interviniera, conforme a las Escrituras, para expulsar a los romanos de Judea, otros, quizás los menos, afirmaban que Jesús solo era un alborotador blasfemo y que su actitud en el Templo demostraba hasta qué punto se trataba de un loco temerario.

Judas se reintegró al grupo de cuarenta y un hombres que regresaba a Betania sin que nadie sospechara de él. Pese a que el círculo de doce discípulos más fieles y antiguos de Jesús —al que él pertenecía— caminaba en la cabeza de la comitiva, Judas se mantuvo retrasado, casi con los del final. Allí, de nuevo, se daban opiniones para todos los gustos. Estaban los que habían disfrutado de la acción en el Patio de los Gentiles y la consideraban un buen modo de «hacer que las cosas cambien»; por otro lado, se hallaba el grupo de los que, sin desdeñar la actitud de Jesús, creían que esta «transgredía las Escrituras en su interpretación más estricta»; por fin, varios hombres se adherían al gesto de Jesús sin más reflexiones «porque no somos nosotros quienes hemos de examinar al mesías de Dios».

De hecho, Judas fue testigo de cómo dos seguidores, llegados a Betania en la tarde anterior, se despedían y se marchaban. Aquello no era lo que habían pensado. Casi al mismo tiempo, nada más ni nada menos que dieciséis nuevos postulantes —todos ellos varones jóvenes— se aproximaron caminando y afirmaron que «el mensaje de Jesús les había calado hasta lo más hondo de sus pechos y querían situarse junto a él en las últimas jornadas antes de que el fin del mundo se precipitara». Judas en persona les indicó que se incorporaran a la comitiva que se dirigía a Betania y que, una vez allá, Jesús hablaría con ellos al respecto de su decisión.

En total, aquel día Jesús contaba con sesenta seguidores, cincuenta y seis de los cuales eran varones. Nunca antes se había encontrado rodeado de un grupo tan amplio. Y dispuesto. Porque si de algo gozaban aquellos hombres —las mujeres no contaban a efectos del desencadenamiento del fin del mundo—, era de un temperamento a prueba de dificultades: creían firmemente en que Jesús se hallaba en lo cierto, que sin la menor duda sucedería lo que él aseguraba que sucedería.

Y si en el camino hacia Betania el ambiente era el propio de quienes se han propuesto algo y lo han conseguido, Pedro no sabía cómo ocultar su inquietud. Tanto era así que el propio Jesús lo interrogó al respecto: «¿Qué sucede, amigo mío?». Conocía tan bien a Pedro que su respuesta no le sorprendió: «Creo que hemos ido demasiado lejos».

Y no porque a Pedro le importaran los cambistas o los mercaderes. En ese sentido, él era de la misma opinión que Jesús: su continua presencia entre los muros del Templo insultaba a Dios. A Pedro le preocupaba llamar la atención. Era muy consciente de que desempeñaban un papel a contracorriente del devenir histórico y eso, tarde o temprano, tendría consecuencias. Sin embargo, *llamar la atención* constituía la principal estrategia de Jesús. ¿Cómo, de otra forma, podría comunicar al pueblo judío que el fin de los tiempos se aproximaba? Se hacían precisos actos públicos como el que habían llevado adelante aquel día. Jesús no vacilaría al respecto. No, ahora que los acontecimientos se habían precipitado. «Dios nos está mirando», le había confesado a Pedro. Dios, por lo tanto, aguardaba el momento exacto en el que liberaría a sus legiones de ángeles iracundos.

Pedro, no obstante, preveía que las dificultades llegarían desde el lado romano. Podrían levantarse ampollas entre los judíos. Sobre todo, entre los judíos saduceos, quienes desconfiaban por completo de aquellos que defendieran la intervención de Dios en los asuntos terrenales. Tanto Jesús como el grueso de sus discípulos eran fariseos —o un tipo muy particular de fariseos: el que Jesús había elaborado para sí mismo— y no se llevaban nada bien con los ceremoniosos saduceos. Pero, con lo uno y lo otro, al final todos eran judíos. Discutían y debatían hasta que las lenguas se les secaban, aunque la sangre nunca llegaba al río entre judíos devotos que respetaban escrupulosamente la Ley de Moisés.

Si Pedro hubiese sabido que, en ese preciso instante, mientras recorrían el camino polvoriento que los conducía a Betania, eran judíos quienes los habían situado bajo vigilancia extrema, no lo habría creído. Jesús suponía un problema para los romanos, pues Yahvé los expulsaría sin miramientos de la tierra prometida de Israel. Pero, ¿los judíos? ¡Los judíos se hallaban a salvo, ya que precisamente con ellos Dios había entablado una alianza única en la historia del mundo! ¡Eran los elegidos! No habría problema, juzgaba Pedro, para que, en último término y tras mostrar Dios su rostro verdadero, las ovejas descarriadas del pueblo judío —sacerdotes del Templo incluidos— regresaran al redil de los justos. ¿No les avisaba, *precisamente,* Jesús de que eso mismo es lo que debían hacer? Arrepentíos, repetía. Y arrepentirse, en estos tiempos, consistía en abandonar las mercaderías del Templo y refugiarse en la oración. Lo cual no significaba, desde luego, que los romanos no hubieran decidido vigilarlos tan de cerca o más que los judíos.

El centurión Publio Cornelio se hallaba acodado en uno de los ventanucos desde los que, desde la torre Antonia, se veía el Templo de Yahvé. Hecho nada sencillo, y conviene explicar cómo la una y la otra habían sido construidas para comprenderlo. El Templo constituía una descomunal piscina de piedra. En su interior, había un monte, el cual se hallaba completamente cubierto de la tierra, el escombro y las piedras que utilizaron para rellenar la piscina. En la superficie de tan fenomenal construcción, es decir, en la cima del monte, los que imaginaron el Templo habían dispuesto una gran explanada desde la que comenzaron a construir hacia el cielo. De esta forma, el Templo, y los propios patios que lo rodeaban, el Patio de los Gentiles entre ellos, se encontraban elevados respecto del resto de la ciudad de Jerusalén. Cuando los romanos decidieron que a los judíos había que vigilarlos muy de cerca, planearon construir un baluarte en un terreno colindante al Templo. A su extremo noroccidental, para ser más exactos. Pero la torre —una fortaleza, en realidad— fue levantada desde el nivel del suelo de la ciudad y, por lo tanto, y a pesar de que se trataba de un edificio de enorme altura, sus pináculos apenas sobresalían respecto del Templo.

En uno de esos pináculos, en uno de los ventanucos abiertos en él —de minúsculo tamaño, como corresponde a una edificación militar capaz de cerrarse sobre sí y sus ocupantes resistir seguros un asedio de cien años—, Publio Cornelio intentaba ver qué sucedía en el Patio de los Gentiles. Sin lograrlo, porque los propios edificios del Templo impedían la vista: entre ellos, el que albergaba el Sanctasanctórum, estancia secretísima en la que los judíos guardaban el Arca de la Alianza, un cofre de oro que contenía la copia original de los diez mandamientos otorgados por Dios a Moisés. Nadie, salvo el sumo sacerdote del Templo, podía entrar en el Sanctasanctórum, y ni siquiera él ostentaba el poder de abrir el Arca de la Alianza. Como para andar, los romanos, pidiendo permiso para realizar cambios significativos en la estructura del edificio.

«Algo sucede en el Patio de los Gentiles», rezongó Cornelio para sí. Había subido sin compañía al pináculo, de manera que hablaba sin esperar respuesta de nadie. Se trataba de una agradable sensación para alguien que pasaba los días en el interior de una fortaleza como la Antonia, abarrotada por cientos de hombres. Hasta los centuriones como él debían compartir dormitorios. «Hoy, los judíos están muy nerviosos».

No fue capaz de averiguar mucho más. La guarnición desgajada de la Tercera Legión *Gallica* se encontraba formada por hombres provenientes del oeste de Europa: hispanos y, como el propio nombre de la legión indicaba, galos. Hacían buena, de este modo, esa norma no escrita de las legiones romanas por la cual un soldado debía servir en un lugar con el que no tuviera nada que ver. De esta forma, el legionario actuaba sin que ningún sentimiento personal interfiriera en su labor. Aquel desarraigo —tan eficaz en los campos de batalla— tornaba, sin embargo, compleja la integración de las tropas en las tierras ocupadas. Un hispano se parecía a un galileo en que ambos caminaban poniendo un pie delante del otro y en poco más. No compartían idioma, no compartían costumbres y no compartían religión. Así las cosas, Cornelio sabía que, si pretendían infiltrar a un hombre en el grupo de Jesús, este tendría que ser judío. No les quedaba más remedio.

Y judíos dispuestos a trabajar de confidentes para los romanos los había a decenas. De hecho, Poncio Pilato se mostraba orgullosísimo de la red de espías que había logrado desplegar por Jerusalén y sus alrededores. No era para menos, pues no contaban con más: el nervio de Roma en Judea se fundamentaba en la capacidad de la cohorte acantonada en la torre Antonia para imponerse por las armas y en el conocimiento de primera mano que el prefecto lograba reunir en torno a lo que sucedía en el país.

Publio Cornelio había pasado parte de la mañana conociendo candidatos para llevar adelante la infiltración. Que no fueron muchos, sino tres. Uno de ellos era demasiado viejo y Cornelio lo descartó de inmediato: hasta donde él sabía, el grupo de Jesús se encontraba formado por hombres jóvenes y un viejo habría llamado la atención. Otro carecía de conocimientos amplios de las Escrituras. A Cornelio, esto le traía sin cuidado, pero a los judíos no. El grupo de Jesús, bien lo sabía el centurión, se hallaba compuesto por hombres que hacían de la religión el centro de sus vidas. Más aún de la que ya lo hacía cualquier judío normal y corriente. Un hombre que no conociera a fondo los textos sagrados judíos no sería admitido en el grupo de Jesús.

Por fin, el último de los candidatos a examen resultó ser un hombre de unos treinta años y aspecto tan judío que si a Cornelio le hubiesen pedido que señalara a un judío perfecto y virtuoso, lo habría mostrado a él. El hombre en cuestión se llamaba Saúl, y vestía la habitual túnica de los judíos, que lo cubría desde los hombros a las rodillas, manto en las espaldas, sandalias de cuero, pelo corto y barba preceptiva. Lo dicho: un judío de los pies a la cabeza. Además, hablaba muy bien en arameo, su lengua materna, y se expresaba correctamente en hebreo y en griego. En este último idioma, se comunicaba con Cornelio, y en ese idioma le informaría de lo que acontecía en el seno del grupo de Jesús.

Porque, a estas alturas, el grupo de Jesús y Jesús mismo constituían un problema que los romanos, lejos de ignorar, pretendían tomarse muy en serio. A ellos, les importaba poco o nada las angustias propias de los judíos. Si querían rezar a un solo dios, que lo hicieran. Si querían rezar a cincuenta, que lo hicieran también. Podían declararse a favor del divorcio o en contra; partidarios de la intervención divina o detractores; favorables a la interpretación literal de sus Escrituras o censores de la misma. A los romanos, les traía sin cuidado. Esta región suponía su culo del imperio y carecían de capacidad, impulso y motivos para imponer el modo de vida romano.

Pero, eso sí: bajo ningún concepto tolerarían insurrecciones. Roma castigaba con extrema dureza a aquellos que se alzaban contra ella. De ahí, precisamente, que Poncio Pilato, y Publio Cornelio siguiendo sus indicaciones, hubiera decidido no quedarse de brazos cruzados. «Ese Jesús tiene dos opciones: salir corriendo o pagar las consecuencias».

Saúl resultó ser un judío piadoso, pero también un hombre de ambiciones. Quería dinero y carecía de demasiados escrúpulos, características ambas que los romanos siempre habían sabido utilizar en su favor a lo largo y ancho del imperio. Si era cuestión de dinero, ellos disponían de dinero. Cornelio le entregó cuatro didracmas y le aseguró que habría más, muchos más, si la información que les facilitaba era la esperada.

«Pero, ¿qué deseas saber?», preguntó Saúl. «Averigua qué pretende ese Jesús. Con qué medios cuenta. Quiénes son los hombres que integran su grupo. Cuáles son las relaciones que entablan entre ellos. Averigua si cuentan con armas y si planean alzarse contra el orden establecido».

Saúl partió de inmediato. Para entonces, era de todos conocido que el grupo del mesías se refugiaba en una casa de Betania y hacia allí se encaminó el espía. No resultó complicado dar con su destino, y, una vez en la aldea, se dirigió a varios jóvenes que acampaban en un huerto: «¿Sois seguidores de Jesús?». «Lo somos». «Vengo con la intención de sumarme a vosotros». «Llegas en el momento adecuado».

Resultó que Jesús solía poner en práctica un pequeño ritual destinado a medir el compromiso de los que pretendían caminar a su lado. Eso era lo que se encontraba realizando cuando Saúl fue conducido a las inmediaciones de una casa por cuya chimenea salía humo. Ante dieciséis postulantes —y la casi totalidad del resto de su numeroso grupo—, Jesús recitaba, de memoria, larguísimos pasajes de las Escrituras para, a continuación, ofrecer una exégesis de los mismos.

«Traemos a un nuevo seguidor», dijo alguien. Saúl sintió cómo las miradas se clavaban en él. «¿Conoces la Ley?», le preguntó Jesús sin levantar la voz ni atropellarse al hablar. «La conozco», manifestó Saúl, que se hallaba preparado para responder cualquier pregunta en ese sentido. «¿Crees que nuestras almas sobreviven a la muerte?». «Lo creo con todas mis fuerzas y no existe otro motivo por el que hoy esté aquí». «En tal caso, déjalo todo y únete a mí».

Un rato más tarde, el grupo se había disgregado por el huerto y Jesús, junto a su círculo íntimo, había desaparecido en el interior de la casa. Saúl notó que el ambiente estaba impregnado de cierta euforia, sin duda provocada por los acontecimientos que habían tenido lugar aquel día. Pronto, descubrió que, en primer lugar, no todos los seguidores de Jesús gozaban de la misma importancia a ojos de él —desde los más tibios a los más acérrimos, los que lo secundaban constituían un heterogéneo grupo de hombres impulsados por distintos motivos y las más variopintas esperanzas— y que, en segundo y puede que mucho más relevante, todos creían a pie juntillas en que el fin del mundo acontecería en cuestión de dos o tres días.

Por supuesto, una de las principales consecuencias de la llegada de ese momento era la inmediata expulsión de los romanos. Jerusalén volvería a ser una ciudad enteramente judía y en la torre Antonia no quedaría ni un solo pagano. «Dos o tres días», tomó nota, mentalmente, Saúl. Publio Cornelio le había hablado de un posible alzamiento más o menos inminente, pero no *tan* inminente. Seguro que una información como esa justificaba los cuatro didracmas que le había entregado a modo de anticipo. Lo que pudiera contarle en adelante constituiría un pago aparte.

A Saúl le sorprendió que los seguidores de Jesús compartieran con él sus alimentos. Un hombre llamado Pedro se había acercado hacía no mucho y había ordenado que esa noche no se encendieran hogueras. «Seamos cautos», dijo un tanto enigmáticamente. Saúl comprendió que los discípulos de Jesús sospechaban que, tras los actos del Templo, alguien pudiera haberlos puesto bajo vigilancia. Y no se equivocaban, la verdad.

Así pues, la cena tuvo que adelantarse al ocaso. Saúl recibió un buen trozo de pan recién horneado —«a Jesús también le siguen unas cuantas mujeres», le explicaron para justificar la existencia de pan tierno— y una generosa ración de salsa fermentada de pescado. Algunos discípulos se quejaron de la nula variedad de la dieta —al parecer, llevaban semanas comiendo lo mismo—, pero la mayoría dio cuenta de ella en silencio y sin rechistar.

«¿Y mañana?», se atrevió, más tarde, a preguntar Saúl. «¿Qué haremos mañana?».

Le respondieron casi a renglón seguido: «Seguir hacia delante hasta que el cielo se abra y, por la grieta, miles de ángeles armados desciendan para ajustar las cuentas a los gentiles y a los malvados».

4

Martes

Al día siguiente, las mujeres se levantaron tres horas antes del alba. El grupo de seguidores de Jesús superaba las sesenta personas y el trabajo, para dar de comer a semejante multitud, apenas se interrumpía. María Magdalena, en compañía de María y Marta, las hermanas de Lázaro, se encaminó al establo con la intención de ordeñar las cabras y sacrificar un cordero. Salomé, Juana y Raquel, mientras tanto, amasaban pan en la cocina de la casa. La mayor parte de la hornada no estaría lista antes del mediodía, pero sí les gustaba cocer, con antelación, un par de bollos para que al menos Jesús desayunara caliente.

Las seis mujeres que ocupaban la casa de Betania habrían dado lo que fuera por acompañar a los varones en sus idas a Jerusalén. Las seis creían a pie juntillas en la excepcionalidad de Jesús y en la relevancia de su propósito: no dudaban de que el fin del mundo era inminente y de que Yahvé hecho hombre descendería del cielo para ocupar su sitio en el trono de Jerusalén. De ahí, precisamente, que hubieran decidido realizar un esfuerzo. Porque a ellas no les importaba servir a Jesús y a su círculo inmediato de doce seguidores. Los consideraban hombres sabios sobre cuyas espaldas descansaba la misión de salvar al pueblo judío. María Magdalena pensaba que Jesús, Pedro, Santiago y Andrés gozaban de la condición de rabinos y, aunque Salomé y Raquel circunscribían tal dignidad solo a Jesús, todas comprendían que los hombres a quienes servían eran sabios estudiosos e intérpretes magníficos de las Escrituras.

Pero, ¿y el resto? ¿Qué sucedía con las decenas de varones que rodeaban a Jesús? María Magdalena se mostraba tajante al respecto: al menos la mitad de los cincuenta y siete varones que, en ese momento, integraban el grupo de Jesús, no era digna de permanecer cerca del maestro. «¿Y qué sabremos nosotras?», se preguntó Marta. En condiciones normales, habrían ordeñado las cabras en silencio. Sin embargo, aquellas no eran jornadas normales y ellas lo sabían. Lo sabían, incluso, mucho mejor que algunos varones.

«Jesús es el mejor hombre que pueda existir», explicó María Magdalena. Ordeñaba con una mano y, para asegurarse de que no perdía ni una gota de leche, sujetaba el cubo de madera con la otra. «Pero es demasiado bueno y admite que se le aproximen hombres que ni de lejos lo merecen».

«A mí me parece un hombre muy listo...», aventuró Marta, quien ordeñaba con ambas manos y mucho más deprisa que María Magdalena. «Claro que lo es», concedió esta. «Si no lo fuera, Dios no lo habría escogido como su mesías. Por desgracia, eso no evita que sea bondadoso en exceso. Y nada desconfiado».

«Yo solo soy una mujer de pueblo y apenas sé de nada, pero me da por pensar que Dios no habría puesto en él su atención si no fuera el más adecuado. Porque digo yo que Yahvé dispondría de más opciones, ¿no?».

«A Jesús nunca le he oído mencionarlo», repuso, pensativa, María Magdalena. «Para esas cosas, él es muy reservado. Pero Santiago, Mateo, Tomás, Bartolomé... Ellos sí que hablan. Lo hacen, claro, cuando Jesús no se halla presente, y suelen estar de acuerdo en que Dios disponía de más posibilidades. Que yo sepa, en Galilea hay tres grupos más semejantes al nuestro».

«¿Hay más mesías?», preguntó, sorprendida, Marta. María Magdalena comprendió que, en efecto, la muchacha apenas sabía nada de nada. «No, desde luego que no», respondió, afable. «Hay más profetas, más rabinos, más hombres sabios que interpretan las Escrituras y anuncian el fin de los tiempos y el advenimiento del reino de Dios. No obstante, solo Jesús lo hace investido como mesías».

«¿Y..., y... Dios se manifestó ante vosotros o cómo fue...?», continuó preguntando Marta. Había dejado de ordeñar y, aunque continuaba sentada en la banqueta con la cabra frente a sí, se había incorporado y se pasaba el dorso de la mano por la frente. «No», respondió María Magdalena. «Jesús comprendió que él debía entrar en Jerusalén como maestro ungido. Sería la suya, en adelante, una misión de Dios. Al final, no hacemos nada que no lleváramos meses haciendo. Solo que, ahora, sabemos, porque Jesús lo sabe y nosotros no albergamos dudas al respecto, que él es el mesías de Dios».

«¿Cuándo llegará el fin del mundo, María?», preguntó Marta, vivamente interesada. María Magdalena conocía la respuesta y la necesidad de expresarla sin causar miedo ni alarma. «Antes del sábado», dijo. «Aunque no podría concretar más... Jesús es explícito y nos advierte de que el final es inminente. No va a tardar. Es cuestión de dos o tres días...».

«Y tú, ¿cómo lo sabes?». «¡Porque lo sé! Ya basta, Marta. Continúa ordeñando y no hagas más preguntas. Los hombres se levantarán dentro de poco, y quiero que Jesús tenga leche fresca para desayunar».

El tono tajante de María Magdalena no incomodó a Marta, quien, sin embargo, tras un breve silencio, volvió a preguntar. Faltaba una cuestión, y a María Magdalena no le restaba sino aguardarla. Era la pregunta que a todos —a ella también— inquietaba.

«¿Cómo será el fin del mundo?».

En presencia de varones, María Magdalena no se habría atrevido a responderla. Aquello no era algo en lo que las mujeres tuvieran parte. No estaba prohibido, para ellas, desentrañar las Escrituras. No, no se trataba de eso... Tampoco es que responder a la pregunta de Marta supusiese interpretar lo escrito. Sencillamente, algunos hombres podrían haberlo considerado fuera de lugar. Jesús no, pues en estos asuntos mostraba despreocupación absoluta, pero sí Pedro y su hermano Andrés. María Magdalena conocía a qué se exponía y no quería que la reprendieran.

Y, con lo uno y con lo otro, Marta poseía cierto derecho a que se resolvieran sus inquietudes. Que una mujer lo reclamase en presencia solo de mujeres no contravenía ninguna norma de los judíos. «Será violento y despiadado», expresó, pues, María Magdalena. Hablaba en voz muy baja, casi en susurros. Comenzaba a amanecer y una luz violácea se colaba por las ventanas del establo. Hacía frío, aunque, en cuanto el sol estuviese en el firmamento, la temperatura ascendería con rapidez. «¿Despiadado?», preguntó, en voz igualmente baja, Marta. María Magdalena notó que se hallaba asustada.

«Despiadado. Porque Yahvé no tendrá piedad con los que Jesús no haya conseguido incorporar al lado de los buenos y virtuosos. El cielo se ha de abrir, Marta, se ha de abrir con truenos y furia, y serán los ángeles más osados los que en primer lugar se derramen a través de la grieta en las nubes.

»Caerán sobre nuestra tierra de Israel e, implacables, comenzarán a atribuir culpas a quienes la merecen. Empezarán, de eso estoy segura, por los romanos. Habrá lenguas de fuego infernal para ellos y morirán abrasados bajo su fulgor, Marta. Podremos escuchar sus gemidos, sus lamentos espectrales. El espanto de quienes comprenden que es el auténtico Yahvé quien los enfila con la mirada resultará inenarrable. Los varones romanos arderán y solo a las mujeres y a los niños les será dada la dicha de antes expirar despedazados. Dios poderoso no se nutrirá de quienes no tienen más culpa que la de existir.

»Los soldados que acosan y someten a los judíos no podrán decir lo mismo. Para ellos, no existirá relámpago sino muerte extendida, y morirán para ser resucitados, para que la tortura no desfallezca, para que sus miembros rebosen sangre y hediondez y el cabello les sea cortado al ras antes de que sus cabezas rueden por la tierra, por el polvo.

»Acto seguido, los ángeles de Dios, armados de espadas intangibles, la emprenderán contra el resto de paganos que humillan nuestras tierras. Solo para los judíos ha de nacer el nuevo tiempo, solo la nación milagrosa tendrá vida; las demás mirarán, observarán con obligada envidia cómo entre nuestras fronteras crecen los árboles de la abundancia y no son necesarios hombres ni mujeres diferenciados pues Dios construye desde la dicha de su contemplación simétrica.

»¿Quieres, ahora, que te hable de los judíos pecadores? ¿Deseas saber, Marta, que acaecerá con todos aquellos que no escuchan a Jesús, que no se arrepienten de sus faltas, que no se enmiendan ni proyectan hacerlo, que no buscan la redención para sus almas asoladas? Ellos se llevarán la peor parte del Juicio Final, pues está dicho que Yahvé no los dormirá entre sus ojos y habrán de sufrir, y de penar, y de pagar durante mil años o mil eones. Son los judíos a los que Dios se dirige, a los que ama y para los que ha construido una nación inmarcesible. ¡Ira y consternación en los pechos de quienes, pudiendo abrazar el mensaje de Jesús, lo dan de lado! ¡Cólera y fuego, fuego manso que arde lentamente, que quema por dentro y reconstruye por fuera, que torna el castigo en infinito!

»A los que agachamos el mentón ante Jesús mesías, se nos reserva el Israel alimenticio, donde nadie tendrá que ordeñar a las cabras, ni nadie amasará pan, saldrá a pescar o vareará los olivos. Será Dios quien nos siente, una y otra vez, a su banquete celestial, en el que seremos felices y audaces, duchos en las costumbres del Israel heredado, concisos cuando de explicar se trata, diáfanos en nuestros hondos deseos. Dios nos estará mirando en todo momento, pero ya no será el Dios iracundo que ha quebrado el cuerpo de sus enemigos, sino un Dios dulce que se compromete con su pueblo elegido. Si no nos desviamos de sus designios, si aceptamos honrar la protección inmensa que nos depara, si cumplimos con los pactos y las alianzas, él será dichoso y de su dicha brotarán ríos de alimentos, vinos almibarados y una brisa plácida y acogedora. La intemperie será extirpada de la faz de Israel y ya no buscaremos refugio porque Yahvé lo será para todos.

»Cuando eso suceda —y el Juicio Final se desarrollará rápido, mucho más rápido de lo que creemos— Jesús ascenderá, como hombre elegido de entre los hombres, al trono de Israel. No al divino, que se hallará ocupado por Dios, sino al del gobierno cotidiano, al del reino revivido. Porque también en el paraíso de abundancia en el que nuestra nación quedará convertida será preciso que alguien nos administre. Surgirán conflictos entre lo bueno y lo superior, aflorarán dilemas morales que afectarán a los justos y a los justísimos. Entonces, Jesús dirimirá, pues de Yahvé no esperaremos nada que él no determine entregarnos: una presencia perpetua que agota y extasía, un pasmo continuo y la garantía de que la frontera eterna en torno a Israel resulta impenetrable para nuestros enemigos.

»Jesús fallará a qué sábado nos ceñimos y qué razón nos acoge. ¿Entiendes qué quiero decir con esto, Marta? Que un hombre se habrá convertido en refugio para las almas judías como la tierra de Israel lo será para los cuerpos judíos. Nos hallaremos permanentemente atendidos, colmados de dicha, dátiles y sensaciones placenteras. ¿Qué quieres, mujer? ¿Verdor exuberante en las tierras desérticas que rodean tu hogar? Pues lo habrá, y como nunca lo has conocido. ¿Alguien te contraría? Si es gentil, dalo por desaparecido. Si es judío, el Juicio describirá la manera en la que uno y otro habréis de conocer la dicha mutua. No, no me preguntes cómo, pues lo desconozco. Y quizás Jesús tampoco sepa la respuesta. No, al menos, ahora, mientras somos almas aún sin juzgar. Vendrán esos tiempos, Marta, y quedarán medidos por las legiones de ángeles que sus alas han de plegar.

»Dicen que nos turnaremos para limpiarles las plumas. No sé si será o no cierto. Supongo que sí, pues a ellos les deberemos el futuro refulgente. Dios actúa a través de los ángeles y es Jesús quien con mayor certeza podrá invocarlos. Digamos que a él le será dado el poder de atisbar el idioma angelical. Los discípulos aseguran que los ángeles no conocen el arameo, y menos el hebreo. Que aprenderemos una nueva lengua —la del mismísimo cielo— para que en Israel prospere la versión divina de la existencia.

»Nada temas, Marta. Jesús se ocupará de que nada malo nos suceda. Habrá mares de muerte incandescente en torno a nosotros y, sin embargo, floreceremos. ¿Recogemos unos cuantos higos maduros para el desayuno del maestro? Si no fuera por nosotras, a él se le olvidaría comer. Es muy importante que nada se nos pase por alto, Marta. Jesús será el primero que alce el rostro hacia Yahvé. El primero».

Saúl se tenía a sí mismo por un buen hombre y un buen judío. Estaba circuncidado, respetaba el sábado y procuraba vivir de acuerdo con la Ley de Moisés. Sencillamente, creía que los profetas apocalípticos como Jesús eran unos farsantes que convenía quitarse de en medio cuanto antes. Jesús, pese a lo que él afirmara, dañaba al pueblo judío. Un daño, a juicio de Saúl, irreparable. Porque, con su prédica a favor del nuevo tiempo, implícita o explícitamente se manifestaba en contra de los romanos. ¿Suponían, los romanos, un problema para Israel? No, desde luego que no. Los judíos llevaban toda su existencia viviendo en las peores circunstancias. Exiliados, maltratados, esclavizados. Ahora, bajo el dominio de Roma, los judíos moraban en su tierra, su religión era respetada y eran respetadas sus costumbres ancestrales. Por si esto no fuera suficiente, jamás fueron Galilea y Judea tan seguras; con los legionarios romanos patrullando sus caminos, los malhechores se tentaban dos veces las ropas antes de atacar.

Para que ahora viniera un campesino iluminado y encolerizara al prefecto. Un buen judío era aquel que sabía convivir con los paganos que lo rodeaban. ¡Había que ser listos! Israel pervivía en las Escrituras y en las imaginaciones de todos los judíos; sin embargo, esa nación maravillosa que a las demás asombraría bajo el influjo decidido de Yahvé no existía. Yahvé no tenía la menor intención de abrir el cielo y descender a la tierra escoltado por un ejército de ángeles guerreros. No desencadenaría, en consecuencia, el Juicio Final ni los mil años del reino de Dios. Ay, qué pobres tontos eran aquellos que creían en semejantes tonterías... ¡Pero si ni un solo versículo en las Escrituras aventuraba tal posibilidad! Locos, los que se conducían como Jesús no eran sino dementes a los que el buen juicio se les había nublado. Se despeñarían más pronto que tarde y pretendían —y esto era lo que sacaba de quicio a Saúl— que el pueblo judío se despeñara con ellos.

No existían muchos más motivos para que Saúl hubiera decidido trabajar como confidente al servicio de los romanos. Bueno, salvo el abundante dinero con el que el prefecto regaba a su red de informantes. Saúl se consideraba un hombre práctico: si los romanos ocupan Judea, saquémosle provecho a los romanos. ¿Acaso nos están impidiendo que seamos judíos, que en el Templo se practiquen sacrificios todos los días y que quien quiera acuda a la sinagoga a debatir las Escrituras? ¡No! Pues al asunto no había que darle más vueltas.

Los hombres como Jesús suponían un peligro, no la salvación. A Saúl no le cabía la menor duda. Por ello, en el fondo, *deseaba* que Jesús desapareciera. Quizás se engañara a sí mismo conjeturando motivaciones decididamente nobles, pero algo de esto había. Un judío piadoso de verdad *debía* declararse contrario a Jesús y a los que, como Jesús, proponían que el fin del mundo era inminente y, además, letal para cualquier gentil. ¡Perturbado! Eso es lo que era Jesús. Un perturbado que, con sus acciones, ponía en riesgo grave a todos los judíos.

De manera que ahí estaba, sin que en modo alguno le remordiera la conciencia, intentando detener a alguien que, para él, encarnaba el mal camino por el que los judíos jamás deberían transitar. Como Saúl era un hombre de buen talante —y entre los seguidores de Jesús, justo es decirlo, se acogía a los recién llegados con amabilidad y cercanía—, no tuvo dificultades para trabar unas cuantas amistades. Había dormido en el huerto, como otros tantos, y, una vez que hubo amanecido, recibió un trozo del pan sobrante de la cena, salsa de pescado algo seca y fruta no precisamente recién recogida. No había suficiente para todos, pero las raciones se repartieron de la mejor manera posible y nadie protestó. De nuevo, y como el día anterior había sucedido, una tenue euforia prendió en los seguidores de Jesús y, a medida que la mañana avanzaba, creció y se expandió.

Nadie hablaba claro. Esto Saúl lo entendió desde el principio. Pero como comprendió esto, comprendió que los seguidores de Jesús no actuaban así porque les gustara mantener el misterio, sino debido a que no sabían mucho más. Aquel martes, Jesús predicaría, en Jerusalén, el advenimiento inmediato del reino de Dios. ¿Cuándo? ¿Dónde? ¿Por qué? Saúl averiguó, tras preguntar con discreción, que lo desconocían. No obstante, lo hacían porque muy probablemente el propio Jesús no lo había decidido todavía. En el seno de aquel grupo de prosélitos, las cosas funcionaban de una manera muy poco rígida.

Lo cual no quería decir que los discípulos no fueran a seguir a Jesús con los ojos cerrados. Saúl se sorprendió al reconocer un nivel de compromiso muy poco frecuente. Al menos, muy poco frecuente en los ámbitos que Saúl acostumbraba a frecuentar. Él también acudía a la sinagoga. Y cumplía como el que más en el Templo. Pero su grado de *compromiso* con Yahvé de ninguna forma se acercaba al que los discípulos de Jesús exhibían sin pudor. De nuevo, los tomó por exaltados, por personas atrapadas por cierto delirio insano. No seguían a Jesús: lo adoraban. Y esto, Saúl bien lo sabía, se separaba de los preceptos sagrados de la Ley de Moisés. Ningún rabino —y Jesús lo era, Saúl lo consideraba obvio— habría exigido nunca un entusiasmo tan vehemente.

Había transcurrido una hora desde el amanecer cuando Jesús abandonó la casa. Lo acompañaban los hombres que siempre lo hacían: Santiago, Andrés, Juan, y el tal Pedro, quien parecía su sombra. Y los demás del círculo inmediato: Bartolomé, Mateo, Tomás, Judas, Simón... Hasta completar doce hombres. En todos ellos, Saúl reconoció un gesto que le fue difícil de interpretar. ¿Realmente se estaban tomando en serio lo que sucedía? Sí, lo hacían, pero ello no evitaba que cierto rictus de jactancia se dibujara en sus semblantes. No en el de Jesús, ni en el de Pedro, aunque sí en el de los demás. Mateo, por ejemplo, sonreía leve y constantemente, como queriendo decir —sin decir— que él sabía lo que los demás desconocían y que además le parecía bien que así fuese. Saúl experimentó una ola de desprecio hacia Mateo. ¿Qué clase de hombre actuaba de semejante forma?

Jesús paseó sin prisa por el huerto. Aquí y allá, se detenía a hablar con los suyos, que le interpelaban por doquier y le tocaban en los hombros y en los brazos. El maestro sonreía y se mostraba afable. La conversación se ceñía a asuntos cotidianos, muy intrascendentales en el seno de un grupo que consideraba que el fin del mundo era cuestión prácticamente de horas. A Jesús, le gustaba hablar del tiempo y de las aves que atravesaban el firmamento, de cuyo estudio se declaraba aficionado.

Pedro, al lado de Jesús, cruzaba miradas con los discípulos presentes en el huerto. Parecía preocupado y, la verdad, Saúl juzgó que motivos no le faltaban: aquella gente, pese a sus talantes tranquilos y pacíficos, suponía un peligro para Jerusalén y Judea entera. Lo cual significaba que, hicieran lo que hicieran, no les permitirían ir mucho más allá.

Fue entonces cuando Saúl descubrió un rápido intercambio de miradas entre Pedro y dos discípulos de los que habían dormido en el huerto. A uno de ellos lo conocía: Ezequías. Había cruzado un par de frases con él. Era joven, visceral y siempre parecía preocupado. Del otro seguidor, desconocía su nombre, aunque más tarde Saúl se enteraría de que se llamaba Bernabé. El espía comprendió de inmediato que tanto Ezequías como Bernabé se encontraban armados. Guardaban espadas bajo la túnica. Y puede que Pedro, sin duda confabulado con ellos, también escondiera una.

Esto cambiaba las cosas. De pronto, el grupo de predicadores se convertía en un grupo de predicadores armados. El matiz no carecía de importancia y los romanos estarían encantados de conocerlo. Un predicador apocalíptico afirma que se avecina el fin del mundo y después se va a dormir tranquilamente; un revolucionario armado llama a la insurrección.

Cuando Jesús hubo terminado de saludar a todos los suyos, Pedro levantó la voz para llamar la atención del grupo y explicó que ese día también se encaminarían a Jerusalén. Jesús continuaría con su prédica en el Templo, de forma que se esperaba de los presentes que lo arroparan de la más intensa de las maneras. Pedro explicó que había que rodearlo en todo momento para impedir que «nada malo pudiera ocurrirle». Por supuesto, se trataba de evitar que los romanos actuaran contra él, pero siempre de forma pacífica y sin estridencias. A Jesús, lo protegerían interponiéndose entre él y los atacantes —en caso de que estos hicieran acto de presencia, algo que Pedro afirmó que resultaba bastante improbable— y sin levantar la mano contra nadie.

Saúl comprendió que estas eran las instrucciones de Jesús, y no las de Pedro. A Pedro le parecía bien lo que el maestro dictaba, pero, *por si acaso,* trazaba un plan alternativo. Nada de violencia, aunque llevemos espadas bajo las túnicas. Este hecho daba fe de que, entre los propios discípulos de Jesús, existía ya una conciencia clara de que se hallaban trasgrediendo ciertas leyes. Los romanos no dictaban demasiadas normas, pero una de ellas era que los judíos no podían llevar armas, de ninguna clase, encima. De la seguridad en Jerusalén, ya se encargaban los legionarios.

De pronto, las seis mujeres que formaban parte del grupo salieron a la puerta de la casa. Una de ellas —a Saúl le contaron que se trataba de María Magdalena— se abrazó a Jesús en un gesto que tuvo más de fraterno que de amoroso o carnal. María Magdalena le dijo algo en voz baja, quizás que tuviera cuidado, y se despidió de él sacudiéndole la túnica a la altura de los hombros. Jesús sonreía en todo momento y se tomó un buen rato para despedir a las seis mujeres. Acto seguido, el grupo de Jesús —constituido por sesenta y un varones— tomó el camino que llevaba a Jerusalén.

Saúl aprovechó el corto trayecto para sondear a más discípulos. No tuvo demasiadas dificultades para comprender de qué tipo de gente se trataba: eran judíos *demasiado* religiosos. Hombres que habían pasado demasiado tiempo en la sinagoga, a los que, desde muy niños, se les había inculcado la necesidad de tener siempre presentes las Escrituras. Algo, por otro lado, muy habitual en Judea y Galilea, sobre todo en las zonas rurales de esta última. Saúl había conocido a niños que no hacían nada en todo el día, desde que se levantaban hasta que se acostaban, salvo leer y memorizar lo escrito. Algún rabino —o un familiar especialmente piadoso— les ofrecía tal o cual explicación, pero básicamente leían. Se convertían, por lo tanto, en literalistas que no veían más allá de los versículos. Su vida quedaba circunscrita a la Ley de Moisés. Sin desviaciones. Sin extravíos. Sin, en definitiva —a la manera en la que ellos lo interpretaban—, pecados.

De este tipo de judío, entre los discípulos de Jesús había bastantes. ¿Era, el propio maestro, un literalista recalcitrante? Pues, por mucho que sonara contradictorio, Saúl, a juzgar por lo que había visto y oído hasta ahora, presumía que no. Jesús parecía un hombre mucho más abierto a las interpretaciones que sus seguidores. De hecho, daba la sensación de que esta era la médula de sus prédicas. El ejemplo del que los discípulos siempre hablaban no podía resultar más palmario: la observancia del sábado, a juicio de Jesús, poseía límites que situaban al sábado al servicio de los hombres y no a los hombres al servicio del sábado. Es decir, que una cosa era no trabajar, como prescribían las Escrituras, y otra no mover una mano ni para llevarse la cuchara a la boca.

Una vez que hubieron cruzado las murallas de Jerusalén, Saúl notó que a Jesús lo reconocían por las calles. Pese a que en la ciudad había miles y miles de peregrinos llegados de todos los rincones del mundo, a Jesús lo llamaban por su nombre y se apartaban para dejarlo pasar. Los romanos debían saberlo: el agitador comenzaba a gozar del favor del pueblo. Para cualquiera que constituyese su objetivo, un mal asunto.

En el camino hacia el Templo, mientras atravesaban más y más callejuelas atestadas de gente, Judas se situó un paso por detrás de Jesús. No estaba haciendo nada que Pedro no les hubiera pedido justo antes de abandonar Betania. Cuidaban del maestro rodeándolo en todo momento, con los discípulos más fieles en el círculo inmediato y los de menor rango ocupando posiciones más alejadas. El sistema no solo funcionaba, sino que a Judas le servía para sentir en carnes propias el calor con el que el gentío se dirigía a Jesús. «¡Me encontrarás a tu lado cuando llegue el Juicio Final!», gritaba cualquier acérrimo partidario de su prédica. «¡Entraré contigo en el reino de Dios!». «¡Acuérdate de señalarme a los ángeles! ¡Que no se equivoquen, mesías!». «¡Gracias por venir a advertirnos, Jesús!».

Judas no solo fue testigo del fervor popular, sino que, incluso, se vio obligado a interponer su cuerpo entre Jesús y un exaltado seguidor que había logrado sortear —quién sabe cómo— el primer corro de discípulos. Pedro, que desde su lugar a la diestra del maestro lo observó todo, asintió cuando Judas impidió que el seguidor se abalanzara sobre Jesús. Probablemente pretendía abrazarlo y darle las gracias por sus prédicas, pero no convenía correr riesgos innecesarios. En Jerusalén, había *demasiada* gente y cualquier tumulto inesperado podría convertirse en un problema para ellos. Seguro que a oídos de los romanos había llegado la noticia de que el salvador del pueblo judío se hallaba en las calles de la ciudad.

El inesperado auge de la figura de Jesús —porque había que convenir en que nadie lo esperaba: creían que los jerosolimitanos responderían favorablemente a sus alocuciones públicas, pero ni en sus sueños más optimistas pensaron que el entusiasmo fuese a adquirir tales dimensiones— sobrecogía a sus discípulos. En Judas, sin embargo, prendió la llama del desconsuelo. Quizás él mismo se creyó obligado a sentir de esa forma: era el modo de justificar tanto los pasos que ya había dado como los que preveía dar en breve. Fuera como fuese, esa indiscutible aclamación de la que Jesús era objetivo mientras recorrían las calles de la ciudad en dirección al Templo de Yahvé retorció el alma de Judas. ¿Por qué Jesús, un aldeano de los pies a la cabeza, gozaba de un reconocimiento semejante? Él, Judas, conocía mucho mejor las Escrituras y las interpretaba de manera bastante más sutil. Sin duda, había reunido más méritos para ser él el mesías. Por desgracia, el galileo, rodeado de su grupo de discípulos broncos y simplones, se había erigido como anunciador de la dicha celestial. Lo había hecho y los demás ¡lo habían secundado de inmediato!

Ojalá que nunca se hubiese unido a este grupo de iluminados. Judas pensaba así, aunque le dolía pensar así. No se hallaba, entiéndase, a salvo de contradicciones. A fin de cuentas, él no era —como sí lo era Saúl— un judío laxo o poco apegado a la tradición apocalíptica. No, qué va. Judas creía fervientemente en la llegada del mesías de Dios; entendía que más pronto que tarde los cielos se abrirían y de ellos surgiría la legión maravillosa de los ángeles armados celestiales, los cuales señalarían el camino a Yahvé hecho soldado y hombre, guerrero y libertador de los judíos.

Pero le habría gustado encarnar él mismo a la figura del mesías. Podría, sinceramente, haberlo hecho mucho mejor. Para empezar, habría intentado llegar a acuerdos con los sacerdotes del Templo. ¿Qué sentido tenía que unos judíos la emprendieran contra otros judíos? Ninguno. Llevaban toda su existencia haciéndolo y así les había ido. Lo sensato pasaba por hablar los unos con los otros, por, de alguna forma, pactar la *invocación* del Juicio Final. Porque, y esto lo tenía tan claro Judas como lo tenía el resto de discípulos de Jesús, la tarea del mesías era anunciadora, pero también propiciatoria: Dios lo escuchaba, atendía a sus acciones y, llegado el momento, abriría los cielos para desencadenar el fin del mundo.

Jesús preconizaba un «intentad salvaros haciendo lo que yo os digo que debéis hacer». Judas era partidario de un mucho más amplio «salvémonos todos uniéndonos antes de que Yahvé descienda sobre la tierra sagrada de Israel».

Ya cerca de las escalinatas de acceso al Templo, el grupo de discípulos recibió los más serios zarandeos desde que habían penetrado en la ciudad. En varias ocasiones, los seguidores de Jesús —algunos verdaderamente enloquecidos— habían logrado tocarlo e incluso agarrarlo por la túnica. Pedro se encontraba nerviosísimo, tanto que no podía ocultarlo. Cerca de él, Mateo, Santiago y Andrés repartían empujones y hasta golpetazos para mantener al maestro indemne.

En las escalinatas, varios guardianes armados del Templo flanqueaban la puerta doble. Reconocieron a Jesús, quien los saludó afablemente, y permitieron que tanto él como su séquito accedieran al Patio de los Gentiles. La muchedumbre no los siguió, sino que se detuvo en las escalinatas y aguardó, expectante, a que el mesías cumpliera con la tarea que lo había llevado hasta allí y regresase.

Tras los incidentes protagonizados por Jesús el día anterior, la normalidad había regresado al interior del Templo. Volvían los cambistas a negociar con múltiples monedas y en los tenderetes los traficantes de ganado vendían sus existencias a los peregrinos obligados al sacrificio ritual. Jesús hizo como que no veía nada y comenzó a pasear en la explanada del Patio de los Gentiles. Pedro ordenó, con un gesto, que el círculo protector de discípulos se disolviera para permitirle caminar. En adelante, solo seis hombres —Santiago, Juan, Tomás, Judas, Andrés y el propio Pedro— lo secundarían. El ambiente en el Patio era mucho más tranquilo que en las calles de la ciudad y, pese a que no cabía despreciar la cantidad de gente que en él se apiñaba, la presencia de guardianes —redoblada tras el arranque violento que Jesús había protagonizado— conseguía que todos los allí presentes se condujeran con serenidad.

Tuvo lugar, entonces, el hecho que, sumado a todos los anteriores, condenaría irremisiblemente a Jesús. Varios fariseos se acercaron al grupo y saludaron al maestro. Este los recibió con la cordialidad propia en él. En aquel momento y en aquel lugar, sobre aquellas losas de piedra antigua que pisaban, todos eran fariseos: los que se aproximaron al grupo de Jesús y el grupo de Jesús mismo. ¿Este último a un modo muy personal y peculiar? Sí, si se quiere, pero sin apartarse de la línea general del fariseísmo más ortodoxo: todos creían en la llegada del fin del mundo, todos eran partidarios de no interpretar literalmente las Escrituras, todos propugnaban que las almas resucitarían tras la muerte y todos, en suma, odiaban a los romanos. Uña y carne, que suele decirse. Lo cual no evitaba —eran judíos— que algunos fariseos vieran con malos ojos a Jesús. De nuevo, el resquemor que había asolado a Judas encontraba cauce en los miembros más envarados del fariseísmo de Judea: ¿pero cómo este campesino desarrapado va a ser el mesías de Dios?

¿Sabía Jesús que, cuando se acercaron a él, lo hicieron con intenciones aviesas? Claro que lo sabía. Jesús sería muchas cosas, pero no tonto. Y conocía muy bien a los fariseos en tanto en cuanto que él era uno de ellos y los había frecuentado siempre que había tenido ocasión. Iban decididamente a por Jesús cuando un fariseo se echó la mano a la bolsa, extrajo de ella un denario romano y se lo mostró. «Maestro», comenzó a decir el fariseo ante la atentísima mirada de las decenas y hasta cientos de miradas de los que los rodeaban. «Maestro, me gustaría hacerte una pregunta: ¿Es lícito pagar el impuesto al César?». Que le estuvieran mostrando un denario y no un didracma apuntalaba la encerrona: con los didracmas se pagaban los impuestos judíos; con los denarios, los romanos.

Pedro experimentó ganas de sacar la espada que llevaba oculta bajo la ropa y ensartar con ella al fariseo. ¿A qué venía esa pregunta? ¿Qué pretendían los fariseos? Jamás habría creído que la primera puñalada fuese a provenir, precisamente, de los suyos. Aquello no estaba bien. No, no estaba bien.

Jesús sostuvo la mirada a los fariseos. Judas, muy cerca, percibió cómo saltaba del rostro de uno al del otro. Hasta para él, un traidor, la trampa que le habían tendido los fariseos parecía indigna. Pretendían que, en público, Jesús manifestara su opinión acerca del más espinoso asunto que preocupaba a los judíos: de acuerdo, no podemos evitar que los romanos ocupen nuestra nación, pero sí podemos negarnos a entregarles nuestras riquezas.

Jesús pudo haberse zafado de ofrecer una respuesta clara. A fin de cuentas, el fin del mundo era inminente, y sería Dios el encargado de expulsar, de Israel, a los romanos. No habría, entonces, motivos para preocuparse por los impuestos destinados al César. Pero no estaba en el carácter de Jesús soslayar una cuestión como la planteada. Y dio la respuesta que, desde el fondo de su corazón, juzgaba correcta y adecuada.

«¿De quién es el rostro que aparece en la moneda?», preguntó Jesús señalando el denario que sostenía el fariseo. «Del César», respondió este. «Pues dad al César lo que es del César, y a Dios lo que es de Dios».

La posición de Jesús no podía resultar más nítida, por muy ambigua que sonase a oídos poco versados. No, sin la menor duda, los judíos no debían pagar impuestos a los romanos porque no era *lícito* hacerlo. Que los pueblos gentiles le entregaran parte de lo suyo a Roma era cuestión que los pueblos gentiles habrían de solventar. En lo que al pueblo judío respectaba —el pueblo de Dios—, ellos no debían entregar tributo al César porque solo respondían, como las Escrituras ordenaban, ante Yahvé. A Dios lo que es de Dios.

Judas no pudo evitar sentir admiración por la habilidad con la que Jesús había salvado la situación sin mentir o contradecirse. Lo cual ahondó en las dudas que, en torno a su actuación —la de Judas—, ya comenzaban a atormentarle. Jesús era un patán de pueblo que, sin embargo, en ocasiones como la presente se comportaba con enorme brillantez. Lo que habían hecho los fariseos estaba muy mal. Lo habría esperado de los saduceos —Yohanán entre ellos—, quienes divergían del mensaje y la estrategia planteados por Jesús —y a quienes Jesús pretendía expulsar del Templo por mancillarlo—, pero nunca de los propios fariseos.

Saúl, al igual que todos los allá presentes, escuchó la respuesta dada por Jesús y la interpretó en el sentido apropiado: los judíos no debemos sumisión a los romanos y no existe mayor expresión de dicha sumisión que el pago de tributos que no nos corresponden.

Publio Cornelio *necesitaba* saber esto. Y lo agradecería con generosidad. Si querían una prueba de que Jesús pretendía levantarse contra el dominio romano, aquí la tenían. El maestro galileo llamaba a la insurrección de la forma que mejor entendían los judíos. Y lo hacía sin tapujos, a cara descubierta, en el interior del Templo, ante tantos como quisieran escucharlo y sin que nadie le obligara a ello.

El fariseo que había mostrado el denario volvió a guardarlo en la bolsa. A Jesús se le acercaron varios transeúntes, quienes lo interrogaron acerca de aspectos prácticos relacionados con la llegada del fin del mundo. Se trataba de humildes padres de familia que temían por sus hijos y esposas. Jesús, como era costumbre en él, los tranquilizó asegurándoles que si ellos, los varones, respetaban la Ley de Moisés, sus familias nada deberían temer, pues Dios las elegiría para formar parte de su pueblo. Insistían, no obstante, los hombres: «¿Hemos de proseguir con los sacrificios o quedan derogados?». Jesús, entonces, los conminó a continuar comportándose tal y como lo habían hecho hasta ahora: «Dios espera que un judío piadoso continúe siéndolo hasta la llegada de los ángeles iracundos».

Para sorpresa de muchos de los presentes, en ese momento, el sacerdote Yohanán hizo acto de presencia en el Patio de los Gentiles. Los sacerdotes del Templo, y más los de alto rango, acostumbraban a no abandonar la parte de la edificación que quedaba circunscrita al segundo muro. Se trataba del recinto sumamente sagrado, del lugar donde la presencia de Yahvé se manifestaba con mayor intensidad. En el corazón del mismo, se ubicaba el Sanctasanctórum, la estancia prohibida en la que Dios habitaba y desde la que irradiaba.

Yohanán pretendía hablar, en persona, con Jesús. Aprehender su tono de voz, indagar en la inflexión que otorgaba a las palabras. Para lograrlo, decidió interrogarlo acerca de un asunto en el que ambos diferían radicalmente: la resurrección de las almas. Por si fuera necesario a estas alturas, dígase que Yohanán, en tanto en tanto que buen saduceo, no creía en ella, mientras que Jesús, un fariseo de cuerpo entero, profesaba máxima reverencia a tal precepto.

Dicho de otro modo: Yohanán pretendía que Jesús expusiera en voz alta una opinión contraria a los sacerdotes del Templo y, por extensión, al Templo mismo.

Cuando los que rodeaban a Jesús hicieron sitio a Yohanán, este saludó cortésmente al maestro y se situó a su lado. El aspecto del sacerdote saduceo, vestido con carísimos ropajes enjoyados, contrastaba con el del predicador galileo, ataviado con una usada túnica de tela basta.

«Maestro», saludó Yohanán. «Maestro», devolvió el saludo Jesús. Se reconocían como pares y, aunque a Jesús no se le pasó por alto que en la actitud del sacerdote había mucho de ironía y recelo, lo dejó estar. Hasta él mismo, por lo general despegado de estas causas, se daba cuenta de que, aquella mañana, había mucho en juego.

«Maestro», repitió Yohanán mientras el resto de presentes escuchaba con atención: «Nos dijo Moisés que si un hombre casado muere sin haber tenido hijos, ha de ser su hermano quien tome como esposa a la viuda. Será su obligación, en adelante, engendrar en ella para que la herencia del hombre muerto no se extravíe».

«Así es», reconoció Jesús, que hasta entonces no había oído, de boca de Yohanán, nada que no estuviera en las Escrituras.

«Quiero, por lo tanto, exponerte un caso que nos tiene, desde hace tiempo, preocupados. Sucedió que, entre nosotros, había siete hermanos. El primero de ellos se casó con una buena mujer judía, pero falleció muy pronto. No tenía descendencia, de manera que, siguiendo la letra de la Ley de Moisés, el segundo de los hermanos se casó con la viuda e intentó engendrar en ella. Por desgracia, el segundo hermano también murió y también lo hizo sin llenar el vientre de su esposa.

»Llegó, pues, como la ley ordena, el tercero de los hijos y tomó a la dos veces viuda como esposa e intentó dejarla encinta. No lo logró, o no tuvo tiempo, porque murió sin conseguirlo. Te ahorraré, maestro, el resto del relato. Únicamente te diré que los siguientes hermanos, hasta el séptimo, atravesaron la misma desdichada peripecia y fallecieron dejando a la mujer siete veces viuda.

»Mi pregunta, la pregunta que nos ha venido preocupando desde hace mucho tiempo, es la siguiente: Cuando la mujer muera y su alma resucitada se reúna con las almas de sus siete esposos fallecidos, ¿de cuál de ellos será esposa?».

No había Yohanán terminado de exponer su cuestión cuando Pedro ya asía el antebrazo de Jesús para prevenirlo de que más le valía no responder. Aquel galimatías no era una pregunta sincera, propia de honorables judíos a los que los vericuetos de la Ley de Moisés les provocaban dudas. Yohanán, y con él el resto de sacerdotes del Templo de Yahvé, saduceos en su inmensa mayoría, no creía en la resurrección tras la muerte, de manera que muy difícilmente aquel artificio retórico podría surgir de una sincera necesidad de profundizar en lo escrito.

Yohanán, por mucho que se hubiese dirigido a Jesús con el apelativo de «maestro», no creía que, en realidad, este lo fuera. Pensaba, más bien, que se trataba de un impostor, de un revolucionario paleto que había llegado desde el campo para asaltar las riquezas del Templo. A su manera, Jesús —a juicio de Yohanán— pretendía expulsar a los sacerdotes saduceos y ponerse él en su lugar. Nada que no llevara mil años sucediendo en todos los lugares donde los hombres se hubiesen establecido. La dignidad del próspero el menesteroso envidia.

No lo permitirían, claro. Bajo ningún concepto, los sacerdotes del Templo lo permitirían. A Jesús, había que darle una lección que no olvidara jamás. Ni él, ni los que le seguían, ni los que planeaban hacerlo.

«Vámonos», le dijo, en un susurro, Pedro a Jesús. Aún lo sujetaba por el antebrazo y, aunque el maestro no había realizado intento alguno de zafarse, Pedro comprendió que ya había decidido no eludir el desafío lanzado por el sacerdote. Había demasiada gente mirando. Si Jesús obedecía a Pedro y abandonaba el Patio de los Gentiles, los presentes lo interpretarían como una claudicación. Y todo habría resultado en vano. No, no se hallaba Jesús construyendo cuidadosamente el relato de la llegada del fin del mundo para que ahora viniera un saduceo y lo echara todo a perder.

Por ello, levantó el mentón y, fijando la mirada en Yohanán, Jesús dijo: «Estás muy equivocado e ignoras lo que las Escrituras prescriben y lo que prescribe el poder de Dios. Yo te digo, sacerdote, que, tras la muerte, en la resurrección de las almas, no habrá hombres ni mujeres, esposos ni esposas. Serán, las almas, encanto de Yahvé, como los ángeles que ahora descansan a su lado».

Al fondo del corrillo que rodeaba a Jesús, dos o tres hombres que habían sido testigos de la conversación se echaron a reír con ganas. Y ninguno de ellos era discípulo de Jesús. Estos permanecían muy atentos, pero en silencio sepulcral. Las risas de los hombres se contagiaron poco a poco y pronto, en cuestión de uno o dos minutos, la masa entera de oyentes reía como si, en lugar de una enseñanza, el maestro les hubiese contado una anécdota protagonizada por el tonto de su pueblo.

Ni que decir tiene que, a Yohanán aquella reacción le sentó peor que si lo hubiesen atravesado con una espada, hecho que, por cierto, Pedro hizo varias veces cuanto menos mentalmente.

Pedro, esta vez sí, consiguió que Jesús se retirase. Si no fuera del Templo, sí a un lugar más discreto, donde no llamaran tanto la atención. Lo cual era, precisamente, lo contrario de lo que Jesús pretendía hacer: reclamar la atención de todos para que su mensaje se convirtiese en universal y, de este modo, propiciar el advenimiento de Yahvé definitivo. *Obligarlo* —si es que así se puede expresar— a venir.

De esta manera, Jesús y sus discípulos cruzaron la segunda muralla del Templo y accedieron al Patio de las Mujeres. A ese lugar, nadie que no fuera enteramente judío podía acceder. Existían inscripciones advirtiendo al respecto y, si se contravenían, los guardianes del Templo daban muerte al infractor en el acto. Los judíos toleraban a los extranjeros en el Patio de los Gentiles, pero en modo alguno en el de las Mujeres.

Hasta aquel lugar, al grupo de Jesús lo había flanqueado Yohanán, quien pronto se vio en compañía de más sacerdotes del Templo, habituales tras la segunda de las murallas. El día avanzaba sin brusquedades y Pedro, por fin, respiró tranquilo. «Vas a acabar conmigo», le dijo, en un momento en el que se habían sentado a la sombra de un claustro rodeado de columnas. Yohanán, que se encontraba cerca, no los oía. «Hago lo que debo hacer, Pedro», repuso Jesús. «Lo sé, y no objeto nada, pero entiéndeme tú a mí: vivo con el corazón en un puño». «Eres un exagerado». «¿Un exagerado? Pero, ¿cómo puedes decirme eso, Jesús?». El tono que tanto uno como otro utilizaban era amistoso, casi bromista. Hacía calor y Mateo se aproximó a ellos trayendo un odre con agua. «Bebed un poco», dijo. «No tengo sed», adujo Jesús. «Que bebas, hombre», ordenó, firme, Pedro. El maestro obedeció.

Sucedió que, cuando terminaba de echar el trago, cuando devolvía el odre a la posición vertical, Jesús observó cómo una anciana sacaba unas monedas de su bolsa, las contaba cuidadosamente en la palma de la mano y las depositaba en una caja de madera destinada a recibir ofrendas y limosnas. Durante todo el año —y en la Pascua con mayor motivo—, los judíos devotos acostumbraban, además de a cumplir con los sacrificios preceptivos, a realizar donaciones en metálico destinadas al mantenimiento del Templo. De los sacerdotes del Templo, habría que explicar.

Jesús mismo había dado en el pasado, pues no tenía a tal práctica como dañosa o contraria a la Ley de Moisés. Pero, en aquel instante, comprendió que en la actitud de la anciana se resumía gran parte de su prédica. De un salto, se puso en pie, entregó el odre a Mateo y se encaminó al centro del Patio para, con los brazos abiertos, comenzar a predicar.

«¡Ved!», gritó. Habría, en el Patio de las Mujeres, quizás sesenta personas. Judíos auténticos y plenos todos ellos. Hombres y mujeres que divulgarían sin dudar —creyeran en ella o no, la consideraran conveniente o no— la prédica de Jesús. «¡Ved lo que esa anciana nos muestra con su gesto!». La anciana en cuestión debía ser un poco dura de oído, pues daba la espalda a Jesús y se marchaba tranquilamente. Jesús, a diferencia del resto de presentes, había visto cuánto dinero la anciana donaba como ofrenda. «¡Ha dado más de lo que puede dar! ¡Ha entregado parte de lo que necesita para comer!».

Debía ser cierto, o, al menos, nadie alzó la voz para ponerlo en duda. Tampoco Jesús se encontraba exponiendo una actitud extravagante: no pocos judíos piadosos trataban de congraciarse con Dios entregándole incluso aquello de lo que carecían.

«¡Vosotros, fariseos! ¡Vosotros, saduceos! ¡Escribas y leguleyos! ¡Observad cómo da quien apenas puede dar! ¡Yo os digo que los pobres que entregan lo poco que para su sustento poseen dan mucho más que los ricos que realizan ofrendas grandiosas! ¡Sabed que Dios mira con mayor ternura esas dos monedas que la bolsa de oro del pudiente!».

Si, en el Patio de los Gentiles, su prédica había sido escuchada en silencio, ahora, en el de las Mujeres, el vuelo de una mosca podía oírse a cien pasos de distancia.

Yohanán carraspeó y se pasó, nervioso, las palmas de las manos por la pechera de su túnica. Esto superaba cualquier límite admisible. Una cosa era discutir acerca de la resurrección. Y otra, muy distinta, gritar a los cuatro vientos que Dios está del lado de los pobres de solemnidad. Cuanto más pobre se sea, más se suscita la simpatía de Dios. ¿Era eso lo que proclamaba Jesús? Sin la menor duda, acababa de hacerlo.

Si los galileos hubieran atacado el Templo con catapultas, a Yohanán no le habría parecido una actitud menos hostil. Jesús ya no se andaba con circunloquios: pretendía —Yohanán así lo entendió— subvertir el orden establecido. Él, un sacerdote, se situaba entre los objetivos que Jesús derribaría si le daban ocasión.

Un Jesús que había enmudecido pero que no había abandonado su lugar en el centro del Patio. Frente a él, muy cerca, se alzaba el imponente edificio central del Templo, donde se encontraba el Sanctasanctórum, lugar de residencia de Yahvé.

Primero Pedro, después Andrés, Santiago, Juan, Judas y Mateo, y, a continuación, el resto de discípulos, se pusieron en pie, se aproximaron a Jesús y lo rodearon para secundarlo y protegerlo. Lo que necesitaba ser dicho había sido dicho. Dios se impondría y lo haría en el modo exacto en el que Jesús explicaba. Que los ricos y los ostentosos tuviesen miedo. Que los humildes y los mendigos abrazaran la satisfacción de saberse elegidos para sentarse a su banquete.

El tiempo de la ira se aproximaba a gran velocidad. Arrepentíos, pues aún estáis a tiempo. Arrepentíos, si podéis.

5

Miércoles

Judas se levantó antes del alba y, sigilosamente y mientras todos aún dormían, partió en dirección a Jerusalén. Comenzaba a clarear cuando se presentó en la casa de Yohanán y llamó a la puerta. Un criado del sacerdote acudió a abrir y, sin mediar palabra, lo hizo pasar. Yohanán lo recibió muy poco después. Según le contaría a Judas, aquella noche apenas había pegado ojo. Judas asintió, pues se daba perfecta cuenta de que Jesús había pasado de ser una incomodidad a resultar un peligro. El reino de Dios que anunciaba podría llegar o no, pero de lo que no había duda era de que el galileo intentaría, por todos los medios, poner patas arriba el poder judío.

Dicho de otro modo, Jesús había apuntado directamente al mismísimo Sanedrín jerosolimitano. El Sanedrín, del que Yohanán formaba parte, era la más alta institución judía. Su cometido era el de gobernar a los judíos; de gobernarlos tanto política como religiosamente, pues, en Judea y Galilea, ya se ha dicho, lo uno era indistinguible de lo otro. Tiempo atrás, el Sanedrín gozó de un poder absoluto. Sin embargo, también sus miembros sufrían la ocupación romana, de manera que sus capacidades se habían visto bastante disminuidas. Roma, con todo, jugaba con gracia el papel que a sí misma se atribuía: buscaba la colaboración de aquellos a quienes primero había subyugado para así adaptarse a la idiosincrasia de cada territorio incorporado al imperio. Con el paso de los años y las décadas, los romanos habían comprobado que las tierras y naciones que se extendían a lo largo y ancho del Mediterráneo eran diversas y particulares, razón por la que no convenía tratarlas de igual forma. Paz romana y los consiguientes impuestos y, a partir de ahí, sobre el resto se hallaban dispuestos a dialogar.

De este modo, el Sanedrín aún conservaba cotas importantes de poder. Los romanos, en tanto en cuanto que paganos, jamás podrían haber gobernado sobre una nación que se creía la elegida por su único Dios. No les importó gran cosa, ya que pronto encontraron una vía para lograrlo: comprar a los miembros del Sanedrín. Tan siquiera se molestaron en gastarse los denarios de Roma. Les bastó con explicarles que aquello de lo que actualmente disfrutaban podría desaparecer de la noche a la mañana si no colaboraban. Los integrantes del Sanedrín, que llevaban vidas regaladas precisamente por serlo, aceptaron, de inmediato, el trato. «Vosotros os ocupáis de los asuntos internos de los judíos y nosotros nos ocupamos de aquellos que afecten al imperio», les explicaron los romanos. Solo fue necesario explicarlo una vez.

Así, el Sanedrín caía mal entre aquellos judíos que veían con desagrado su talante cómplice con los romanos, es decir, entre prácticamente toda la gente normal y corriente, y gran parte de las clases altas. Tampoco es que la sangre llegase al río: los miembros del Sanedrín eran sacerdotes o estudiosos de la Ley de Moisés, de manera que muy difícilmente en una sociedad como la judía alguien habría osado levantar una mano contra ellos.

Y, de pronto, había aparecido Jesús. Que se anunciara como mesías de Dios traía sin cuidado a los integrantes del Sanedrín. La mayoría era saducea, lo cual significaba que no creían en la llegada de un mesías propiciador de un fin del mundo en el que tampoco creían. Sin embargo, dicha creencia se hallaba muy arraigada entre los judíos y con ella —como con muchas otras— se convivía sin estridencias. De hecho, Jesús no era el primer judío que había aparecido anunciándose como el mesías de Dios. Ni sería el último.

Mientras se limitara a proclamarlo sin alentar los tumultos o las revueltas, era libre de hacerlo.

El problema residía en que Jesús había ido mucho más allá de una simple enunciación de su mesianismo. No se limitaba a gritar a los cuatro vientos que el fin del mundo era inminente, sino que, con su prédica, intentaba demoler las prácticas comunes en el Templo. De pronto, llegaba alguien que cuestionaba el orden establecido. Y al orden establecido, que ya tenía bastante con las cortapisas introducidas por los romanos, no le hacía ni la menor gracia.

Yohanán condujo a Judas a casa de Caifás, el sumo sacerdote del Templo de Yahvé, aunque no por iniciativa propia, sino debido a que varios miembros del Sanedrín más relevantes que él así se lo habían indicado. «Es necesario que nos reunamos y decidamos qué vamos a hacer», le dijeron. «Hay un hombre en el grupo de Jesús que trabaja para mí», explicó, entonces, Yohanán. «Que venga también», le contestaron. «Necesitamos saber más de ese tal Jesús».

Caifás vivía en un palacio erigido junto a la muralla. A pesar de que se ubicaba relativamente cerca de la ciudad baja, la zona era tranquila. Por las noches, Caifás observaba el firmamento estrellado y estudiaba la deriva de las constelaciones. Era un hombre ya entrado en la sesentena, barrigudo y solemne, que siempre tendía a estar de mal humor pues consideraba que no de otra forma debía mostrarse alguien de su rango. Una vez al año, en el Día de la Expiación, Caifás penetraba en el Sanctasanctórum y realizaba una ofrenda a Yahvé, que estaba ahí mismo, frente a él, a menos de un paso de distancia. Incluso los judíos menos piadosos mostraban un respeto incondicional ante el hombre de carne y hueso que había estado tan cerca de Dios. Cómo no hacerlo.

En aquella reunión mañanera, en casa de Caifás se congregaron veinte miembros del Sanedrín. Aún faltaban muchos —pues el Sanedrín lo componían setenta varones—, pero esta convocatoria carecía de carácter oficial. No se pretendía juzgar a Jesús, sino algo mucho más sencillo: sondear las opiniones de los sacerdotes más afectos a Caifás acerca de en qué posición les dejaba el maestro galileo.

Yohanán y Judas accedieron a una gran sala en la que todavía permanecían encendidas unas cuantas lámparas. En ella, sentados formando un semicírculo, se encontraba la veintena de emplazados. Caifás aguardaba en pie y observó cómo Yohanán y Judas, los últimos en llegar, tomaron asiento.

«¿Alguien va a explicar a qué se deben tantas prisas?», preguntó, un tanto airado, un sacerdote sentado cerca de Judas. «Mantengamos la calma y escuchemos lo que Caifás tiene que decirnos», repuso otro.

Los ánimos se hallaban tensos. A los participantes en la reunión, se les había explicado por encima el asunto por el que se los requería. «Jesús quiere acabar con los sacrificios del Templo», explicaron las voces maledicentes. No era cierto. O no era cierto del todo. Pero ¿quién observa los matices una vez que ha montado en cólera? Ni un solo miembro del Sanedrín —presente o no en el palacio de Caifás— estaba dispuesto a perder los enormes beneficios que los sacrificios expiatorios reportaban. De ninguna de las maneras. Harían lo que fuera necesario para evitarlo.

«Calmaos», pidió Caifás, hablando por primera vez. La propia presencia del sumo sacerdote —unida al hecho de que la reunión tenía lugar en su casa y no en la sede del Sanedrín, en el interior del edificio del Templo— daba fe de la gravedad del problema al que se enfrentaban. Pero también de la decisión de atajarlo de raíz. Caifás no movía un dedo si podía mantenerlo quieto. No separaba los labios si no era estrictamente necesario. Los más pragmáticos de entre los asistentes a la reunión daban por hecho que, al final de ella, se les plantearía una solución. «Os he convocado hoy aquí para daros cuenta de que un agitador ha llegado a la ciudad».

Caifás realizó una pausa y tomó aliento, y los demás aprovecharon para murmurar por lo bajo. «Pero ¿cómo puede ser una cosa así?». «¡Habrase visto desfachatez!». «En toda mi vida había sido testigo de algo igual...».

«Permitidme que os ofrezca los detalles», retomó, Caifás, su disertación. Levantaba la mano derecha en el aire y mostraba la palma a los que le escuchaban. «Jesús solo es un pobre galileo al que las prédicas se le han subido a la cabeza. Hasta hace un mes, enseñaba a las orillas del lago Tiberíades. De pronto, y sin venir a cuento, decidió trasladarse a Jerusalén. Supongo que aquella tierra de campesinos y pescadores se le quedó pequeña y pensó que bien podría hacer lo mismo ante un auditorio más distinguido.

»Desde hace unos días, acampa, junto a su grupo de seguidores, en Betania. Desde allí, acude a diario a Jerusalén y predica ante quien quiera escucharlo. Se ha declarado mesías de Dios y está completamente seguro de que, en cuestión de dos o tres días, Yahvé abandonará el cielo, bajará a la tierra y nos ajustará las cuentas a todos los que no le seguimos sin titubeos».

De nuevo, los susurros y los murmullos se abrieron paso entre los asistentes a la reunión. ¿Cómo se atrevía el tal Jesús a tanto? Caifás observó aquellos semblantes crispados, sonrió levísimamente para sí y continuó hablando.

«También exige que el Sanedrín se disuelva o que, en su caso, sea ocupado por sus partidarios. Supongo que los planes de Jesús pasarán por, una vez que quede claro que el fin del mundo no ha llegado, erigirse él en sumo sacerdote, tomar el control del Templo y evitar que el flujo de sacrificios se detenga. Dicho de otro modo: convertirnos en pobres a nosotros para convertirse ellos en ricos».

Las reacciones de los presentes no se hicieron esperar. «¡Imposible!». «¡Pero qué poca vergüenza!». «¡Impostor!». «¿Y nos quedaremos aquí sentados mientras nos arrebatan lo que es nuestro?». Un sacerdote se puso en pie, levantó el puño en el aire y, colérico, gritó: «¡Defendámonos!».

«¡Sí, hagámoslo!», coreó el resto.

«Pienso que ha llegado el momento de intervenir», expuso Caifás. «Aunque no sé en qué modo podría el Sanedrín hacerlo... Sabed que Jesús es un rabino reputado entre los fariseos y, aunque no todos lo vean con buenos ojos ni aprueben sus actos, otros sí lo hacen, lo cual nos obliga a proceder con cautela. Además, Jesús no es culpable de ningún delito que el Sanedrín pueda condenar».

«¡Es un blasfemo!», aulló un sacerdote que, hasta entonces, no había intervenido. «¿En qué manera podríamos considerarlo como tal si de su boca no ha brotado blasfemia alguna?», atajó Caifás, quien era plenamente consciente de que Jesús no llamaba a desobedecer la Ley de Moisés. La interpretaba a su manera, pero si eso supusiera delito de blasfemia, la mitad de los que a diario paseaban por las explanadas del Templo debería ser arrestada de inmediato. No, Jesús conminaba a subvertir el orden imperante y...

¡Lo tenía! Era eso. Caifás volvió a solicitar calma a los presentes, quienes volvían a discutir en corrillos lo que a cada cual le parecía oportuno. «¿Y si se lo entregamos a los romanos?», preguntó el sumo sacerdote. Daba la sensación de que reflexionaba en voz alta, de que hablaba sin tener claras del todo las consecuencias últimas de lo que se encontraba exponiendo.

«¿Entregárselo a los romanos?», preguntó, sin acabar de comprenderlo, un sacerdote. «¿Y para qué quieren los romanos a Jesús?».

«¡No lo querrán para nada!», intervino otro, visiblemente contrariado. «¡No metas a los romanos en un asunto de judíos, Caifás!». Pese a que allí todos eran colaboracionistas —y aceptaban de buen grado el dominio de Roma sobre Judea siempre y cuando sus negocios en el Templo no se vieran afectados—, la animadversión hacia los romanos no la ocultaban. Transigían porque no les iba mal transigiendo, pero no se olvidaban de que, sin los romanos, aún les iría muchísimo mejor.

«Ha aseverado en público que los judíos no debemos pagar impuestos a Roma», dijo alguien, poniendo palabras a algo que todos ya sabían. «¿Se habrán enterado los romanos de que Jesús predica en contra del tributo al emperador?». «Si no lo saben, es su problema». «Quizás nosotros podríamos avisarles de que hay un revoltoso en Jerusalén...». «¿Vamos a delatar a un judío? No sé yo si...». «¿Prefieres que ese judío ocupe tu lugar en el Templo? Di. ¿Lo prefieres?».

También Saúl abandonó Betania aprovechando la penumbra de la aurora. Su objetivo era informar a Publio Cornelio de lo sucedido en la jornada anterior. A saber, que Jesús propugnaba, sin ambages, el levantamiento judío contra la ocupación romana. Más que a una insurrección, Jesús había llamado a una insumisión. Que ningún judío pagara el tributo del César. Que nadie en Judea y en Galilea aceptara que Roma los dominaba. ¿Cedería, así, el invasor? ¿Abandonaría las actuales posiciones y se retiraría a Siria? No, claro que no. Jesús lo supondría, pues no parecía que fuese tonto, pero, mientras tanto, en Judea se iría cociendo un ánimo distinto al actual, menos obediente, menos predispuesto a tolerar la presencia de las legiones romanas.

Saúl recorrió el camino que separaba Betania de Jerusalén, accedió a la ciudad a través de una de las puertas laterales —siempre menos transitadas que las principales y, por lo tanto, más discretas— y se encaminó, derecho, a la torre Antonia, donde Publio Cornelio lo recibió de inmediato.

«Jesús ha elegido el Templo para realizar su declaración de independencia», reveló Saúl. Esperaba que el centurión lo comprendiera, pero no fue así y tuvo que explayarse: «Jesús solicita a los judíos que dejen de colaborar con Roma, y lo hace en el Templo para que dicha declaración posea carácter solemne, sagrado. Si hubiera realizado esa misma afirmación en cualquier calle de Jerusalén, el alegato no habría pasado de ser una declaración de intenciones. Una opinión, si quieres. Pero, eligiendo el Templo, avisaba a todos los judíos presentes de que su opinión suponía prédica, es decir, enseñanza que ha de ser escuchada pues proviene de boca de un rabino. Ningún judío allá presente habría cometido el error de no valorarla.

»Es difícil que los romanos entendáis que esto es así, pero puedo garantizarte que ningún jerosolimitano dejará hoy de debatir y comentar lo afirmado por Jesús. Además, como seguro que bien sabes, estamos en Pascua y, por ese motivo, Jerusalén se halla repleta de peregrinos que, pasados unos días, retornarán a sus regiones y países de origen. ¿Crees que no llevarán, con ellos, las proclamas de Jesús? ¿Piensas que, una vez en casa, no divulgarán las prédicas de aquel rabino que, sobre las losas del mismísimo Templo de Yahvé, los conminó a no pagar impuestos a Roma? Os enfrentáis a un enemigo fabuloso, Cornelio, y más os valdría comenzar a defenderos, o pronto, muy pronto, os habrá debilitado como nunca lo habríais imaginado. Oh, y no sabréis ni cómo reaccionar, pues las poderosas legiones romanas nada podrán contra un hombre vestido como un mendigo».

Una vez que Saúl hubo finalizado su discurso, Publio Cornelio se mantuvo largamente en silencio. Lo que en primer lugar le pidió el cuerpo fue estamparle un puñetazo en pleno rostro a aquel judío descarado. ¿Quién se había creído que era? ¿En presencia de quién pensaba que se hallaba? No obstante, algo había tras aquellas palabras y Cornelio lo intuyó de inmediato. Sonaban audaces, insultantemente intrépidas, pero, por otro lado, juiciosas. ¿Y acaso no pagaban a Saúl para que les contara aquello que ellos, los romanos, no eran capaces de averiguar por sus propios medios? Bueno, pues esto mismo es lo que hacía Saúl: facilitarles las claves de una insurrección que podría haber pasado inadvertida para los romanos si alguien, antes, no les proporcionaba las claves necesarias para descubrirla.

«Jesús se está convirtiendo en una figura muy popular en Jerusalén», continuó Saúl en vista de que Cornelio no se decidía a hablar. «He caminado junto a él y lo he observado con mis propios ojos. El domingo, cuando entró solemnemente en la ciudad a lomos de un burro, nadie lo conocía. Hoy, tres días después, es uno de los hombres más famosos de la ciudad. De nuevo he de decirte que sus acciones pueden pasar desapercibidas para vosotros. Pero Judea no es Roma, ni los judíos nos parecemos a los romanos. En el Templo se dirimen los asuntos de Dios, pero también los de la nación, que son exactamente los mismos. Jesús se ha declarado rey de Israel. Puede que os parezca un hecho pintoresco, pero el rey de Israel es aquel que sustituirá tanto a Herodes como al César. Jesús lo ha explicado con estas palabras: "Pues dad al César lo que es del César, y a Dios lo que es de Dios". No te equivoques, Cornelio. No malinterpretes la frase de Jesús. Lo que él ha aseverado es que el pueblo judío ha de existir y prosperar al margen de Roma. No junto a Roma. No al lado de Roma. Más bien, en una tierra en la que Roma ni exista ni pueda existir».

Ahora sí, Publio Cornelio respondió a Saúl: «Me gustaría creer en lo que me cuentas, pero necesito algo más para que el prefecto pueda actuar».

Saúl no dio crédito a lo que oía. ¿Más? ¿Cómo lo que le había explicado no podía parecerle suficiente? Le costaba comprender la manera de razonar de los romanos. No obstante, se le ocurrió algo: «Poseen armas».

De inmediato, Cornelio alzó las cejas. Aquel era un lenguaje que un centurión entendía. Un insurrecto es aquel que levanta un arma. «¿Armas? ¿Qué tipo de armas?».

«Que yo sepa, tienen espadas. Dos o tres, no sabría especificar más. Las ocultan bajo las túnicas, supongo que para no despertar sospechas entre las patrullas de legionarios».

Esta información sí que sería relevante para Poncio Pilato. Actuar contra un mesías —sin que los romanos tuvieran muy claro qué suponía serlo— parecía complicado. Hacerlo contra insurrectos armados era un asunto bien distinto: de repente, Jesús hablaba el lenguaje de los romanos.

Para eso tenían a Judas. El Sanedrín lo interrogó a fondo con la intención de que les contara cómo era Jesús. «Como creéis que es», respondió Judas tratando de zafarse de tanta cuestión incómoda. No, no daría marcha atrás. Se sabía, y se declaraba, traidor a Jesús y a su causa, pero también en la traición debe existir cierto equilibrio, cierta armonía. Judas no se sentía orgulloso de estar allí. No le caían bien los saduceos que integraban el Sanedrín ni sus impulsos le parecían nobles. Al final, no se trataba sino de un hatajo de sacerdotes corruptos que solo pretendía perpetuar su modo de vida y el poder que de este emanaba. Judas no los envidiaba.

Lo cual no significaba que Jesús le gustara, o que le gustaran los discípulos que lo seguían. Continuaba considerando que lo habían tratado con desdén, que él era un mejor estudioso de la Ley de Moisés, que habría hecho un fantástico mesías si Jesús no se le hubiese adelantado. Cuando pensaba en él, los latidos del corazón se le aceleraban. Aborrecía con todas sus fuerzas esa forma cotidiana que Jesús tenía de ser, siempre haciendo gala de una sencillez insana, siempre tranquilo, sosegado y dispuesto a debatir cada recoveco de su prédica. Judas juzgaba que un mesías debía mostrarse orgulloso de serlo, pues así se lo describía en las más antiguas tradiciones de las Escrituras. El mesías no solo se erigiría en el rey definitivo de Israel, sino también en general de sus ejércitos, en el soldado máximo que expulsaría a los romanos de la tierra más sagrada del universo. ¿Era Jesús ese capitán de capitanes? Judas, viéndolo cada día, observando cómo iba de un lado a otro con su túnica ajada y sus sandalias reparadas cien veces, lo dudaba mucho. Jesús no *propiciaría* el día del Juicio Final, no lograría convencer a Dios para que abriese el cielo y enviara a sus ángeles, no desencadenaría el fin del mundo.

«Esa explicación resulta insuficiente, Judas», le explicó Yohanán. En la casa de Caifás, el día avanzaba y los miembros del Sanedrín allí presentes no terminaban de alcanzar una resolución. «Queremos saber qué hace cuando no está en Jerusalén».

«Permanece en Betania, junto a los demás. Conversa mucho, casi siempre con su círculo inmediato, y también con el resto. No siempre predica; no siempre su tono es el del que enseña. A veces, se limita a charlar y acepta de buen grado que los demás le lleven la contraria».

Caifás, ante la atenta mirada del resto de sacerdotes, Yohanán incluido, tomó las riendas del interrogatorio: «¿Quieres decir que es un hombre normal?». Yohanán sí había visto a Jesús, pero el resto no, y era por ello que les interesaba su aspecto físico.

«Aburridamente normal, sí. No es más alto que nosotros, ni más bajo, y, por lo general, pasa desapercibido. Es decir, pasaría desapercibido si no fuera porque su personalidad lo invade todo. No sé si me explico... Jesús es..., es un hombre con genio propio, lo reconozco. Posee esa capacidad de oscurecer, de obnubilar a los que lo rodean. Yo creo que lo hace sin pretenderlo... Pero ahí está la clave de su éxito, pienso: en que atrae a las multitudes con su voz pausada».

Caifás levantó una mano para imponerse a cualquiera que pretendiera adelantársele: «En ese caso, ¿cómo lo reconoceremos?».

«¿Para qué queréis reconocerlo?».

«¿No te das cuenta de qué va todo esto, Judas?», devolvió la pregunta Caifás. «Vamos a capturar a Jesús porque no existe otro modo de atajar sus actos. Ha cuestionado nuestra posición en la jerarquía del Templo y eso es algo que no vamos a tolerar».

Yohanán intervino: «Jesús no aguarda que en dos o tres días llegue el fin del mundo. Bien al contrario, pretende que en dos o tres días todos los judíos de Jerusalén lo acompañen en su asalto al Templo de Yahvé. Tiene un plan para derrocarnos y no nos quedaremos de brazos cruzados mientras lo lleva a la práctica».

Judas se sintió confuso: «No creo que Jesús pretenda... Eso que decís, no, no es cierto...».

La voz de Caifás tronó: «Ha llegado el momento de que te decidas, Judas. ¿Estás de parte de Jesús o estás de nuestra parte?».

Judas vaciló. No esperaba que le formulasen una pregunta tan directa. «Estoy de parte..., de parte de...».

Yohanán intervino e impidió que siguiera hablando: «Te hemos dado dinero, ¿no es así? Y sabes que te daremos más, bastante más, si continúas ayudándonos».

«Yo quiero ayudaros», replicó Judas. La mención al dinero lo había animado un tanto. Si conseguía una buena suma, podría desaparecer durante una temporada y, quizás, iniciar su propia prédica mesiánica en un rincón apartado de Judea. Formaría su grupo de seguidores, que lo secundarían fielmente, y, con el paso del tiempo, retornaría a Jerusalén imbuido de carácter profético. «Sí, contad conmigo. Os ayudaré».

«En ese caso, debes buscar el momento propicio para que capturemos a Jesús», dijo Yohanán. «Y nos ayudarás a identificarlo. Yo lo he visto en persona, pero no me hallaré presente cuando lo atrapen. Ni yo, ni ninguno de los que aquí estamos. Enviaremos a unos cuantos guardianes armados del Templo y...».

«Y a los romanos», completó Caifás.

Judas no podía ocultar su sorpresa. No pensaba que los acontecimientos fuesen a precipitarse de aquella manera. Se revolvió incómodo en su silla y, por fin, se rascó la nuca y asintió: «De acuerdo, haré lo que me pedís. Mañana, mañana será un buen día. Jesús planea regresar a Jerusalén, donde cenará en compañía de sus doce discípulos más cercanos. Yo pertenezco a ese círculo, de modo que sabré adónde hemos de ir».

«¿Aún no lo sabes?».

«Al parecer, se trata de una casa ubicada en la ciudad baja. Quizás no esté muy lejos de aquí... Pero desconozco su ubicación exacta. Creo que nos acoge un amigo de Jesús, alguien que se ha acercado a él a través de Lázaro, nuestro anfitrión en Betania. Cuando sepa algo más al respecto, os lo diré».

Caifás respiró hondo y se irguió dentro de su túnica. «De acuerdo, ve, pues, y mantennos al tanto. Espero que no nos defraudes, Judas».

Judas volvió a titubear. Después, levantó la mirada hacia el sumo sacerdote y habló: «¿Cuánto dinero me daréis a cambio de entregaros a Jesús?».

Caifás miró a Yohanán y este tomó la iniciativa. El sumo sacerdote consideraba que cualquier asunto relacionado con el dinero —incluso mencionarlo en voz alta— lo tornaba impuro. De ahí que cediera la palabra a Yohanán.

«Treinta monedas de plata».

6

Jueves

Pedro no estaba satisfecho. Era el único en Betania que no lo estaba. Aunque todo había salido a pedir de boca, a él le inquietaba precisamente eso: que no hubiese surgido ni el menor contratiempo.

Pasaron el miércoles descansando en casa de Lázaro. Jesús se dirigió en dos ocasiones —por la mañana y al caer la tarde— a su grupo de seguidores y lo hizo como si no hubiera sucedido nada. Él seguía centrado en sus prédicas, en los asuntos que lo habían conducido hasta allí. Por supuesto, estas se circunscribían, prácticamente, al relato del fin del mundo y sus consecuencias. La cuestión era central para aquellos hombres y mujeres, y quien más quien menos se hallaba completamente preparado para la apertura conclusiva de los cielos. Gozaban fantaseando acerca de la caída de los ángeles y la potencia del arrebatamiento que, con ellos, prosperaría. Algunos, los más jóvenes, hablaban de una gran violencia ejercida sin conmiseración; otros, entre ellos las mujeres del grupo, optaban por un advenimiento espiritual, donde los enemigos de Israel serían apartados del pueblo elegido, aunque sin efusividad ni duelo, sucediendo porque Dios lo deseaba y nada más.

La actitud de Jesús había sido acorde al momento que vivían y también a su propia costumbre. No era un hombre que se alterara fácilmente. Nadie de entre sus seguidores lo había visto lamentándose, pero tampoco brincando de alegría. Para Jesús, el libre albedrío que Dios derramaba sobre los hombres solo suponía un don más ante el que no convenía alborozarse o entristecerse.

Pedro no compartía tanta templanza. La mano derecha de Jesús sufría a cada momento, y más en aquellos días. Secretamente, deseaba regresar a las inmediaciones del lago Tiberíades, allá en Galilea, donde habían sido felices siguiendo a Jesús en su periplo por las aldeas y los villorrios.

Eso no sucedería. Si Jesús acertaba en sus premoniciones, no sucedería jamás. Y, entiéndase: Pedro *quería* que Jesús estuviese en lo cierto. Sin embargo, cada instante hasta que se abrieran los cielos suponía, a su juicio, un instante de peligro para el maestro. Al modo en el que ellos pensaban, Jesús no era un simple anunciador de la llegada del Juicio Final. Suponía, también —él así lo había explicado— la llave que abre la cerradura. No la mano —pues esta pertenecía a Dios y solo a Dios—, aunque sí la llave, el instrumento, la herramienta. Sin ella, la mano de Yahvé no tendría qué asir y, por lo tanto, la gran puerta que conducía al reino de Dios no se abriría.

Basta con que haya un solo hombre en Jerusalén que no desee que los goznes de esa puerta giren para que Jesús esté en peligro. La reflexión de Pedro no podía ser más sencilla ni más palmaria. Era su deber, pues, protegerlo. Y lo estaba haciendo, sin duda. Había armado a Ezequías y a Bernabé, y él mismo guardaba una espada bajo la túnica. Jesús lo notó y no dijo nada, de manera que Pedro dio por hecho que no se oponía.

En la mañana del jueves, Jesús ya había decidido que, aquella noche, celebrarían la Pascua no en Betania, sino en Jerusalén. Pedro trató de disuadirlo: «¿Por qué no nos quedamos aquí, en casa de Lázaro, tranquilamente? Prepararemos una buena cena y la disfrutaremos en mejor compañía». Jesús se opuso y no quiso saber nada más. Su argumento parecía irrefutable: ellos eran judíos devotos y, si bien las Escrituras no obligaban a celebrar la cena de Pascua entre las murallas de la ciudad de Jerusalén, ¿por qué no hacerlo pudiendo hacerlo? Lo tenían al alcance de la mano y Jesús creía que a Dios le agradaría que su mesías pisara suelo jerosolimitano mientras cumplía con sus obligaciones piadosas.

Jesús ya era un personaje célebre en Jerusalén y esto conllevó que recibiera innumerables invitaciones para celebrar la Pascua en casas jerosolimitanas. Algunas —muchas— provenían de la ciudad baja, donde Jesús gozaba de gran popularidad pues allí vivían los pobres para los que él había augurado la reparación divina, pero otras —menos frecuentes aunque bastante más firmes— llegaban desde el barrio noble. El maestro, en un principio, se decantó por las misérrimas y fue Pedro quien le quitó la idea de la cabeza: «Si vamos a cenar en Jerusalén, al menos que sea en una casa segura». El resto de discípulos del grupo de los doce asintió de inmediato, muy de acuerdo con las sensatas palabras pronunciadas por Pedro. Jesús, a la vista de los acontecimientos, transigió.

Al final se decantaron por la casa que les prestaba Samuel, un comerciante fariseo a quien las prédicas de Jesús, al que había escuchado en el Templo, le habían llegado al alma. En la jornada anterior, el tal Samuel había enviado a un criado a Betania con el mensaje de que Jesús era bienvenido en su hogar en la forma en la que Jesús dispusiese, fuera esta cual fuera. Pedro en persona se desplazó a Jerusalén y observó, a escondidas, la casa de Samuel, al propio Samuel y a los que en ella servían. Quiso asegurarse de que no se trataba de una trampa urdida por los enemigos de Jesús y solo tras varias horas de atenta observación regresó a Betania convencido de que Samuel era quien decía ser y que sus impulsos carecían de dobleces. «De acuerdo», le dijo a Jesús. «De acuerdo», convino este.

Mateo y Tomás fueron quienes entablaron contacto con Samuel y pactaron que Jesús celebraría la cena pascual en compañía de doce discípulos, por lo que necesitaban una estancia en la que cupieran trece personas y en la que se pudiera cocinar; no precisaban criados de ningún tipo y ellos se ocuparían de todo el trabajo; a cambio, Jesús honraría, con su presencia, la casa de Samuel y, antes de la cena, charlaría brevemente con él, con su esposa y con sus cinco hijas para instruirlas en la profecía del fin del mundo.

Fueron también Mateo y Tomás quienes se encargaron, por expreso deseo de Jesús, de llevar adelante los preparativos de la cena. Limpiaron la estancia donde tendría lugar el banquete, pusieron la mesa para catorce personas —los doce discípulos, Jesús y el profeta Elías, del que se esperaba que apareciera en cualquier momento anunciando la llegada del fin del mundo; pese a que Mateo y Tomás comprendían que Elías había sido superado por Jesús y que, por lo tanto, su misión carecía de sentido, mantuvieron, por respeto a la tradición, la costumbre de celebrar la cena de Pascua con un cubierto vacío sobre la mesa—, y se encaminaron al Templo para comprar y sacrificar un cordero.

La Ley de Moisés exigía que de la cena de Pascua no sobrara nada. De este modo, los que se sentaban a la mesa se hallaban obligados a dar cuenta de todo lo cocinado. Mateo y Tomás eligieron con sumo cuidado un cordero cuyo tamaño fuese adecuado para trece varones. Tomás, temeroso de que fueran a quedarse cortos, sugirió que adquirieran dos animales, pero Mateo se negó en redondo. «¿Tú sabes lo que dices?», preguntó, horrorizado ante la posibilidad de tener que comer tal cantidad de carne. «Sí, tienes razón; bastará con uno», rectificó Tomás.

Compraron el cordero en el Patio de los Gentiles del Templo —María Magdalena les había dado el dinero para ello— y, a continuación, atravesaron el segundo muro y se pusieron a la cola para proceder al sacrificio del animal. Cuando les llegó el turno, Tomás degolló al cordero frente a un sacerdote que recogió la sangre en una copa —apenas unas gotas, no era necesario más— y la vertió sobre el altar sagrado. Pagaron la tasa correspondiente —he aquí la manera en la que se enriquecían los sacerdotes del Templo: ¿quién querría renunciar a ella?— y regresaron a la casa de Samuel con el animal muerto.

Tocaba entonces cocinarlo. Los dos discípulos desollaron el cordero mientras aún se encontraba caliente, lo atravesaron de parte a parte con una estaca y lo colocaron al fuego para que comenzara a asarse. Mateo y Tomás no tendrían más tarea en el resto del día que asegurarse de que el cordero pascual se preparaba convenientemente.

Mientras tanto, Jesús y el resto de discípulos se hallaban en Betania. No abandonarían la aldea hasta última hora de la tarde, de modo que Pedro dispuso de mucho tiempo para cambiar impresiones con el maestro. A mediodía, Pedro ya creía que alguien, desde el interior del grupo, podía traicionarlos. «¿Por qué piensas así?», le preguntó Jesús. «Porque somos demasiados y no conocemos a muchos de los recién llegados. Hemos sido muy confiados», respondió Pedro, suspicaz.

«Ahora ya da igual», repuso Jesús, quien, para entonces, creía en la inminencia del fin del mundo: tras completar con éxito los acontecimientos de los últimos días, el advenimiento de Dios y sus ángeles era cuestión de horas. ¿Cuándo sucedería exactamente? No podía precisarlo, pero la mañana del día siguiente, la del viernes, parecía magnífica para desencadenar un Juicio Final en el que se separarían a los devotos de los pecadores. A estos últimos, la cena de Pascua les ofrecía una excelente oportunidad para consumir el cordero que borra los pecados y, de esta forma, ponerse a buenas con Yahvé.

Pedro no cedió. ¿Cómo iba a dar igual? «Noto que algo va mal, Jesús. De verdad, es como un pálpito... Tú dirás lo que quieras, pero hay algo que no me gusta...».

«¿De qué se trata?», preguntó Jesús, quien, a fin de cuentas, terminaba por tomarse en serio a Pedro.

«No sabría expresarlo con palabras. Pero, en estos días, has ido todo lo lejos que podías ir. Más aún, diría yo, dado el enorme éxito que has obtenido. Eso tiene consecuencias, Jesús. Ha de tenerlas, pues te estás metiendo con gente muy poderosa».

«Nosotros tenemos a Dios de nuestro lado».

«Claro que tenemos a Dios de nuestro lado... O, para ser más exactos, lo tendremos a partir del instante en el que decida descender sobre la tierra. Mientras tanto, mientras ese momento no llegue, gozamos de libre albedrío, lo cual significa que cualquier cosa puede suceder. Cualquiera: para bien o para mal».

«Eres la persona más agorera que conozco, Pedro».

«¿Tengo o no tengo razón, Jesús? Puede que yo sea un paranoico, pero tú eres un crédulo. Y mi actitud no nos pone en peligro, sino que nos salva. En cambio, la tuya...».

«Hacemos lo que tenemos que hacer».

«No me fío de la mayoría de los que te siguen».

«¿De la mayoría? Bueno, no te preocupes. Dentro de unas horas, todo habrá terminado. Reunámonos esta noche para cenar y disfrutemos del banquete. Siento que Dios se halla próximo a nosotros...».

«No vamos a volver a Jerusalén con el grupo al completo. Eso, tenlo bien claro, Jesús. Cincuenta y siete hombres llaman mucho la atención».

«No, no, descuida. No lo haremos. A la cena de hoy, asistiré en compañía de vosotros doce. De los que me seguís desde el principio. De los más allegados. ¿Te parece bien?».

«¿Y no podríamos reducirlo a cuatro o cinco? Santiago, Juan, Andrés, tú y yo. Nadie más. En ellos tres confío sin dudar».

«¿En el resto no confías? ¿No confías en Mateo y en Tomás, que ahora mismo están en Jerusalén preparándolo todo para la cena? ¿O en Felipe y Bartolomé? ¿O en Judas? Vamos, tranquilízate. Son todos de confianza. Llevan mucho tiempo a mi lado, y no sería capaz de apartarlos ahora que ha llegado el momento de la verdad. ¿Qué clase de mesías sería yo si Dios, al descender, no me encuentra rodeado de los que con absoluta dedicación se han consagrado a ayudarme?».

Pedro hizo una pausa para pensar bien en la respuesta que daría. «De acuerdo, los doce y ni uno más», concluyó tras el silencio.

«Ni uno más, Pedro. Te lo prometo. De hecho, creo que podría prometerte que no habrá más cenas, que la de hoy será la última, pues el fin del mundo ya está aquí. Percibo la proximidad de los ángeles. Noto cómo se agolpan a las puertas del cielo. Mañana a estas horas, Pedro, todo habrá terminado».

Como no podía ser de otra manera, Judas estuvo muy atento a las informaciones que muy pronto se extendieron por toda Betania. Como integrante de los doce más íntimos, nadie se interponía en su camino cuando pretendía acercarse a Jesús. O a Pedro. Porque Jesús era quien, en último término, tomaba las decisiones. Pero a Pedro le estaba dada la capacidad de discutirlas, de aventurar modificaciones si las propuestas no le parecían bien, de vetarlas incluso. Pedro era, siempre fue, la piedra angular del grupo de discípulos de Jesús.

Muy pronto, tres horas después del amanecer, Judas —y, con Judas, la totalidad de los seguidores acampados en Betania— supo que, aquella noche, Jesús cenaría en una casa de Jerusalén en compañía de los doce más íntimos. El resto celebraría la Pascua en el huerto de Lázaro y no se movería de allí salvo que Pedro lo indicara de forma explícita: «Ya hemos llamado demasiado la atención», explicó para cortar de raíz cualquier protesta.

A Judas le habría gustado conocer la ubicación exacta de la casa donde cenaría Jesús. Supuso que, a medida que el día avanzara, le llegarían más noticias, no en vano él se hallaba entre los que acompañarían al maestro en esa cena. Intentó, con todo, averiguarlo con antelación y, para ello, interrogó a Andrés, el hermano de Pedro. Por desgracia, Andrés no tenía ni idea de dónde se hallaba la casa. Le contó, eso sí, que el dueño se llamaba Samuel y que Pedro lo había investigado para asegurarse de que no caían en una trampa. «¿Una trampa?», preguntó Judas. Andrés, un hombre bastante más ingenuo que su hermano, contestó con sinceridad. «Pedro cree que podría haber un traidor entre nosotros», contestó. Ni por asomo se le pasó por la cabeza que la trampa en cuestión pretendía tendérsela el hombre que tenía delante.

«¿Cómo que..., cómo que un traidor?», volvió a preguntar Judas. Le inquietaba que todos sus planes se descubrieran antes de cobrar las treinta monedas de plata prometidas por Yohanán.

«Ah, bueno, no le des más importancia... Ya sabes cómo es mi hermano. No se fía ni de su sombra. Afirma que no resultaría extraño que alguno de los enemigos de Jesús estuviera preparándole una encerrona», manifestó, cachazudo, Andrés. Y añadió: «No creo que Jesús dé crédito a semejantes sospechas, pero ya sabes que el maestro escucha siempre a mi hermano. Al final, si Pedro dice que vaya por aquí, Jesús irá por aquí. Son tal para cual».

Judas debía andarse con cuidado, con mucho cuidado. Mateo y Tomás, dos de los doce, habían partido, un rato atrás, en dirección a Jerusalén. Serían ellos quienes se encargarían de realizar los preparativos de la cena. Según se comentaba, Jesús y los diez discípulos restantes no partirían hasta el atardecer. ¿Merecía la pena correr, antes, a informar a Yohanán? Judas dudó y dudó, y pensó que sí y luego cambió de opinión. La tarea por la que le pagarían tan generosamente suponía, por un lado, conducir a los guardianes del Templo hasta un lugar donde Jesús pudiera ser capturado sin causar demasiado alboroto y, por otro, identificarlo claramente para que el detenido fuese él y no alguien distinto. La casa donde tendría lugar la cena —la casa de Samuel— parecía un buen lugar para ello. Salvo, quizás, por que se hallara ubicada en una calle demasiado transitada de Jerusalén. Sin duda, Pedro habría pensado en ello.

Al final, juzgó que más valía informar a Yohanán que no hacerlo y equivocarse. De esta forma, aprovechó que Jesús descansaba dentro de la casa de Lázaro y que el grueso de los discípulos se encontraba distraído en el huerto para abandonar Betania, tomar el camino a Jerusalén y presentarse en el Templo. Nunca había corrido tanto y, cuando se plantó ante el sacerdote, gruesos goterones de sudor le caían sienes abajo.

«¿Qué sucede, Judas?», interrogó, yendo directamente al grano, Yohanán. «Esta noche..., esta no...», respondió Judas. Le costaba recuperar el aliento y tuvo que realizar una pausa, durante la que el sacerdote lo miró con gesto de reproche. «Esta noche, Jesús cenará en una casa de la ciudad. No me preguntes en cuál, porque lo desconozco. Sé que seremos trece a la mesa».

«¿No los sesenta y tantos que hay en Betania?», preguntó Yohanán. Habían descartado capturar a Jesús mientras estuviese rodeado de tantos incondicionales.

«No, no, seguro que no. Solo los doce más cercanos y Jesús».

«¿Y dónde está esa casa? Podría ser un buen lugar para arrestarlo...».

«Ya te he dicho que ese es el problema: que no lo sé. Pero he creído que te interesaría saber que esta noche nos encontraremos en Jerusalén, ¿no?».

«Sí, sí, has hecho bien, Judas. Pero comprende que tu información no nos soluciona nada».

«Hago lo que está en mi mano. Solo he venido para que sepas que estoy pendiente de todo. Seguid contando conmigo».

«Haremos lo siguiente... Ahora mismo, tú vas a regresar a Betania. No sería bueno para nadie que te echaran de menos. Intenta averiguar dónde será la cena. Si no lo consigues antes de que esta dé comienzo, busca la forma de escabullirte de ella entre plato y plato. Y ven a informarme de inmediato. Yo, para entonces, lo tendré todo dispuesto. Un destacamento formado por guardianes del Templo y legionarios romanos accederá a la casa y los detendrá a todos. Los sorprenderemos, de manera que carecerán de cualquier oportunidad».

Judas temblaba por la tensión que le recorría el cuerpo. Lo estaba haciendo. Lo hacía. Traicionaba y vendía a Jesús. Era lo que deseaba, ¿verdad? De pronto, le entraron dudas acerca de su comportamiento. Aborrecía a Jesús, pero ¿qué sería de él cuando los guardianes del Templo lo capturasen? ¡Y los romanos! Yohanán —¿o era cosa de Caifás?— había decidido que los romanos tomaran parte en esto. La consecuencia de ello no se le escapaba: Jesús sería condenado a muerte.

«¿Qué te sucede, Judas?», preguntó Yohanán. Judas vacilaba. Y si Judas vacilaba, el plan podría echarse a perder. «Lo estás haciendo muy bien. Te ganarás tus treinta monedas de plata, no te preocupes».

«No me pasa nada. Cumpliré con mi parte del trato», replicó Judas. Y, sin despedirse, dio media vuelta, abandonó el Templo y la ciudad y corrió hasta llegar a Betania.

Para Publio Cornelio, había llegado el momento de hablar con Poncio Pilato. Jesús y su grupo de insurrectos habían entrado en la ciudad de Jerusalén portando armas. Las habían paseado bajo las túnicas aguardando la ocasión de blandirlas. ¿Contra quién? Contra los romanos, contra quién si no.

No lo tolerarían.

En el interior de la estancia que Pilato utilizaba como despacho —en la que se encontraban presentes los funcionarios prefecturales que trabajaban en ella y dos de los cinco centuriones que, además de Cornelio, encabezaban la guarnición acantonada en la ciudad—, tuvo lugar una corta aunque resolutiva conversación. El prefecto no era hombre de pocas palabras, aunque sí de raudas determinaciones: cuando alcanzaba una, nada ni nadie lograba que cambiara de opinión, de manera que se ejecutaba sin más preámbulos.

«Disponemos de más información acerca del insurgente judío y el grupo que lo secunda», dijo Cornelio, utilizando el plural mayestático de las grandes ocasiones. «Habla», lo conminó Pilato. «Están armados hasta los dientes», prefecto. «¿Cómo dices?». «Lo que oyes, prefecto. Se ha hecho realidad la peor de nuestras previsiones. Están a punto de alzarse contra nosotros».

«¿Es verdad que el insurgente ha ordenado a la plebe que no pague tributos a Roma?», preguntó Pilato, quien se enfurecía a medida que hablaba. El odio que sentía por los judíos era emocional y no requería que ninguna pesquisa o información lo respaldase, pero, cuando así sucedía, no lo desdeñaba: Pilato se daba la razón a sí mismo, lo cual suponía, sinceramente, un auténtico placer.

«Desde luego que lo ha hecho», contestó Cornelio. «Sucedió en el Templo, ante cientos de peregrinos y jerosolimitanos. A preguntas de uno de los suyos, explicó que ellos, los judíos, no debían pagar tributos al César».

«¿Cómo se atreve? ¡Cómo se atreve!».

«Pienso que ya lo han preparado todo para alzarse contra nosotros. Por eso, hablan sin tapujos. Buscan sumar adeptos a su causa, entre los cuales no sería de extrañar que repartieran más armas...».

«Nuestra guarnición está justa de efectivos. ¡Maldición! ¡Llevo tiempo advirtiendo de ello, pero nadie me hace caso! Con tan solo una cohorte de la Tercera Legión no podré hacer frente a un levantamiento de cientos o miles de revolucionarios. ¡Malditos judíos! Hay que atajar la situación antes de que sea tarde, Cornelio».

Los presentes en el despacho habían abandonado las tareas que los ocupaban y observaban a Cornelio y a Pilato. Los dos centuriones asentían con vehemencia, dando la razón al prefecto.

«Nuestro informante advierte de que Jesús se ha convertido en un personaje muy popular en Jerusalén. La plebe lo adora, Pilato, de modo que más nos vale andarnos con mucho ojo, no sea que, atajando un alzamiento, provoquemos otro...».

«No, claro que no», replicó Pilato, cuyo arranque de ira se había calmado un tanto. Consideraba que Cornelio estaba en lo cierto. Tratar con los judíos era como caminar descalzo sobre las brasas: si perdías la concentración y te descuidabas, acababas quemándote; y, si no lo hacías, lo más seguro era que también. «¿Cómo sugieres que lo hagamos, Cornelio?».

«Aguardemos».

«¿Aguardar? ¿Cómo vamos a aguardar mientras se cuece una revolución bajo nuestras mismísimas narices?».

«Aguardemos, prefecto. No creo que seamos los únicos que quieren parar los pies a Jesús».

Por fin, una hora antes de que anocheciera, Jesús partió de Betania en dirección a Jerusalén. Como se había previsto, lo acompañaban los diez discípulos —Mateo y Tomás aguardaban en la casa donde tendría lugar la cena— y dos invitados de última hora: Ezequías y Bernabé. Estos caminaban junto al grupo por indicación expresa de Pedro, que los quería allí, como expresó, «para que guarden la puerta de la casa de Samuel y, así, nadie nos moleste». Jesús no las tuvo todas consigo, pues él juzgaba que dos judíos no podían quedarse sin banquete de Pascua, pero Pedro lo disuadió asegurando que cenarían más tarde.

El calor del día comenzaba a menguar, pese a lo cual Jesús impuso un ritmo tranquilo al paseo. Charlaba con sus discípulos, pero de temas intrascendentes. Juan había contado que, según había oído, los depósitos de agua de Jerusalén se encontraban a la mitad de su capacidad, lo que era inusual en esta época del año: «Va a ser un verano muy largo», reflexionó. Los hombres se enfrascaron, entonces, en una pequeña discusión acerca de qué convenía hacer para solventar el problema. Las opiniones eran diversas —desde construir más depósitos a racionar el agua, pasando por levantar un acueducto «como los de los romanos»— y Jesús las escuchaba complacido, aunque sin posicionarse al lado de ninguna.

Cuando llegaron a la puerta de la ciudad, Mateo y Tomás, en compañía de Samuel, los aguardaban. Unos y otros intercambiaron los preceptivos buenos deseos y se encaminaron, a través de callejas atestadas de gente, hacia la casa donde tendría lugar la cena.

Allí, Jesús cumplió con lo pactado con Samuel y, durante un rato, mientras sus discípulos accedían a la estancia donde se hallaba preparada la mesa para el banquete, departió con la esposa del anfitrión y con sus cinco hijas. Samuel, presente durante la breve charla, no cabía en sí de gozo. Todos oyeron cómo Jesús explicaba que el momento —dijo el «momento», no el «día»— de la llegada de Dios era inminente, y que más les valía a los judíos hallarse a salvo de todo pecado. «¿Acatáis la Ley de Moisés?», les preguntó Jesús, con una media sonrisa en los labios. No estaba predicando, sino tratando de ser amable. A él, no le quedaba la menor duda de que las personas como Samuel, su esposa o sus hijas superarían la prueba del Juicio Final y disfrutarían del reino de Dios. Solo los grandes pecadores, los que quebrantaban sin rubor los mandamientos otorgados por Yahvé, serían extirpados, por los ángeles iracundos, de la tierra de Israel.

Ni qué decir tiene que la mujer y las cinco hijas de Samuel, una tras otra, respondieron que trataban de conducirse, a diario, con arreglo a las normas sagradas. Jesús replicó que, en ese caso, nada debían temer y, a continuación, y con una sonrisa ahora franca y abierta en los labios, dio media vuelta y entró en la habitación donde lo aguardaban los demás.

La cena sería una cena, pero también el severo ritual con el que rememoraban el Éxodo, esto es, la precipitada salida de los judíos de Egipto con Moisés como guía, quien, a través de infinitas penalidades, terminaría conduciéndolos hasta la tierra prometida. Los judíos no solo creían en esta historia: la adoraban hasta límites insospechados y la consideraban el eje de su existencia como nación, como nación elegida. No había ni un solo hombre o mujer en Judea o en Galilea —tan siquiera el que con mayor relajo observara la Ley— que no entendiese sinceramente que Moisés y aquellos que tras él recorrieron el camino que los traía desde Egipto merecieran una honda y sentida consideración.

Los judíos eran judíos porque en Moisés y los que vagaron durante cuarenta años por los desiertos se reconocían. Es más, porque se reconocían en aquella historia inaugural, los judíos no eran unos, sino el todo: el pueblo de Dios.

Pedro aprovechó los prolegómenos de la cena para situar a Ezequías y a Bernabé en la puerta de la casa. Los dos —y Pedro con ellos— guardaban sus espadas bajo las túnicas y las instrucciones no podrían ser más precisas: «Que nadie entre ni salga». «¿Tampoco el dueño de la casa o su familia?», preguntó Ezequías. «Tampoco», contestó Pedro. El buen discípulo tenía un pálpito: «La suerte los había acompañado durante demasiado tiempo».

Jesús se sentó en uno de los extremos de la mesa. Frente a él, se encontraban los doce apóstoles, reunidos en orden de incorporación al grupo. El banquete —la ceremonia— comenzaba con el escanciado del vino. Jesús rezó sobre esa copa y, acto seguido, procedió a lavarse las manos y a secárselas.

El maestro tenía, ante sí, tres panes ácimos —sin levadura, cocidos así para imitar a los que los judíos del Éxodo comían durante los años en el desierto—, es decir, tortas de pan. Además, dispuestas frente a él y recorriendo la parte central de la mesa, se repartían varias bandejas que contenían verduras sin condimentar, los condimentos que habrían de acompañar a las mismas y el cordero sacrificado con arreglo a la Ley. Jesús, entonces, tomó una de las tres tortas y la partió por la mitad. Dejó el trozo más grande sobre la mesa y lo tapó con su servilleta.

Siguiendo el ritual —del que los discípulos, Judas incluido, no perdían detalle—, Jesús volvió a escanciar vino y rezó sobre él. Lo bebió y, a continuación, se lavó las manos y procedió a hacer lo mismo con sus discípulos: uno a uno, les lavó las manos y, además, los pies.

Muchos protestaron, claro. Según el ritual, tras la segunda copa de vino, los asistentes a la cena de Pascua debían lavarse las manos para salvaguardar su pureza. Pero lo harían ellos mismos, sin delegar tal función en nadie. Y de ninguna manera se hallaba escrito que, además de las manos, hubiera que lavarse los pies. De ahí, precisamente, las protestas. ¿Cómo era que Jesús, al que consideraban el más sabio de entre los rabinos, se iba a agachar ante ellos para limpiarles el polvo de los pies?

«Sois hombres limpios, puros tras el lavado de manos», dijo, explicándose, Jesús. Se encontraba erguido, con una toalla al hombro y las mangas de la túnica remangadas. Sonreía, relajado. «Dejadme que, en esta noche previa al fin del mundo, os muestre mi respeto y consideración».

De mala gana, accedieron. Sin embargo, Pedro, que se sentaba muy cerca de Jesús y al que, por lo tanto, le tocaba ser limpiado en primer lugar, volvió a oponerse. «Yo no puedo permitir que tú, maestro, me laves los pies. No puedo, es imposible que así suceda». «Sucederá», replicó Jesús, que no se andaba por las ramas y que ya se agachaba a los pies de su discípulo. «Dame», añadió mientras tomaba uno de los pies de Pedro y comenzaba a desabrochar las ligaduras de cuero que cerraban la sandalia. ¿Qué podía hacer Pedro? ¿Propinarle una patada? Ante la atenta mirada del resto, dejó actuar a Jesús y, quizás para romper un silencio un tanto incómodo, le preguntó: «¿De verdad que mañana llegará el reino de Dios?».

Jesús ya lavaba el primero de sus pies. No contestó de inmediato, sino que realizó una breve pausa —en la que, usando las dos manos, limpió el polvo del pie de Pedro— y, sin levantar la cabeza, adoptó un tono coloquial para afirmar: «Yo creo que sí. No va a tardar mucho...».

Por primera vez desde que diera comienzo la cena, los murmullos se extendieron entre los asistentes. Jamás habían escuchado a Jesús referirse al fin del mundo con aquella precisión. Se suponía que el Juicio Final llegaría, pero eso era algo que sucedería en un futuro más o menos vago y, sobre todo, lejano. Ahora, la inminencia era tal que ya se le podía poner fecha: a la mañana siguiente o, como mucho, por la tarde. Jesús acertaba a ver los signos con los que Dios escribía los prolegómenos del gran arrebatamiento. Así lo creían todos, a pie juntillas, sin dudas ni vacilaciones.

Cuando Jesús hubo terminado de lavar el primero de los pies de Pedro, lo secó con la toalla y repitió la operación en el segundo. Después, lavó a Juan, luego a Santiago, a Andrés, a Mateo, a Judas, a Tomás, y así hasta completar los doce.

Yohanán se dirigió a la casa de Caifás, a quien pidió ver «de inmediato». Le hicieron esperar un rato.

«¿Por qué me molestas, Yohanán?», preguntó el sumo sacerdote cuando, por fin, su subordinado fue llevado ante él. «Esta noche, Jesús cenará en Jerusalén en compañía de doce de sus hombres», contestó Yohanán. «¿Solo doce?». «Solo doce». «Quizás deberíamos aprovechar la ocasión para capturarlo». «Eso pienso yo, Caifás». «Sí, hagámoslo».

«Pero nosotros no podemos», expresó Yohanán midiendo muy bien sus palabras. El judío era un pueblo ocupado, de manera que muy difícilmente podrían ellos llevar adelante, por su cuenta, detenciones de cualquier tipo. Y, no obstante, los hombres como Caifás eran orgullosos y altivos, y no encajaban con buen talante una desdicha de la que no podía hacerse responsable a ningún judío, y menos al judío que tenían delante de sus narices.

«Habrá que pedir ayuda a los romanos», sentenció el sumo sacerdote. Esa «petición de ayuda» consistía, más bien, en una «petición de permiso». Lo que Caifás estaba obligado a hacer a continuación, era tragarse su altivez, presentarse en la torre Antonia, rogar que el prefecto lo recibiera y, acto seguido, solicitar que los romanos tuvieran a bien permitirles que capturaran a ese revoltoso que ponía en peligro la esencia misma del Templo.

«Yo me encargo», añadió Caifás. Lo decía como si fuese una concesión suya. En realidad, nadie más, salvo la máxima autoridad de los judíos, él, el sumo sacerdote Caifás, el presidente del Sanedrín, disponía de rango para presentarse ante Poncio Pilato. Y aun así: aquel prefecto romano aborrecía a los judíos, cosa que los judíos sabían de sobra. Si tenía mal día, bien podía enviar a Caifás a tomar viento fresco.

Como no existían más opciones, se decidieron por la que había. Caifás se atavió con sus mejores ropas, dejó que un criado le atusara la barba y, en compañía de Yohanán, se dirigió a la torre Antonia.

Poncio Pilato también sabía hacer esperar a aquellos que pretendían presentarse ante él. Si un legionario abría la puerta de su despacho y le comunicaba que fulano o mengano aguardaba fuera y que rogaba que se le recibiese con prontitud, Pilato se ponía a hacer cualquier tarea con tal de no cumplir con la petición. Así las cosas, Caifás y Yohanán debieron esperar casi una hora en una antesala estrecha y sin apenas ventilación. Nadie les ofreció un vaso de agua. Nadie les preguntó si tenían calor o si se les podía aliviar de cualquier otra incomodidad. Al contrario: la larga espera solo servía para que los que aguardaban comprendiesen quién mandaba allí, cuáles eran las jerarquías y por dónde habrían de discurrir las servidumbres. Tan siquiera les pusieron dos sillas: solo había una, y de las que carecían de respaldo, en la que se sentó Caifás mientras que Yohanán, tratando de no perder la dignidad, se mantuvo en pie a su lado.

«¿A quién tenemos aquí?», preguntó, tan retórica como burlonamente, Poncio Pilato cuando, por fin, los dos judíos fueron llevados a su presencia. «Al gran sacerdote del Templo», añadió. «Al *sumo* sacerdote», corrigió Caifás. Hablaban, entre ellos, en griego, lengua que tanto Caifás como Pilato conocían muchísimo mejor de lo que querían aparentar ante el otro. «Claro, sí...», murmuró el prefecto.

«Venimos a ofrecer colaboración», dijo, entonces, Caifás. Yohanán se mantenía, respetuosamente, un paso por detrás de él. En la estancia, que era la habitual donde se desarrollaba la burocracia romana, se encontraban presentes tres centuriones —uno de ellos era Publio Cornelio— y cuatro funcionarios civiles. Tanto unos como otros se limitaban a ignorar la presencia de los dos sacerdotes, como si en lugar de altos dignatarios del Templo fuesen un par de vendedores de cabras que estaban allí para abonar los intereses de demora correspondientes al impago de una tasa.

«Vosotros... venís... a ofrecerme... colaboración... a mí», silabeó Pilato. Al final, resultaba que el centurión Cornelio se hallaba en lo cierto. El prefecto mantuvo la mirada en Caifás, y no la giró hacia su subalterno porque no quería descubrir un rictus de suficiencia en su rostro. Sin embargo, había que reconocerlo: el centurión había dado en el clavo al proponer que a los romanos de Jerusalén les bastaría con permanecer quietos para que la solución al peliagudo problema de Jesús llegara por sí misma. Ahora, solo necesitaban dar un poco de cuerda a los judíos para que creyesen que eran ellos mismos los que mantenían la iniciativa. A diferencia de Caifás, Pilato no precisaba lucirse ante los suyos.

«¿Quieres a Jesús?», cortó, por lo sano, Caifás. Al final, su engreimiento pudo más que cualquier noción de prudencia. A los sacerdotes del Templo no se los podía tratar con semejante desdén. Antes, daban media vuelta y regresaban a sus asuntos. Bien mirado, ¿a quién perjudicaba más la insurrección de Jesús? ¿A los judíos...? ¿O a los romanos?

«Lo quiero», repuso Pilato, que solo estaba jugando. El prefecto era, sobre todo, un hombre práctico, como lo eran siempre los funcionarios romanos destacados en regiones alejadas. En el fondo, a él solo le importaba que la gran maquinaria romana —la pequeña rueda dentada cuyo funcionamiento a él le habían encomendado— rodase sin detenerse jamás. Caifás era un don nadie al que no prestaría más atención de la estrictamente necesaria.

«En ese caso, un destacamento de soldados romanos ha de estar preparado para acudir al lugar que nosotros le digamos», explicó Caifás.

«Cornelio», repuso Pilato ladeando sutilmente la cabeza hacia el centurión. Este levantó la mirada del papel que simulaba estar leyendo y asintió. «Lo tendré listo dentro de media hora», dijo.

«Cinco guardianes del Templo os acompañarán en todo momento para asegurarnos de que la captura de Jesús se lleva adelante tal y como deseamos», continuó exponiendo Caifás.

«¿Crees que existen modos erróneos de capturar a un revolucionario?», comenzó a razonar Pilato. No obstante, él mismo comprendió que no merecía la pena seguir por ahí y rectificó: «De acuerdo, cinco guardianes judíos acompañarán al destacamento romano».

«Una cosa más, prefecto. Cuando lo capturéis, traédmelo a mí en primer lugar».

Tras concluir el lavado de los pies de sus discípulos, Jesús volvió a sentarse en su lugar y, por tercera vez, se escanció vino. Bebió un trago, levantó ceremoniosamente la copa, agradeció a Dios el don de poseerla y dijo: «Tomad y bebed todos de ella, pues os digo que yo no volveré a probar el vino hasta que llegue el reino de Dios». Los discípulos, obedeciéndole, bebieron pequeños sorbos al tiempo que iban pasándose la copa de manos de unos a manos de otros.

Finalizada la repartición del vino, había que realizar la del pan. Sobre la mesa quedaban dos tortas enteras y, de la tercera —la que había sido partida un rato atrás—, dos mitades: una descubierta, junto a las anteriores, y otra oculta bajo una servilleta. Jesús, sin más preámbulos, partió los panes —salvo la mitad oculta— y los repartió entre los discípulos. Llegaba el momento de ingerir los rábanos picantes picados, que se tomaban con el pan para recordar la amargura de los años de esclavitud en Egipto antes de la liberación y el Éxodo. Jesús, mientras sostenía un trozo de pan frente a él y aguardaba a que los demás lo imitaran, dio gracias a Dios por permitirle tenerlo y pronunció unas palabras que algunos, años después, considerarían premonitorias: «Este es mi cuerpo, que por vosotros lo doy. Haced esto en mi memoria».

Los doce discípulos mojaron el pan en los rábanos picados, se los llevaron a la boca y notaron un instantáneo amargor. Esa era la desdicha del pueblo judío, su tránsito desgraciado desde la esclavitud hasta la completa salvación, desde el más infame de los infiernos hasta el cielo junto a Dios. Un día. Restaba un día para conseguirlo.

Tras las reparticiones del vino y del pan, los asistentes a la cena podían relajarse y charlar entre ellos mientras se preparaban para comer el cordero, auténtico centro del banquete. Fue entonces cuando alguien se interesó por qué harían tras la cena. Debió de ser Tomás, quien, tras todo un día de ajetreo, se sentía agotado y lo único que quería era regresar a Betania y meterse en la cama.

Jesús respondió que irían a casa, sí, a aguardar el advenimiento de Dios, pero que, ya que les pillaba de camino, se detendrían a orar en el Monte de los Olivos. «Solo será un rato, no os preocupéis», dijo. «Tengo ganas de retornar al huerto de Getsemaní antes de que los ángeles lleguen». Getsemaní era un pequeño olivar situado en una de las laderas del Monte de los Olivos, un lugar casi secreto en el que los peregrinos que no habían conseguido alojo tras las murallas de Jerusalén solían dormir al raso.

«¿A Getsemaní?», preguntó Pedro, a quien, a estas alturas, cualquier idea le parecía una mala idea. Jesús asintió: «Lo que tenga que ser será».

Judas escuchó las palabras de Jesús y comprendió que ahí tenía la oportunidad que con tanto ahínco había buscado. De pronto, comprendió que no debía esforzarse en guiar a los sacerdotes del Templo hasta la casa donde estaba teniendo lugar la cena. Decidió, pues, que, dentro de un rato, buscaría una excusa para ausentarse brevemente. Correría hasta el Templo e informaría a Yohanán de que, más tarde, el grupo, con Jesús a la cabeza, se encaminaría hacia Getsemaní, en el Monte de los Olivos. Quizás hubiera allí unos cuantos peregrinos preparándose para pasar la noche, pero, en general, se trataba de un lugar tranquilo. Judas lo conocía bien, pues no sería la primera vez que lo visitaba.

Por fin, comenzó la cena propiamente dicha, en la que se daba cuenta del delicioso cordero pascual cocinado por Mateo y Tomás. Jesús probó el primer bocado, tomándolo con los dedos de una de las bandejas. Acto seguido, imitándolo, los discípulos hicieron lo propio. Mateo y Tomás habían servido todo lo cocinado, y todo lo servido debía ser consumido, sin que quedara nada para el día siguiente. Los dos discípulos cocineros pasaron la noche observando nerviosos a los demás, preocupados ante la posibilidad de que bien quedaran hambrientos, bien tuviesen que comer una vez ahítos.

«Creo que algo me ha sentado mal», expresó, entonces, Judas. Se sujetaba el vientre con ambas manos y gesticulaba ostensiblemente a la vez que hablaba. Se puso en pie e hizo un gesto de retirarse, sin duda a la letrina, que se ubicaba fuera de la casa. Mateo, sintiéndose responsable, alzó las manos en el aire y titubeó: «Pero..., pero..., no puede ser. Toda la comida que hemos puesto sobre la mesa era fresquísima. De verdad que lo era...».

Judas sonrió como sonríe quien quiere quitarle importancia. «No, no es culpa vuestra. Ya venía molesto desde Betania. Habrá sido el agua que bebí ayer, no sé...». No le dieron más importancia. Judas abandonó la estancia no sin antes de que Jesús le dedicara una frase de consuelo —«regresa cuando puedas, no te preocupes, que ya sé cómo son estas cosas»— y de que Pedro lo mirara subrepticiamente.

«¿Qué sucede?», le preguntaron Ezequías y Bernabé, quienes seguían haciendo guardia en la puerta de la casa. «Voy a la letrina», contestó Judas al tiempo que se tocaba las tripas. «Qué suerte la tuya, que puedes empacharte», repuso Bernabé, que tenía un hambre de lobo. «Me cambiaría contigo ahora mismo», soltó Judas antes de darles la espalda, enfilar calle arriba y desaparecer tras un recodo.

En cuanto quedó fuera de la vista de los suyos, Judas echó a correr. No necesitó demasiado para llegar al Templo, donde los guardianes estaban advertidos de su posible llegada y lo dejaron pasar de inmediato. Yohanán lo recibió casi al instante y Judas transmitió su mensaje: «Getsemaní. Id a Getsemaní».

Tan raudo como había ido, regresó a la casa de Samuel. Tanto que incluso Ezequías y Bernabé se sorprendieron de lo rápido que Judas se había aliviado. «¿Qué tal?», se interesó Ezequías. «Mucho mejor», respondió Judas.

Dentro de la casa, la cena continuaba como si nada. El cordero se hallaba a medio consumir y los discípulos daban cuenta de él en mitad de animadas conversaciones. «¿Estás mejor, Judas?», le preguntó Andrés al verlo llegar. «Desde luego que sí».

Jesús y Pedro intercambiaron una mirada. Ninguno de los dos dijo nada, pero no acababan de creerse que Judas hubiera sufrido una indigestión. Podía ser, claro que sí, pero ¿por qué no había dicho nada hasta que el banquete estuvo muy avanzado? La Ley no prohibía que un comensal se ausentara en mitad de la cena de Pascua, aunque no era algo corriente: la ceremonia era lo suficientemente solemne como para que los asistentes a ella se la tomaran muy en serio.

Judas tomó un trozo de cordero de la bandeja más cercana a él, se lo llevó a la boca y lo masticó con ganas. Cuando hubo terminado, cogió otro y repitió la operación. «Ha quedado delicioso», dijo, hablando por hablar, Pedro. Buscaba que Judas se delatase. «¿Sí?», se adelantó en la respuesta Tomás. «Nos alegra que os guste». «¿Y a ti, Judas?», preguntó Pedro. «¿Qué te parece? Magnífico, ¿verdad?».

«Hum, sí...», respondió Judas con la boca medio llena. «Ten cuidado, no vayan a revolvérsete de nuevo las tripas», soltó, con calculada hostilidad, Pedro.

Como guiado por un acto reflejo, Judas dejó de masticar. Tenía la boca llena y un buen pedazo de carne asada entre los dedos. La grasa le resbalaba hacia el antebrazo. De pronto, las miradas de los doce restantes se posaron en él.

«Qué has hecho», preguntó, entonces, Jesús, sin apenas dotar de inflexión a sus palabras. Judas miró al maestro. Se sentía algo confuso. Quizás no debería haberse puesto a comer con tanta ansiedad, pero es que la carrera hasta el Templo le había abierto el apetito... «Nada, no he hecho nada», repuso en voz muy baja. Muy a su pesar, le tembló un poco.

Pedro se puso en pie y atronó: «¿Estás seguro? Porque como nos la hayas jugado...».

«Siéntate, Pedro», pidió Jesús, siempre en un tono comedido. «Si Judas dice que no ha hecho nada, hemos de creerle».

«Como me entere de que has levantado una mano contra nosotros, yo mismo...», gruñó Pedro, todavía dirigiéndose a Judas. Sin embargo, obedeció a Jesús y procedió a sentarse.

«Comed», dijo el maestro. Los discípulos, la mayoría de los cuales había asistido estupefacto a la breve discusión, obedecieron. Las cosas nunca volverían a ser iguales para Judas. Habría hecho algo o no lo habría hecho, pero la confianza que el grupo había depositado en él se había desplomado y no volvería a restablecerse.

«Nada nos puede pasar», añadió, tras un breve silencio, Jesús. Se dirigía a Pedro y lo hacía sin alzar la voz. No pretendía ocultar sus palabras al resto de discípulos, pero aquella cuestión concernía, sobre todo, a Pedro.

«¡Cómo dices que nada nos puede pasar!», exclamó Pedro, sin poder disimular su contrariedad. En toda su vida, solo en dos o tres ocasiones se había mostrado abiertamente en desacuerdo con Jesús. Esta era una de ellas. Pedro no comprendía por qué Jesús no era partidario de atajar, de raíz, un problema que parecía obvio. «¿Y si Judas nos ha delatado?».

Bien sabe cualquiera que Pedro se hallaba en lo cierto. Y que, además, muy probablemente Jesús compartía su opinión. No obstante, este insistía —insistiría hasta que fuese demasiado tarde— en que «daba igual». *Notaba* que Dios se encontraba dispuesto a desencadenar el fin de los tiempos, y, con él, llegaría un mundo en el que cualquier delación concerniente a este quedaría sin efecto. ¿Acaso los enemigos de Jesús podrían imponerse en una lucha contra los ángeles guerreros de Yahvé? Bastaría con que Jesús —el mesías de Dios— alzara una mano en el aire para que dos ángeles de proporciones ciclópeas batieran las alas a su lado, uno a la izquierda, otro a la derecha. Si Jesús mostraba un dedo, atacarían sin dudar a sus enemigos. Si enseñaba dos, una ola de calor volcánico arrasaría a los protagonistas de la defección, a sus familias, a sus estirpes, a sus países indignos. No existiría nada salvo el Israel gobernado por Dios y, más allá de sus fronteras, la podredumbre, el hedor y la angustia.

Qué habría sucedido si Jesús no hubiese sido tan desconfiado. O si Pedro hubiera insistido. Quién sabe.

Porque Pedro, en el futuro, le daría muchas vueltas a su reacción en aquel preciso instante. Le dolió haberse encarado con Jesús. Lamentó ese recuerdo, esa vivencia que él consideraría *desafortunada*. Pero, al tiempo, llegó a convencerse de que ojalá que hubiese insistido, ojalá que se hubiera plantado ante el maestro y le hubiera dicho que la cena terminaba en aquel momento y que regresaban a Betania, donde, rodeados de sesenta seguidores, Jesús podría considerarse seguro.

No lo hizo, es bien conocido, y, tras permanecer un rato en silencio, agachó la cabeza, tomó un trozo de cordero de una de las bandejas y se puso a comerlo.

Mateo y Tomás habían acertado con el tamaño del cordero y los discípulos pudieron con él sin excesivo esfuerzo. Solo al final, quedaron algunos trozos desperdigados aquí y allá, pero nadie se hizo el remolón a la hora de dar cuenta de ellos: como ha quedado dicho, el ritual prohibía que sobrara algo.

Había llegado la hora de comer la mitad del pan que Jesús había ocultado bajo su servilleta. Se trataba de un momento especial dentro de la ceremonia pascual y el maestro lo llevó a cabo con solemnidad y despreocupación. Una vez partido el pan, repartió los trozos entre los discípulos, que se los metieron en la boca, los masticaron y los tragaron como último bocado de la cena.

Jesús, entonces, escanció la cuarta y última copa de vino de la noche. Con ella, finalizaba la ceremonia, de manera que el maestro aprovechó para dirigirse a sus discípulos. «Está próximo el momento en el que yo me iré, pues así se ha decretado que suceda con el mesías cuando advenga el día del Juicio Final. Si a esta mesa se sienta quien pretende impedirlo, ay de él y de su suerte».

Acto seguido, bebió de la copa y dio de beber a los discípulos. La cena había concluido.

El pelotón que prendería a Jesús partió de la torre Antonia. Se encontraba formado por veinticinco legionarios romanos y cinco guardianes armados del Templo de Yahvé, todos ellos bajo el mando de Publio Cornelio. Tras abandonar la fortaleza, el pelotón caminó a través de las calles de Jerusalén —casi desiertas a aquellas horas en plena noche de Pascua— y abandonó discretamente la ciudad. Sin correr aunque a paso ligero —los legionarios marchaban a buen ritmo y a los guardianes del Templo les costaba seguirlos—, alcanzaron el Monte de los Olivos y se detuvieron. Caifás no tomaba parte en la captura, como tampoco lo hacía Yohanán o cualquier otro sacerdote. Para los judíos más devotos, la participación en el aprisionamiento de un criminal suponía un intolerable motivo de impureza.

Eso sí, como Caifás había acordado con Poncio Pilato, Jesús, una vez arrestado, sería llevado, en primer lugar, a su casa. El sumo sacerdote quería hablar con él, pero quería, aún más, asegurarse la primacía en este enojoso asunto del mesías judío. Pilato no llegó a entender —jamás lograría, en el tiempo que pasó destinado en Judea, comprender los motivos reales que los judíos poseían para hacer esto o lo otro— por qué Caifás se reservaba el derecho de interrogar a Jesús antes de que lo hicieran los propios romanos. No obstante, accedió, siempre y cuando el reo no se les escapara o lo dejaran en libertad. «Te lo garantizo», le había prometido Caifás, quien pretendía, ante la ciudad de Jerusalén, revestir sus actos de cierto halo de legalidad. Porque —y, de nuevo, esto no lo entendía Pilato— era más que dudoso que Jesús estuviese cometiendo un delito *judío.* ¿Se saltaba la Ley de Moisés? En el mejor de los casos, un buen polemista podría haberlo acusado de blasfemia. Pero, más allá de eso, Jesús no había infringido la Ley, pues declararse rey de Israel o negarse a pagar impuestos a Roma no suponían, para un judío, quebranto alguno. Por el contrario, eso mismo, para los romanos, era motivo de ajusticiamiento.

Las explicaciones dadas por Judas habían sido muy específicas: «Id a Getsemaní». Y Getsemaní se hallaba en una de las laderas del Monte, a cuyo acceso principal —único, en realidad— se trasladó el batallón capitaneado por Cornelio. Ahora eran los guardianes del Templo, buenos conocedores de los arrabales de Jerusalén, quienes guiaban al grupo.

«No hagáis ruido», susurró Cornelio, que hablaba en latín a los suyos y en griego a los guardianes judíos. Estos, que no las tenían todas consigo, traducían la información al arameo para asegurarse de que habían entendido correctamente.

El pelotón contaba con antorchas, aunque las llevaban apagadas para no descubrir su posición. La luz de la luna bastaba. «¿Qué rumbo tomamos, centurión?», preguntó, siempre en susurros, un legionario situado en la vanguardia del pelotón. Comenzaban a internarse en el olivar llamado Getsemaní o, por lo menos, así lo aseguraban los guardianes del Templo que los guiaban.

Publio Cornelio dudó durante un instante. Las instrucciones habían sido muy precisas: «Acercaos todo lo que podáis a Getsemaní y, una vez allí, os saldrá al paso un discípulo de Jesús llamado Judas, que será quien os guíe hasta él y os lo señale dándole un beso en la mejilla». Hasta que ese momento llegara, su misión era la de permanecer al acecho sin ser descubiertos.

«Seguid por esa vereda», indicó, casi en tono inaudible, Cornelio a los legionarios que abrían el pelotón. «Con mucho sigilo, ¿comprendido? Que no nos descubran o la operación se echará a perder».

Tras finalizar la cena, los discípulos de Jesús recogieron la estancia y la limpiaron. Samuel, el dueño de la casa, al que Mateo había ido a buscar para, una vez más, agradecerle su hospitalidad, se presentó ante Jesús y le tomó las manos para asegurar que el honrado había sido él. Poco después, los doce discípulos, a quienes se habían unido Ezequías y Bernabé —los dos seguidores que habían hecho guardia en la puerta de la casa—, abandonaron Jerusalén a través de la salida más cercana y tomaron el camino que los conducía al Monte de los Olivos, que era el mismo que llevaba a Betania.

En ese corto trayecto, en el que no emplearon más de media hora, Jesús se mostró cabizbajo y apenas habló. De repente, y por primera vez en mucho tiempo, experimentaba dudas. Todo había salido tal y como había planeado. De hecho, todo había salido mucho mejor de lo que había planeado. Pero ¿y si los propósitos de Dios eran otros? ¿Y si los había malinterpretado? ¿Y si se había equivocado? ¿Y si él no era su mesías?

¿Permitiría, Dios, que sus adversarios lo derrotaran? ¿Llegaba el fin del mundo? ¿Llegaría en, como creía, cuestión de horas? ¿Verían el nuevo amanecer o Yahvé abriría las grietas celestiales en plena noche?

¿Y si no sucedía *nada?*

Pedro caminaba al lado de Jesús. Este interrogó a su amigo acerca de un asunto que, hasta entonces, había considerado irrelevante: «¿Tenemos armas?», preguntó. Pedro contestó de inmediato: «Sabes que sí». «¿Cuántas?». «Ezequías tiene una, Bernabé tiene otra y...». «Serán suficientes».

Tras una breve pausa, añadió: «No te separes de mí». Pedro no dejó de caminar, pero tentado estuvo de hacerlo. ¿Cómo podía, Jesús, pedirle algo así, *a él,* que había dado innumerables muestras de adhesión a la causa? Antes moriría que abandonarlo. Por eso, convencido hasta la última palabra de lo que decía, afirmó: «Jamás me separaré de ti».

En Getsemaní, como habían previsto, hallaron a unos cuantos peregrinos que descansaban al raso mientras aguardaban el alba para iniciar el camino de regreso a sus hogares. Jesús buscó, entre los olivos, un lugar en el que sentarse y, en silencio, rezar e implorar a Dios que se ocupara de él.

«¿Qué hacemos, maestro?», preguntó Andrés. La luz de la luna permitía que se distinguieran los rostros. «Quedaos aquí, junto a estos árboles, y reposad. Yo voy a retirarme a orar». Pedro replicó de inmediato: «Voy contigo». «No». «He dicho que voy».

Jesús no quería ponerse a discutir en mitad del olivar, de manera que consintió en que Pedro lo acompañara. «Santiago, Juan: vigilad», ordenó este. Y, a continuación: «Ezequías, Bernabé: una mano en la empuñadura de la espada».

Los dos amigos se separaron no más de veinte pasos del grupo. Desde esa distancia, Pedro aún era capaz de distinguir los bultos en la penumbra. «Tengo miedo», confesó, en cuanto supo que nadie podía oírle, Jesús. «Pero, maestro...», vaciló Pedro. No sabía qué responder. En el fondo, él también tenía miedo. Miedo de los romanos, de los saduceos, del fin del mundo, de la noche, de los traidores que se ocultan en ella... Algo se disponía a salir mal, lo intuía.

Judas supo que ese era el momento de actuar. Se giró en dirección a la entrada del huerto y farfulló una excusa: «Otra vez las tripas...». Tomás arqueó las cejas en señal de desconcierto y observó a Judas, que comenzaba a alejarse en sentido opuesto al que habían tomado Jesús y Pedro.

Durante varios minutos, el delator caminó en la oscuridad. Trataba de orientarse, aunque el nerviosismo no se lo permitía. Escuchó, no demasiado lejos, cómo dos peregrinos discutían en arameo. «Deberíamos haber buscado una posada en la que alojarnos. Aquí no hay quien duerma...». «¿De verdad que quieres que volvamos a reñir por eso?». «Maldita sea, Isaac, tengo una piedra clavándoseme en los riñones». «Vamos, Barrabás, duérmete de una vez, que mañana nos aguarda una jornada de duro viaje».

Judas vagó en las sombras hasta que, a unos cien pasos de distancia del lugar donde se hallaban los demás, alguien le puso una espada corta al cuello. Los legionarios romanos que componían el batallón de Publio Cornelio lo habían descubierto un rato atrás y, desde entonces, venían pisándole los talones. «Quieto», dijo una voz en susurros. Hablaba en griego.

«¿Quién eres?», preguntó otra voz, esta vez en arameo. «Soy Judas». «Has llegado a tu destino».

El legionario que le había puesto la espada al cuello bajó el arma. Todos sabían qué debían hacer, de manera que no fue preciso intercambiar más palabras. «Te seguimos», dijo la segunda voz, la que hablaba en arameo. Pertenecía a un guardián del Templo y a Judas, atisbándolo en la negrura, le pareció un ser tremebundo, demoníaco, abisal. «¿Qué..., qué...?», balbuceó el traidor. «Te seguimos», insistió el guardián. Treinta pares de ojos se encontraban fijos en él. Por primera vez, Judas se arrepintió de lo que acababa de hacer. Un escalofrío le recorrió la espalda y notó cómo el estómago se le encogía. Tuvo ganas de vomitar, e hizo ademán de ello, pero logró contenerse.

«Vamos», dijo.

Mientras tanto, no demasiado lejos, los diez discípulos restantes se habían adormilado mientras aguardaban a que Jesús y Pedro regresasen de su retiro. Era medianoche y el sueño les vencía. Santiago intentaba, por todos los medios a su alcance, mantener los ojos abiertos y cumplir el encargo que Pedro le había hecho —«vigilad»—, pero no lo lograba. Había cenado tanto que el sopor se volvía insoportable.

Los peregrinos ajenos al grupo de Jesús que pernoctaban en Getsemaní —veinte, treinta, treinta y cinco, no más— dormían a pierna suelta y en algunos casos era posible escuchar sus ronquidos. Una calma impropia cayó sobre el olivar.

«Padre, no me abandones ahora», dijo Jesús, completamente angustiado. «Estoy aquí para servirte, como lo he estado en todo momento. Renuncio a cualquier gloria, a toda majestad. Mi copa será la tuya, y ninguna más. Tú decides, Padre». Pedro escuchó en silencio, con la mirada fija en el suelo. Se oían ruidos a lo lejos. Venía gente.

«Tú decides cuándo has de llegar», añadió Jesús. Exhortaba, así, a Dios; le rogaba que acabara con su incertidumbre. «¿Y esta calma extraña? ¿No será este el instante perfecto en el que todo se precipita? ¿No será *ahora?*». Jesús levantó la cabeza hacia el cielo y observó la noche oscura. Apreciaba las nubes moviéndose muy despacio a través de la inmensidad. «¿Distingues algo, Pedro?», preguntó.

Pedro no respondió. Había vuelto el rostro hacia la senda, por donde venía la gente. Sí, sin duda, llegaban hombres. Palpó la espada que escondía bajo la túnica. «Algo sucede», manifestó, más para sí que con la intención de que Jesús lo escuchara.

En la senda, un grupo compacto formado por unas treinta personas se dirigía hacia ellos. Jesús y Pedro escucharon el sonido inconfundible de las espadas que están siendo desenvainadas. «Romanos», dijo Pedro. «Y judíos», añadió Jesús, quien escrutaba las sombras que se aproximaban. No corrían. No se apresuraban. Se movían con calma.

De pronto, el grupo se detuvo. Se hallaba a diez o doce pasos de distancia de Pedro y Jesús, a treinta o cuarenta del resto de discípulos. De entre los recién llegados, una figura recobró el paso y caminó hacia ellos. Vestía ropas judías y no avanzaba con firmeza, pues tropezó un par de veces. «¿Quién va?», preguntó Pedro al tiempo que se remangaba la túnica y asía la empuñadura de la espada. Mantuvo la mano quieta a la espera de acontecimientos.

«Soy yo», respondió una voz. A cinco pasos de distancia, Pedro y Jesús todavía no reconocían a Judas. Necesitó, este, aproximarse aún más para que los otros dos descubrieran el rostro del traidor.

«Así que es cierto que nos vas a entregar», bramó Pedro. Jesús levantó una mano y la sostuvo frente al cuerpo de su amigo. «Jesús, soy yo, Judas», dijo Judas. Se hallaba a dos pasos de distancia del maestro y traía los brazos abiertos. «Soy yo, Judas», repitió al tiempo que acercaba su rostro al de Jesús y lo besaba en la mejilla.

«Eres tú», repuso Jesús, asombrosamente tranquilo. Nada más que eso. Eres tú quien surge de entre las sombras, y eres tú el traidor que me ha entregado a mis enemigos. Eres tú quien interrumpe los designios de Dios, y eres tú quien interfieres en la culminación de la historia. «¿Por qué?», preguntó Jesús. Nada más que eso.

Pedro sacó la espada y la levantó frente a Judas.

«No lo permitiré», dijo. No tuvo tiempo para más porque, de pronto, los treinta hombres que se escondían en la penumbra dieron un paso al frente. Publio Cornelio pronunció la orden más terrorífica de la historia: «Prendedlo».

El batallón mixto formado por legionarios y guardianes del Templo se abalanzó sobre Pedro y Jesús. Pedro aguardó a tenerlos a menos de un paso de distancia para lanzar el primero de los espadazos. «¡Alerta!», gritó dirigiéndose al resto de discípulos. «¡Atacan a Jesús!».

«¿Qué sucede?», farfulló Santiago un poco más allá. No necesitó demasiado tiempo para comprenderlo. «¡Despertad! ¡Vamos, despertad! ¡Vienen a por nosotros!».

Juan, Andrés, Mateo, Tomás, todos se pusieron de inmediato en pie y giraron los rostros hacia el lugar donde las sombras se movían. Llegaba a ellos, también, el rumor que los uniformes de los romanos producían al prepararse para la batalla. «¡Cuidad de Jesús!», gritó Andrés, y, mientras lo hacía, echó a correr en dirección al tumulto.

Ezequías y Bernabé blandían sus espadas. Nadie podría decir, más tarde, que no se comportaron como se esperaba de ellos. Ambos hombres se lanzaron a la carrera contra el batallón de Publio Cornelio y lo sorprendió por retaguardia. Bernabé lanzó un espadazo contra los riñones de un legionario, al que abatió, y Ezequías hizo lo propio con otro soldado. Sus golpes no fueron certeros, y menos aún limpios —ni Ezequías ni Bernabé se habían entrenado jamás con las espadas—, pero tuvieron a la sorpresa de su parte y lograron una pequeña victoria. Sería, también, la última.

Mientras tanto, Pedro se había interpuesto entre Jesús y Cornelio, quien, junto a cuatro soldados romanos y dos guardianes del Templo, intentaba capturar al maestro, asirlo por los brazos, derribarlo, ponerle un pie sobre la cabeza y obligarle a apretar los dientes, a admitir que, para él, todo había terminado. Pedro trataría de impedirlo. Al igual que Ezequías y Bernabé, él carecía de cualquier entrenamiento militar. Sin embargo, la rabia lo empujaba hacia delante. La rabia, sí, y también la creencia absoluta y magnífica de que ellos tenían razón, de que actuaban en el nombre de Dios, de que aquella mano asiendo un arma era la suya, pero también la que propicia los actos del fin del mundo. Allá estaba —estaba Pedro, estaban todos los discípulos de Jesús— luchando por el reino de Israel.

El tumulto fue a más. Los hombres, de uno y otro bando, gritaban en mitad de la noche. Varios peregrinos que dormían en Getsemaní se despertaron y, mientras algunos no hicieron nada y se mantuvieron arrebujados bajo sus mantas, otros se pusieron en pie y, con paso lento, se acercaron al lugar de la refriega. Entre ellos, se encontraban los dos peregrinos que un rato atrás discutían sobre la incomodidad del suelo del olivar de Getsemaní: Isaac y su amigo Barrabás.

«¿Qué crees que estará pasando ahí?», preguntó Isaac. Aún se cubría con la manta, porque la noche cerrada había traído, con ella, un frescor al ambiente. «No tengo ni idea, pero vamos a ver», respondió Barrabás, de carácter menos prudente que su amigo. Provenían de Hebrón, una ciudad a dos días de camino en dirección sur y se ganaban la vida como aparceros. Ambos se consideraban buenos devotos, lo cual les obligaba a viajar a Jerusalén en las fiestas señaladas. Y, si no en todas, en tantas como les fuera posible. Ese era el motivo de que estuvieran en Jerusalén durante la Pascua y que hubieran tratado de ahorrarse unas monedas pernoctando al aire libre en lugar de haber buscado alojamiento en una posada.

Mientras Barrabás se aproximaba al tumulto, donde los espadazos, los empellones y los golpes se sucedían por doquier. Por un lado, veinticinco legionarios perfectamente preparados para la lucha cuerpo a cuerpo y cinco guardianes del Templo acostumbrados a vérselas con alborotadores; por el otro, quince judíos —catorce, en realidad, pues Judas no luchaba— convencidos de que Dios estaba de su parte.

Pedro se sentía tomado por una cólera que le daba la fuerza de mil guerreros. Continuaba combatiendo con la espada, y no lo hacía mal del todo, pero los legionarios le tomaban bien la medida y dejaban que se cansase: un hombre que no sabe luchar carga el brazo en cada mandoble, de manera que, a medida que transcurre el tiempo, su capacidad para volver a alzar la espada disminuye drásticamente.

Ezequías y Bernabé fueron desarmados y capturados, primero uno y después el otro. Lo lograron los guardianes del Templo, quienes tenían especial inquina por los revoltosos: les daba vergüenza que fuesen judíos quienes hubieran alterado, de aquella manera, el orden establecido. En cuanto los hubieron reducido, los derribaron y los pusieron boca abajo mientras les obligaban a situar las manos en la espalda para atárselas con un cordel de cuero. «¡Dejadme!», gritaba Bernabé con todas sus fuerzas. «¡Vendrá Dios en cuestión de horas, malditos!», añadía Ezequías, quien creía firmemente que aquello no era el final.

Publio Cornelio, quien batallaba en primera línea para dar ejemplo a sus hombres, se hartó de tanta tontería. Los judíos estaban dando más trabajo del que habían previsto. Levantó su espada en el aire e intentó clavársela al que parecía el capitán de los insurrectos. Este —Pedro— no dudó en encajar la acometida esquivando el filo de Cornelio y, a su vez, embistiendo él mismo. Lo hizo con la suerte de su parte, porque su estocada tocó la carne del adversario: de un limpio golpe, Pedro seccionó la oreja izquierda de Cornelio, que comenzó a sangrar con profusión.

Fue entonces cuando Jesús comprendió que habían ido demasiado lejos y que aquel no era el camino elegido por él: «¡Alto, Pedro!», ordenó. «¡Quien a hierro mata a hierro muere!».

«¡Demonios!», aulló, mientras tanto, Publio Cornelio. Se llevó la mano a la herida y comprobó que allá le faltaba algo. «¡Inútiles!», añadió, dirigiéndose a sus hombres. «¡Sois un hatajo de inútiles! ¡Capturadlos de una vez!».

Mientras los guardianes del Templo se llevaban a Ezequías y a Bernabé, los veinticinco legionarios echaron el resto y dieron inicio a la maniobra final contra los seguidores de Jesús y Jesús mismo. Para ello, se separaron en dos grupos —en dos alas— y rodearon a los insurrectos, atrapándolos en una poderosa e ineludible pinza. En aquel momento de confusión y oscuridad, sucedió un hecho que no modificaría los actos futuros, pero que sí quedaría fijado en la historia como ciertamente pintoresco: los dos peregrinos —Isaac y Barrabás— que observaban la escena cayeron *dentro* de la pinza romana y recibieron el mismo trato que los de Jesús. O lo recibiría Barrabás, ya que Isaac fue mucho más rápido y supo reaccionar a tiempo: cuando notó que un legionario sujetaba la manta con la que se cubría, el peregrino se desprendió de ella y corrió con todas sus fuerzas Monte de los Olivos arriba. Los legionarios, que tenían claro que su objetivo era Jesús, lo dejaron ir y así se salvó.

Al final, los acontecimientos se precipitaron en Getsemaní y Jesús fue capturado. Le cayeron encima cinco legionarios y no pudo hacer nada por salvarse. «¡Me tuvisteis en el Templo y no me prendisteis!», gritó mientras lo reducían, lo tumbaban boca abajo y procedían a maniatarlo. Un soldado lo inmovilizaba colocándole una rodilla entre los omóplatos. «¡Y ahora venís a por mí en mitad de la noche! ¡Como si yo fuera un vulgar ladrón!».

Isaac se había salvado pero Barrabás no. A Barrabás, los legionarios lo asieron por los brazos y, antes de que tuviera tiempo para protestar, lo lanzaron al suelo y, allá, le propinaron varias patadas para que se estuviera quieto. Barrabás no daba crédito a lo que le sucedía. Un hombre algo más ágil de mente que él habría permanecido inmóvil y, una vez que las cosas se hubiesen calmado, habría explicado que estaba siendo objeto de un descomunal malentendido. Pero Barrabás intentó explicarse allí mismo, en mitad de la contienda, cuando los legionarios romanos aún no controlaban, del todo, la situación. «Pero..., pero...», balbuceó al tiempo que soltaba fenomenales manotazos para zafarse de los legionarios que lo retenían. Si estos no habían tenido miramientos hasta ahora, menos los tendrían en adelante. Utilizaron una especie de cachiporras del tamaño y grosor de un antebrazo para reducir al desdichado Barrabás, quien, a medida que los romanos lo apaleaban, protestaba y gritaba más y más, y se revolvía en tal modo que fueron necesarios ocho soldados para dominarlo.

Así las cosas, la compañía de Publio Cornelio tenía en su poder a Jesús y, además, a tres de los sediciosos que más batalla habían presentado durante la captura: Ezequías, Bernabé y Barrabás. «Hemos terminado», sentenció el centurión. En una mano sostenía su espada —con la punta mirando hacia el suelo— y utilizaba la otra para taponarse la herida de la oreja. «Regresamos a la ciudad».

Dieron media vuelta y, con seis legionarios cubriendo la retirada, comenzaron a caminar por la misma senda que los había llevado hasta allí. Se llevaban con ellos a cuatro prisioneros, lo cual no estaba nada mal. Poncio Pilato estaría satisfecho.

Pedro, a la desesperada, intentó organizar un contraataque. «Antes de que abandonen Getsemaní», pidió con voz apremiante. Sin embargo, él mismo comprendía la vacuidad de sus palabras: ellos no eran guerreros y de ninguna manera se veían capaces de hacer frente a la legión romana. «Es imposible», le dijo, abatido, su hermano Andrés. «Pero se llevan a Jesús...». «Lo sé... Lo sé».

Jesús colaboró en todo momento. Tras los forcejeos iniciales, aflojó los músculos y se dejó hacer. Los legionarios, en vista de que obedecía a sus indicaciones, lo trataron con mesura. Lo único que les importaba era abandonar el Monte de los Olivos y regresar a la seguridad de la torre Antonia, de modo que, si el reo colaboraba, no serían ellos quienes entorpecieran la marcha. «Más deprisa, más deprisa», apremiaba Publio Cornelio.

«Quedo en manos de Dios», pensó Jesús. Nada más que eso. El fin del mundo llegaría en cuestión de horas y sería el propio Yahvé quien lo liberase de los romanos. Si nada de eso sucedía, si los planes del Altísimo eran otros —o en algún momento del devenir habían sido otros, o lo eran a partir de la circunstancia de Getsemaní—, Jesús sería ejecutado por los romanos. Porque, desde antes incluso de abandonar el Monte de los Olivos, tuvo muy claro que ese era su destino salvo que Dios interviniese: morir ajusticiado por orden del prefecto. Quedaba, pues, en manos de Dios, y confiaba que este suceso extraño y desafortunado no fuera sino una parte de su plan que él, Jesús —el mesías—, no alcanzaba a comprender.

«Yo me marcho de aquí», dijo, entonces, Mateo. Fue el primero de los discípulos en abandonar. Su frase implicaba —y todos lo supieron desde el mismo instante en el que la pronunció— que dejaba el olivar de Getsemaní, pero que también renunciaba a continuar perteneciendo al grupo de Jesús, fuese eso lo que fuese a estas alturas. «Yo también me voy», se sumó Santiago. «Y vosotros deberíais hacer lo propio». Permanecían en el paraje donde había tenido lugar el combate y ya no distinguían a los captores del maestro. Se los había tragado la noche, como la noche se tragaría sus sueños y sus esperanzas. De pronto, la simple idea de que el reino de Dios fuese a llegar a la mañana siguiente resultaba ridícula. Si Dios tuviera planes para ellos, si ellos fueran la mano que los había de favorecer y propiciar, lo que acababa de suceder carecía de sentido. Y si bien Jesús lo interpretaba —sin mucha fe, es cierto— como un posible requiebro solemne y misterioso de Yahvé, los que hasta hacía un rato habían sido sus fieles discípulos se negaron a seguir: este era el punto final de la historia; quien quisiera salvarse debería hacerlo por sus propios medios, y mejor ahora que más tarde.

La desbandada fue general. De los once discípulos que quedaban en Getsemaní —Judas no aparecía por ninguna parte—, solo Pedro se mantuvo quieto en el lugar. Su hermano Andrés trató de llevárselo con él: «Vámonos de aquí antes de que los romanos regresen». Pedro se zafó como pudo y negó con la cabeza. No se sentía capaz de articular palabra. Había dejado caer la espada y se sujetaba las mejillas con las manos.

7
Viernes

Pasaban unos minutos de la medianoche cuando Judas tomó el camino de regreso a Jerusalén. Durante todo el trayecto, que el traidor realizó solo y cabizbajo, sus pensamientos no lograron apartarse de las treinta monedas de plata que recibiría como premio por sus actos. Se trataba de una suma sustanciosa, con la que, sin duda, podría poner en marcha sus planes: convertirse en predicador ambulante, tal y como lo había sido Jesús y, tal y como lo había sido Jesús, regresar a Jerusalén como mesías declarado de Dios. Estaba en su mano hacerlo. Y lo haría.

O no. O no, porque, en aquellos momentos de soledad y tristeza —a Judas, la batalla entablada entre romanos y guardianes del Templo por un lado y los que hasta hacía un rato habían sido sus amigos por el otro, esa batalla, lo había dejado impresionado y decaído—, experimentó algo parecido al remordimiento. ¿Se había excedido? Bueno, él, en el fondo, no pretendía causar un daño extremo a Jesús. Que era precisamente lo que había conseguido —no se engañaba— y que tendría funestas consecuencias. Los romanos apenas intervenían en la vida de los judíos pero, cuando lo hacían, era para imponerse de la más cruel e implacable de las maneras.

El asunto se le había ido de las manos. Judas creía —o trataba de convencerse, mientras caminaba rumbo a la ciudad, de que eso era lo que había creído durante todo el tiempo— que la denuncia ante los sacerdotes del Templo tendría consecuencias, aunque no capitales. En fin, su cabeza daba vueltas y más vueltas, y, de pronto, las treinta monedas de plata dejaban de resultarle atractivas e interesantes.

Cuando llegó a Jerusalén y cruzó una de las puertas de la muralla, notó que cierto ajetreo recorría las calles. Un ajetreo inusual a aquellas horas intempestivas, incluso en la festividad de Pascua. No tardó demasiado en informarse: los jerosolimitanos que se hallaban fuera de sus casas, casi exclusivamente varones, compartían una información trascendental.

A saber, que Jesús, el hombre que ni una semana atrás había entrado en Jerusalén como mesías de Dios, había sido capturado por los romanos. «¿De qué se le acusa?», oyó Judas que preguntaban. A los judíos, cuyas existencias se regían por una Ley omnipresente, la legalidad les interesaba sobremanera. Ante la posibilidad de emprender un acto —el que fuera— o tras haberlo rematado —independientemente de las consecuencias—, un judío examinaba la legalidad de dicho acto. Es acorde a la Ley o es irreconciliable con ella. Punto.

«De ser el rey de Israel», escuchó Judas que contestaban. La respuesta no andaba descaminada, pero sembraba el desconcierto entre quienes la oían. Para los judíos, declararse rey de Israel no suponía quebranto alguno de la Ley de Moisés. En el peor de los casos, se trataba de un guiño rimbombante al que no convenía prestar demasiada atención.

Por la noche, el acceso al Templo de Yahvé se encontraba cerrado. No obstante, Judas llamó a la puerta y le abrieron. Sin hacerle preguntas de ningún tipo, varios guardianes armados lo condujeron a la estancia donde Yohanán lo recibió. Judas fijó la mirada en las losas del firme y así se mantuvo hasta que el sacerdote lo interpeló de malas maneras: «Pero, ¿qué te sucede? Todo ha salido tal y como lo habíamos planeado».

Pese a que la captura de Jesús se había consumado tan solo un rato atrás, Yohanán ya estaba informado al detalle. Sabía que el mesías había sido arrestado, como habían sido arrestados, asimismo, tres integrantes de su grupo.

Lejos del bullicio de las horas diurnas, el Templo se hallaba sumido en un silencio casi absoluto. Aunque a Judas y Yohanán los separaban más de siete pasos de distancia, uno era capaz de escuchar la respiración del otro. «¿Dónde está mi dinero?», preguntó Judas. Incluso él se asombró de la rudeza con la que brotaron sus palabras. Quería cobrar, marcharse de allí y poner tiempo y caminos entre él y el enojoso asunto de aquella noche.

Yohanán no estaba acostumbrado a que le hablaran de aquel modo. Por suerte para Judas, el sacerdote se sentía cansado tras un día larguísimo y quería acabar cuanto antes y marcharse a su casa. «Aquí está tu dinero», sentenció rescatando una pequeña bolsa de entre los pliegues de su elegante túnica. En un gesto que tuvo bastante de grandilocuente, se la lanzó a Judas y este la atrapó en el aire. «Gracias», dijo el traidor antes de dar media vuelta.

Ni Yohanán ni Judas volvieron a intercambiar una sola palabra. O no lo hicieron hasta una hora más tarde.

Ezequías, Bernabé, Barrabás y Jesús fueron conducidos, sin contratiempos, hasta la casa de Caifás, el sumo sacerdote del Templo de Yahvé y, por lo tanto, máxima autoridad de Judea. Para entonces, el lugar se hallaba completamente controlado por los guardianes armados del Templo, que hicieron innecesaria la presencia del batallón de Publio Cornelio. Un Publio Cornelio que no dejaba de sangrar por la herida de la oreja y que no veía el momento de regresar a la torre Antonia para que le cortaran la hemorragia y lo curaran como era debido. Se encontraba, para entonces —no es necesario explicarlo—, de un humor de perros. Un maldito judío harapiento le había arrancado una oreja y ahora tendría que vivir, durante el resto de sus días, con esa tara. En modo alguno resultaba un descrédito —más bien, serviría para presumir de heridas de guerra—, lo cual no evitaba que, en aquel instante, lo llevaran los mil demonios.

En casa de Caifás no entraban los romanos. He ahí la regla que los judíos llevaban a rajatabla y que los romanos acataban sin rechistar. Por supuesto, los romanos podían hacer lo que les daba la gana —y el batallón de Cornelio habría penetrado en aquel hogar sagrado si el centurión así lo hubiera dispuesto—, pero el prefecto Pilato insistía en que se respetara el actual estado de las cosas, siempre frágil en los extremos del imperio, para «evitar males mayores». Los romanos, que nadie lo dude, eran maestros en dejarse llevar por los acontecimientos.

De esta forma, en la casa de Caifás —un palacio, en realidad—, una viva actividad se desarrolló a aquellas altas horas de la madrugada. Cornelio dejó un retén de cuatro legionarios a las puertas de la edificación —«por si es necesario salir en auxilio de los guardianes del Templo», aseguró— y emprendió camino, junto al grueso del batallón, hacia la torre Antonia.

A los cuatro detenidos, los encerraron en una cámara vacía y sin ventanas. Nadie diría que la casa del sumo sacerdote poseyera una celda, pero así era. Tras unos minutos iniciales de confusión, un criado de la casa llevó una lámpara encendida a la cámara y, al menos, los detenidos pudieron verse las caras. «¿Tú quién eres?», le preguntó, antes de nada, Ezequías a Barrabás. «Soy Barrabás», respondió este, haciendo gala de una simpleza de carácter que Jesús percibió sin ambages. «¿Por qué te han detenido?», tomó este la palabra. «¡Y yo qué sé...!», respondió Barrabás separando los brazos del cuerpo para mostrar su perplejidad. «Bueno, no creo que nos retengan durante mucho tiempo... A fin de cuentas, no hemos hecho nada», reflexionó, en voz alta, Bernabé.

Jesús no era tan ingenuo como sus compañeros y, desde el principio, supo que las acusaciones a las que se enfrentaban no serían menores. Los sacerdotes del Templo no enviaban una partida de guardianes armados en plena noche para capturar a hombres contra los que nada tenían. Los romanos, menos aún. Desde luego que se hallaban en dificultades. En dificultades mayúsculas.

Tampoco era ajeno, Jesús, a las dimensiones de su desafío. Se había proclamado rey de Israel, había anunciado la llegada del fin de los tiempos y había criticado furibundamente el actual funcionamiento del Templo. *Sabía* que irían a por él. Había confiado, no obstante, en que el advenimiento de Dios y sus ejércitos de ángeles tuviera lugar *antes* de que al sumo sacerdote le diera tiempo a dar la orden de prenderle. No sucedió así, y allá estaba, arrestado en los prolegómenos del fin del tiempo. Porque esto sí que lo tenía Jesús meridianamente claro: el reino de Dios se aproximaba, era inminente, caería sobre Judea en cuestión de horas. De muy pocas horas.

Existía un pequeño desajuste en la que debería haber sido la sucesión correcta de los acontecimientos. Nada más que eso.

Caifás, para entonces, había escuchado, por boca de los suyos, el relato de lo acaecido aquella noche. Lo importante era que el objetivo había sido cumplido y que Jesús se hallaba prisionero. Los otros tres hombres que lo acompañaban mostraron hostilidad durante el arresto y, por eso, los habían detenido. El sumo sacerdote no puso pega alguna, sobre todo porque aquellos tres insurrectos le traían sin cuidado. El hombre verdaderamente relevante era Jesús. Por ello, pidió que lo trajeran ante sí. Quería hablar con él.

Jesús fue llevado ante Caifás con las manos atadas a la espalda. «No estoy aquí para hacer daño a nadie», explicó el maestro, pero no lo escucharon. En la estancia donde se hallaba Caifás, se encontraban, al mismo tiempo, varios sacerdotes más del Templo y, por supuesto, un importante número de guardianes armados. La iluminación era abundante y el mobiliario, suntuoso. Jesús, que provenía de una familia humilde que vivía en una región todavía más humilde, experimentó cierta confusión al entrar en aquel lugar. Era inevitable, incluso en alguien que, como él, sustentaba su actuación en ideas sólidas e inamovibles.

«Así que tú eres Jesús...», dijo el sumo sacerdote en un tono severo y, al tiempo, ligeramente condescendiente. A su juicio, las cosas habían sucedido exactamente como debían suceder. El orden se había restablecido porque *resultaba apropiado* que se restableciera. «Sabes que nos has causado muchos dolores de cabeza, ¿no?».

Jesús no respondió y se limitó a sostener la mirada de Caifás. El sumo sacerdote había recibido en pie a Jesús. Ahora, tras esa breve introducción, procedía a sentarse en un lujoso sillón con el respaldo y los reposabrazos tapizados en tela de color carmesí. Jesús, por su parte, permaneció en pie.

«Vamos a ver, vamos a ver...», recapituló, mentalmente, Caifás. «Según me cuentan, en poco menos de una semana te has convertido en el más furibundo enemigo de los sacerdotes del Templo. Afirmas que ninguno de nosotros debería continuar desarrollando su labor. Una labor que, por otra parte, es imprescindible para el adecuado cumplimiento de la Ley por la que nos regimos y gobernamos. ¿Cómo podrían los judíos expiar sus pecados si los sacerdotes del Templo no les auxiliaran en los sacrificios?

»No, no pretendo que me respondas... Reserva tus alegaciones para el Sanedrín. Aquí solo estamos charlando, ¿me comprendes? Es que le he dado una y mil vueltas y no lo acabo de comprender... ¿Cómo creías tú que iba a acabar todo esto? Mira, lo de que entraras en Jerusalén proclamándote rey de Israel me da igual. Si tuviéramos que detener, juzgar y castigar a todo aquel que se creyera el rey de Israel y lo pregonara a los cuatro vientos, no tendríamos tiempo para nada más. Quizás tú no lo sepas, porque tú eres galileo y en Galilea nada es igual, pero, a Jerusalén llegan locos todas las semanas. Hace diez días, sin ir más lejos, tuvimos otro mesías declarado que anunciaba la inminente llegada del reino de Dios. Como tú mismo, me parece a mí... Solo que, en aquel caso, nada fue a mayores. El hombre se paseó por Jerusalén, predicó todo lo que quiso y, un buen día y en vista de que ninguna de sus profecías se cumplía, lió sus bártulos y se marchó por donde había venido. ¿Sufrió algún percance? ¿Alguien intentó detenerlo o capturarlo? No, claro que no... Los que habitamos en Jerusalén sabemos que debemos convivir con personajes como vosotros. A veces, soléis ser hasta graciosos...

»Sin embargo, tu caso es distinto. Por dos razones, principalmente. La primera, y yo diría que la más importante, es que has puesto en cuestión el funcionamiento actual del Templo. Pero, ¿cómo se te ocurre? ¿Intentas levantar al pueblo judío contra sus sacerdotes? ¿Qué pretendes? ¿Que los judíos tomen al asalto el

Templo de Yahvé y me destituyan? Eso es imposible, Jesús. Soy el sumo sacerdote porque Dios lo quiere, y ni tú ni nadie —salvo el propio Dios— puede deponerme. Hacerlo supondría contravenir la Ley, pecar de la más horrible de las maneras.

»La segunda razón que convierte tu caso en diferente es que, quién sabe por qué, has cosechado éxito entre los jerosolimitanos. Se te aclama por las calles, lo cual supone un peligro para el orden que he jurado defender. Alientas el pecado, Jesús, propagas mensajes falsos y atiborras de ideas turbulentas las conciencias de la gente.

»No nos aguarda el fin del mundo, no vendrá Dios a juzgarnos y nunca impondrá su reino en la tierra de Israel. De hecho, tan siquiera trascenderán nuestras almas. Estás muy equivocado, Jesús, y me he hartado de que siembres esperanzas injustificadas entre los judíos. ¿Vida eterna? ¡A quién se le ocurre! Sabes, porque no eres tonto, que yo dialogo con Yahvé en el Sanctasanctórum. Cuando accedo a esta habitación, Dios está conmigo y en torno mí. ¿Crees que no me habría avisado de que debo preparar mi alma para la vida eterna? ¿De verdad piensas que Dios no me explicaría que, tras la muerte, resucitamos a su lado y vivimos, para siempre, junto a él?

»No me hagas reír, Jesús... Solo eres un puritano más. Y créeme cuando te digo que no eres el primero que comparece ante mí ni será, por desgracia, el último. Piensas que la pureza está de tu parte, que tú determinas qué es puro y qué no lo es. Por supuesto, en ese reparto de bondades, tú te adjudicas la más valiosa: la razón está de tu parte porque en ti y de ti nace la auténtica pureza judía. ¿Que los demás nos esforzamos día a día, mes a mes, año a año, por cumplir y hacer cumplir la Ley de Moisés? A ti te da igual, porque tú llegas, desde el campo, a lomos de un burro y los demás debemos dejarlo todo de inmediato para adorarte. ¿Cómo pensaste que íbamos a ser tan ingenuos?

»Escúchame con atención: no eres el rey de Israel, Dios no te ha designado su mesías y el Templo continuará funcionando durante diez mil años más. Y, que te quede bien claro, no vas a subvertir el orden establecido porque no pienso tolerarlo. Se acabó, Jesús. Mañana serás juzgado ante el Sanedrín. Ahora que nadie nos escucha, que apenas faltan unas pocas horas para que amanezca, voy a serte completamente sincero: conozco la resolución del Sanedrín porque ya está tomada».

Isaac, el amigo de Barrabás, no podía creer lo que les había sucedido. ¡Los romanos habían detenido a su compañero! De acuerdo, Barrabás nunca había sido demasiado listo, y poseía una natural tendencia para meterse en problemas, pero de ahí a que lo arrestaran en un tumulto que ni le iba ni le venía... Pobre Barrabás. Se había practicado una injusticia con él.

Al principio, Isaac no supo cómo reaccionar. Deambuló de aquí para allá por el huerto de Getsemaní y terminó por regresar al lugar donde Barrabás y él pernoctaban antes de que aquel desgraciado incidente los sorprendiera. Recogió sus bártulos —y también los de Barrabás— mientras cavilaba qué hacer. La verdad sea dicha, Isaac tampoco destacaba por su rapidez mental, de modo que le costó un buen rato alcanzar una determinación. La cual fue la siguiente: haría todo lo que estuviera en su mano para liberar a Barrabás, hecho que pasaba por convencer a los romanos de que se había cometido un colosal error.

A Isaac lo tomó un renovado ánimo y se puso a despertar a los peregrinos que dormían en el huerto de Getsemaní. No eran muchos, aunque eran suficientes. «¡Pero si aún es de noche!», protestaron algunos. «Han capturado a Barrabás», replicaba Isaac. «¿Quién narices es Barrabás?».

Allí, nadie se conocía. Unos llegaban de un extremo del mundo y otros, de otro muy distante. La mayoría de los peregrinos hablaba en arameo —Isaac lo había comprobado la noche anterior, cuando, tras caer la tarde, en Getsemaní se celebraron numerosas cenas de Pascua, muchas de ellas improvisadas y dudosamente acordes con las exigencias de la Ley—, aunque también se escuchaba hebreo y griego. En resumen: ni sabían qué había sucedido con los romanos, ni conocían a Barrabás, ni, en definitiva, les importaba en lo más mínimo.

Isaac no se arredró. Insistiría, pues, de lo contrario, lo único que conseguiría sería que a Barrabás lo encerraran en un calabozo durante quién sabe cuánto tiempo. Eso, en el mejor de los casos. En Hebrón —de donde tanto él como Barrabás provenían—, la guarnición no se andaba con miramientos y ejecutaba, a la mínima de cambio, a los que los romanos consideraban insurrectos. Conocía casos de judíos que se habían podrido en la cárcel durante años solo por «mirar mal a un legionario que se hallaba en el cumplimiento de su deber». Pocas tonterías, pues, con los romanos.

Al final, y tras dar la lata durante varias horas, consiguió que varios peregrinos se espabilaran y le prestaran atención. «¿Pero se puede saber qué ha pasado?», preguntó uno, incapaz de entender algo. Isaac procedió a explicarlo: «Tú no te has enterado porque dormías a pierna suelta —debes tener la conciencia bien tranquila—, pero, hace un rato, qué se yo, dos o tres horas, han venido los romanos y se han llevado a mi amigo Barrabás». «¿Así, por las buenas? ¿Estabais durmiendo y un romano os ha despertado en mitad de la noche?».

«No, no... Ni se sabe cuántas veces lo he explicado ya... Resulta que, por ahí —¿ves mi dedo?, ¿ves hacia dónde señala?—, por ahí mismo, había un grupo de malhechores tras cuyo rastro debían andar los romanos. Y de estos podremos afirmar muchas cosas, pero no que, si la siguen, no la consiguen. Total, que los localizaron y fueron a por ellos. A Barrabás y a mí nos despertó el barullo y nos levantamos para ir a ver. De repente, los romanos llevaron a cabo una maniobra envolvente. ¿Tú has visto, alguna vez, cómo la hacen? Es todo un espectáculo, te lo aseguro. Cuando el enemigo les parece inaccesible por el frente, los romanos se separan en dos escuadrones y atacan por los flancos. En fin, que me salgo del tema...

»Lo que pasó es que tanto a mí como a mi amigo Barrabás, la maniobra envolvente de los romanos nos pilló, de la forma más tonta, en medio. Y, claro, fueron a echarnos mano. Yo llevaba un buen rato destemplado, de manera que me cubría con mi manta. Cuando noté que me agarraban por ella, la solté de inmediato y salí corriendo. Por eso me libré y puedo estar aquí, contándoos lo que sucedió. Sin embargo, mi amigo Barrabás no tuvo tanta suerte —Barrabás no es muy, digamos, ágil—, y lo atraparon. Gritaba como si el demonio hubiera entrado en él... Ay, mi pobre amigo Barrabás... Los romanos le dieron una buena paliza. Y se lo llevaron detenido, supongo que a Jerusalén».

Tras finalizar el relato, los oyentes de Isaac —que, somnolientos, permanecían sentados en el mismo lugar donde este los había despertado— cruzaron unas cuantas miradas. Si las cosas habían sucedido tal y como aquel hombre las narraba, sin duda se había cometido una injusticia. «¿Qué hacemos?», preguntó uno. Isaac arqueaba las cejas para apremiarlos y, aunque todavía era noche cerrada, la luz de la luna bastó para que los peregrinos distinguieran la mueca.

«No podemos partir hacia nuestros hogares sin interesarnos por la suerte de ese tal Barrabás», contestó un hombre de piel arrugada, pelo cano y aspecto cansado. «Mi conciencia me empuja a intervenir».

«¿Y si ese Barrabás es un delincuente de verdad y todo esto que acabamos de escuchar no es sino una burda sarta de mentiras?», preguntó otro.

Isaac escuchó esas palabras y se indignó un poco. Le acababan de llamar mentiroso. No obstante, el gesto de irritación que hizo aflorar a su rostro resultó decididamente exagerado. «¡Yo no miento! ¡Yo no miento y a Yahvé pongo por testigo de que lo que digo es verdad! ¡Que ahora mismo se abran los cielos y caigan sobre mí las legiones de ángeles iracundos si de mi boca ha brotado una sola falsedad!».

Ante tamaña réplica, los peregrinos se amilanaron. «De acuerdo, de acuerdo...», reculó el hombre que lo había acusado.

«¿Me vais a acompañar?», preguntó, entonces, Isaac. «Acompañarte, ¿adónde?», le devolvió la pregunta un peregrino. «A Jerusalén, por supuesto. Quiero presentarme en donde diablos se acantone la guarnición de la ciudad. Pretendo exigir la liberación de Barrabás. ¡Que se haga justicia!».

Tras escuchar a Caifás, Jesús fue devuelto a la celda donde lo aguardaban Ezequías, Bernabé y Barrabás. «¿Nos van a liberar?», preguntó este último. Jesús negó con la cabeza. Se le había quedado la garganta seca y pidió a los guardianes del Templo que custodiaban la puerta que le trajeran un poco de agua. No le hicieron caso, aunque, al menos, le soltaron las ligaduras.

«No os voy a engañar», dijo Jesús. «Esto ha supuesto un contratiempo, pero supongo que Dios lo tiene todo previsto». Ezequías, malhumorado, saltó de inmediato: «¿Cómo que lo supones? Dios va a intervenir, no te quepa duda. Esto solo es parte de su estrategia fabulosa para que los pecadores se muestren a las claras».

Jesús se dio cuenta, por primera vez, de que Ezequías tenía más fe en el mensaje del maestro que el propio maestro. No quiso, sin embargo, discutir. «Y ahora, ¿qué sucederá?», preguntó Bernabé. «Yo no he hecho nada», afirmó, a renglón seguido, Barrabás. «Nosotros tampoco», le cortó Ezequías. «Deja de protestar, haz el favor».

«Deberíamos descansar», expresó Jesús al tiempo que se sentaba en el suelo de la habitación y apoyaba la espalda en una pared. «Mañana va a ser un día muy largo».

«¿Descansar? ¿Te has vuelto loco, Jesús?», bramó Ezequías en un tono de voz tan alto que, al otro lado de la puerta, los guardianes del Templo le llamaron la atención: «Callaos o nos llevamos la lámpara».

«¡Somos inocentes!», clamó, entonces, Barrabás. «Cierra la boca, imbécil», lo interrumpió Bernabé. «Espero que, una vez que amanezca, Pedro avise a nuestros amigos fariseos. Seguro que acuden raudos y nos sacan de aquí».

Jesús los escuchaba en silencio. No les dijo que de ninguna manera los fariseos moverían un dedo por ellos. Era cierto que algunos simpatizaban con Jesús, pero no hasta el extremo de enfrentarse a los saduceos del Templo. Estaban solos.

Pedro había seguido a los captores de Jesús hasta el palacio de Caifás. A cierta distancia, por supuesto, para no ser descubierto. Tras el tumulto del huerto de Getsemaní y la posterior desbandada de los discípulos, él era —o así lo creía Pedro— el único amigo que le quedaba a Jesús. En Jerusalén, al menos.

No obstante, debía conducirse con mucho cuidado. Ahora, tanto los romanos como los guardianes del Templo conocían su rostro, lo cual lo tornaba vulnerable. En aquellas circunstancias, cualquiera con dos dedos de frente le habría recomendado que siguiera el ejemplo del resto de discípulos y huyera, cuanto más lejos, mejor. A Galilea, si era posible. Donde, en cualquier caso, nadie lo relacionara con los terribles hechos acaecidos en Getsemaní.

En Pedro, el impulso de huir —que existió en él, no se piense lo contrario— pugnó con el de permanecer en Jerusalén o sus inmediaciones e interesarse por la suerte de Jesús, de su amigo del alma, del hombre por el que lo habría dado todo. Llegaba la hora de hacer ciertas las hipérboles: ¿No era eso —darlo todo por el mesías— lo que siempre se habían prometido sus discípulos? ¿Y dónde estaban estos? Pedro no lo abandonaría, no. Consciente de que poco podía hacer contra un batallón de hombres armados, resolvió, con todo, limitarse a permanecer cerca. Estar allí, comprender de primera mano qué había sucedido con Jesús, que sucedería, cuál sería su destino.

No se mentía. Pedro, como buen pescador, era un hombre práctico que no se dejaba llevar por ensoñaciones. Si trabajas duro, sacas peces; si permaneces dormido en la costa, tu familia se muere de hambre. Nadie con un poco de sentido común se engañaría al respecto y, sin embargo, cuánta gente lo hacía a diario... Aquí, de igual forma, no convenía hacerse ilusiones. Jesús no sería liberado —no, al menos, de inmediato— y, menos aún, sin recibir un severo castigo. Pedro se ponía en lo peor —porque, con los romanos, siempre había que ponerse en lo peor—, aunque no era completamente pesimista: quizás el prefecto se conformara con unas cuantas tandas de azotes. Si así sucedía, Pedro quería estar cerca cuando liberaran a su maestro.

Al atravesar la muralla de la ciudad, preguntó, aquí y allá, por el rumbo que había tomado la patrulla. Aunque en las calles solo encontraría judíos —poco o nada dados a confraternizar con los romanos—, no quería llamar la atención. Le inquietaba que el batallón contra el que habían peleado tuviera, entre sus filas, a varios guardianes del Templo. ¿Qué pintaban los judíos en esta ignominia? Incluso de los que se oponían a Jesús —con los sacerdotes saduceos al frente—, se habría esperado cierta benevolencia. De acuerdo, Jesús se había mostrado profundamente crítico con el actual funcionamiento del Templo de Yahvé. ¿Y qué? ¿Acaso los judíos no lo eran siempre con los propios judíos? ¿No era un judío, sustancialmente, un hombre que no ve con buenos ojos el comportamiento del judío de al lado? Además, el enemigo —Roma— era común para todos ellos. ¿O no? Pedro comprendió que esta última pregunta poseía más enjundia de la que hasta ahora había creído. Habían tenido que precipitarse los acontecimientos para adivinar que más judíos de los que él pensaba simpatizaban abiertamente con el invasor.

A uno de estos últimos, a los que más adelante denominaría, sin ambages además, traidores al reino de Dios y merecedores de la más alta y cruel ira divina, a uno de ellos, pues, Pedro se lo encontró en la puerta de la casa del sumo sacerdote, Caifás. No era un guardián del Templo, o no lo era exactamente, pues no vestía al uso de los mismos. Pedro observó al hombre, que apoyaba la espalda en el muro frontal de la edificación, y este le devolvió la mirada. Llevaba una túnica de corte modesto, aunque mucho más lujosa que los harapos con los que se cubría Pedro. El hombre, judío sin la menor duda, tampoco era sacerdote. El discípulo de Jesús tuvo que acercarse a cinco pasos de distancia para, en una oscuridad solo rota por la llama de una única lámpara de aceite, descubrir a un funcionario del Sanedrín. Pedro no lo sabía en aquel momento, pero se trataba de un secretario cuya función era la de poner por escrito —de levantar acta— lo que él observaba en un momento determinado. Los sacerdotes, obsesionados con la legalidad de cada acto emprendido —la Ley era una ley *escrita,* de manera que nada marcaba más el devenir diario de los judíos que la propia escritura: solo lo que está escrito posee valor—, acostumbraban a acompañar sus movimientos por un pequeño ejército de hombres armados de papel y tinta.

Justo cuando Pedro pasaba por delante del secretario, la puerta de la casa se abrió y un guardián armado del Templo apareció con dos pedazos de pan untado en pasta de pescado. Al parecer, los dos hombres permanecían de cháchara en la calle mientras, en el interior del palacio, se dilucidaba qué pasos dar a continuación. En un momento dado, habían sentido hambre y el guardián se había ofrecido a entrar en la casa y ver si podía conseguir algo de comer. Ahora, regresaba y casi se topa de bruces con Pedro.

«Yo a ti te conozco», dijo, inesperadamente, el guardián dirigiéndose al discípulo. Sostenía los dos pedazos de pan con pasta de pescado a la altura del pecho. El hombre entornó los ojos para escrutar a la luz de la lámpara. «Sí, tú estabas con el grupo de los insurrectos». A diferencia del funcionario del Sanedrín, que no había abandonado la ciudad en toda la noche, el guardián del Templo había estado en Getsemaní. Era uno de los cinco guardianes que habían participado en la captura de Jesús, Ezequías y Bernabé. De ahí que, a pesar de la exigua luz, reconociera de inmediato a Pedro.

«No sé a qué te refieres», farfulló este. «¿No eres tú uno de los amigos de Jesús?», insistió el guardián. Su actitud no era amenazante. No soltaba los trozos de pan con pescado y no realizaba ademán alguno de irse a por Pedro. Este, sin embargo —dando inicio al proceso más sorprendente de la historia no ya de los judíos, sino de la propia humanidad—, no tuvo reparo en contestar: «Desconozco quién es ese Jesús del que me hablas».

Tras abandonar el Templo de Yahvé, Judas vagó por las calles de Jerusalén. Carecía de un lugar al que ir, pues era obvio que en Betania ya no tenía nada que hacer. Se había quedado completamente solo, aislado de aquellos que hasta hacía unas horas habían sido sus amigos y compañeros.

Jerusalén era un buen escondite para un traidor. En la noche de Pascua, los jerosolimitanos acostumbraban a dormir poco. Este año, además, la noticia de que el último mesías había sido capturado por los romanos prolongaba la vigilia. Muchos no querían irse a la cama no fueran a perderse «lo que seguramente ha de llegar».

A Judas lo había embargado un hondo desánimo. Tras cobrar la recompensa por su delación, se había sentido profundamente desgraciado e inútil. «¿Qué he hecho?», se preguntó entonces. No era la primera vez que lo hacía, pero sí la primera en la que lo hacía sin velos, sin tapujos. Qué he hecho. Qué es lo que, por mi mano, ha sido desencadenado. Cuáles serán las consecuencias inmediatas de mis acciones.

Judas tuvo la sensación de que los transeúntes que hallaba a su paso lo rehuían. No era cierto —a los jerosolimitanos les preocupaba el arresto de Jesús y ese era el auténtico motivo de que postergaran el momento de irse a dormir—, pero, a medida que pensaba en ello, se convencía de que sí lo era. Sintió un nudo en el estómago. La cabeza le dolía entre las sienes. Los remordimientos se intensificaron hasta que, por fin, decidió que no merecía la pena. Regresaría al Templo, devolvería las treinta monedas de plata y, si bien esto no revertiría la situación en la que se encontraba Jesús —esa era irreversible—, al menos esperaba sentirse aliviado. Sí, eso haría.

Decidido, Judas desanduvo el camino y volvió a presentarse ante Yohanán. «¿Qué haces aquí?», lo interrogó el sacerdote en un tono más abrupto, si cabe, que el de la vez anterior. «Quiero devolver las treinta monedas». «¿Devolver el dinero? ¿Te has vuelto loco?».

Muy probablemente, a Yohanán, Judas le pareció un loco. ¿Quién en su sano juicio devolvía la recompensa recibida por una labor realizada de *buen grado?* Judas no había sufrido coacción alguna para llevar adelante el encargo de los sacerdotes del Templo. Al contrario, si cabe: lo hizo porque estaba de acuerdo con prender a Jesús.

«Quiero devolver el dinero...», repitió Judas. «Por favor...».

Yohanán lo miró de hito en hito antes de ofrecerle una respuesta. «Lárgate de aquí», dijo. «Y no manches este lugar sagrado con tus monedas teñidas de sangre».

Judas hundió la mirada en el suelo, la levantó, contempló al sacerdote y la volvió a hundir. A renglón seguido, abrió la bolsa que contenía el dinero, la puso boca abajo y dejó que las monedas cayeran sobre el firme. Rebotaron y tintinearon durante un buen rato hasta que, por fin, se detuvieron y regresó el silencio. Yohanán observó a Judas. Judas se giró y abandonó el Templo.

Volvió a deambular por las calles de Jerusalén. Esta vez, tomado por una congoja insondable, por un dolor verdadero. Los remordimientos no solo no habían desaparecido al devolver el dinero, sino que se habían acrecentado. Por su mano, por su sola mano, se había condenado a Jesús. Que puede que lo hubiese tratado con desdén, quizás hasta con desprecio, pero que, en el fondo —ahora lo comprendió Judas—, no era una mala persona. No, al menos, en la medida en la que una persona ha de ser mala para que merezca la muerte. Los romanos lo matarían en cuestión de horas. Eso mismo ocurriría, salvo que Dios interviniera de inmediato y arrojara sobre la tierra de Judea un fin de los tiempos glorioso y definitivo, tan arrollador como concluyente.

¿Sucedería? Judas tuvo una intuición. La tuvo donde antes había tenido un nudo: en la boca del estómago. No, Dios no pensaba actuar. Puede que lo hiciera más adelante, pero no esa noche, no al día siguiente, no —como Jesús aventurara— «antes del sábado».

De manera que podían darse por derrotados. Jesús y sus discípulos, aunque también él, Judas Iscariote. Qué fenomenal fracaso. Qué desproporcionado fiasco. No habría conclusión para el mesías. Nadie descubriría el rostro dorado de Yahvé.

Le dio por pensar que aquella ciudad no era segura para él. Si Pedro o cualquiera de los discípulos lo encontraban, le harían pagar su traición. Con razón, llegó a suponer Judas. «He de salir de aquí», razonó. «Marcharme muy lejos, donde ellos no puedan encontrarme».

«Donde los remordimientos queden atrás para siempre».

En la ciudad baja, volvió a escuchar rumores acerca de las circunstancias de Jesús. No se le ocurrió que podían ser infundados, que, en el poco tiempo que había transcurrido desde el arresto en Getsemaní, difícilmente la situación podría haberse clarificado. Sin embargo, los jerosolimitanos daban por hecho —Judas llegó a escuchar cómo se cruzaban apuestas al respecto— que Jesús sería ejecutado «a la mañana siguiente».

«Fue a buscarlo una patrulla formada por más de ciento setenta soldados», oyó Judas que afirmaba un hombre. Él sabía que eso no era cierto, que nunca se habían desplegado ciento setenta soldados en Getsemaní, pero no sacó al hombre de su error. Con todo, le dolió que rumores gratuitos corrieran de aquí para allá, sin que nadie —ni los romanos de la guarnición militar, ni los sacerdotes del Templo— hiciera nada por atajarlos. ¡Fueron bastantes menos! ¡Y los discípulos de Jesús se defendieron con valor y entereza! Como es propio de hombres que creen conducirse con limpieza y derechura, con la razón de su parte.

Al final, Judas decidió abandonar Jerusalén y regresar al huerto de Getsemaní. No creía que los discípulos aún estuvieran allí, pero, en caso de estarlo, le gustaría echarles un vistazo por última vez. Si, por lo que fuera, daba con ellos, ¿sería capaz de pedirles perdón? A lo mejor, así se extinguía ese malestar tan profundo que lo destrozaba por dentro. No creía que fueran a perdonarle —de encontrarse en el lugar de ellos, él no lo habría hecho—, aunque juzgó que merecería la pena correr el riesgo.

Tal y como había supuesto, en Getsemaní no quedaba nadie. Distinguió, entre los olivos, bultos que pertenecían a peregrinos dormidos. Buscó el lugar donde había tenido lugar el combate y descubrió rastros de sangre. Se agachó para tocarla. Permanecía tibia. Después, rebuscó aquí y allá y encontró, medio oculta entre unas hierbas, una de las espadas que los discípulos habían utilizado para defender a Jesús.

Judas la levantó en el aire y, por un momento, sintió asco de sí mismo. Habría llorado, pero no pudo. Las lágrimas no brotaban pues hasta sin eso se había quedado. Creyó —y se trató de una sensación completamente falsa— que la empuñadura aún se encontraba caliente. La mano de quien la sostuvo mantenía su presencia y Judas —de nuevo, ilusoriamente— la percibió.

Soltó la espada, dio media vuelta y comenzó a caminar. De pronto, se interrumpió, regresó y, poniendo mucho cuidado en ello, ocultó la espada tras las hierbas, más o menos donde, un rato atrás, la había encontrado. Como gesto de reconciliación no suponía gran cosa, pero creyó que merecía la pena cuidar, por última vez, de sus hermanos.

A continuación, Judas desanudó el cordón con el que se sujetaba la túnica. Era un buen cordón de cuero curtido que, en alguna ocasión, había utilizado para sujetar corderos. El traidor lo estiró muy despacio, buscó un olivo de buen tamaño, eligió una rama alta, lanzó el cordón hacia ella y se ahorcó.

Una hora antes del alba, Ezequías, Bernabé, Barrabás y Jesús fueron llevados al Templo de Yahvé, donde comparecerían ante el Sanedrín. En realidad, comparecería Jesús, pues los otros tres penarían «por extensión», es decir, lo que el consejo judío dictaminara para el maestro valdría también para sus discípulos.

El Sanedrín se reunía en la Cámara de las Piedras Talladas, tras el segundo muro y muy cerca del altar donde tenían lugar los sacrificios expiatorios. La Cámara tenía forma de hemiciclo y albergaba, sentados en tres filas escalonadas, a los setenta sacerdotes encargados de velar por el cumplimiento de la Ley judía. Al frente de la solemne reunión, el sumo sacerdote tomaba asiento en un trono de piedra labrada —de ahí la denominación de la estancia— y, al fondo, los aprendices y estudiantes de la Ley podían acomodarse en varios sillares de roca maciza dispuestos al efecto. Frente al sacerdote, se situaba el reo —siempre un varón, pues a las mujeres no las juzgaba el Sanedrín— y, muy cerca de él, un par de guardianes armados y varios funcionarios de alto rango.

Para que el Sanedrín pudiese iniciar la sesión, era condición indispensable que se hubiese hecho de día. Por ello, y a pesar de que ya con las primeras luces del amanecer la práctica totalidad de los miembros del consejo se hallaba bien en la Cámara de las Piedras Talladas, bien en sus inmediaciones, hubo que aguardar a que el sol luciera por completo. Caifás ordenó que a Jesús se le diera la posibilidad de asearse —para lo cual le llevaron una escudilla con agua— y que le ofrecieran bebida y algún alimento. El maestro aceptó la escudilla y rechazó el desayuno, aunque agradeció el gesto.

Por fin, ya de día, Jesús fue conducido ante el Sanedrín. No iba maniatado, pues se esperaba de él que, como judío devoto que era, respetase el lugar en el que se encontraba y a los hombres ante los que se disponía a comparecer. Jesús afirmó: «No ejerceré más violencia que la que de mis palabras brote». Había planeado defenderse ante los saduceos del Templo.

Cuando compareció en el Sanedrín, no habría en la estancia menos de cien personas, entre sacerdotes, guardianes, estudiantes y concurrentes. Jesús debía permanecer en pie durante el tiempo que durara el proceso, y disponía de libertad para moverse un paso hacia delante o un paso hacia atrás. Si intentaba tomarse más libertades, los guardianes armados intervendrían y lo atarían de pies y manos.

La sesión la abrió solemnemente Caifás, quien explicó a los presentes por qué el consejo se había reunido con tanta urgencia. El motivo no era otro que el hombre que se encontraba frente a ellos, llamado Jesús de Nazaret, un fariseo que había llamado a la insurrección contra la Ley y el Templo.

Caifás dejó la última palabra en el aire y el silencio cayó sobre el reo. Algunos sacerdotes carraspearon. Parecían decir que «vaya, vaya, así que tú eres el que quería acabar con nosotros, ¿verdad?».

«Ni uno solo de mis actos merece reproche alguno», adujo, entonces, Jesús, al que se le permitía intervenir cuando lo desease.

«¿No es cierto que has anunciado la llegada del reino de Dios?», interrogó Caifás.

«Lo es», concedió Jesús. «Pero ¿en qué modo ello vulnera la Ley, si esta nos advierte de que, más tarde o más temprano, sobre la tierra prometida de Israel, Dios caerá secundado por mil ángeles de alas poderosas?».

El sumo sacerdote cruzó los brazos. Mostraba suspicacia. «Realizas una interpretación un tanto peculiar de la Ley de Moisés».

«Aunque en modo alguno revolucionaria», argumentó Jesús sin perder los nervios o levantar la voz. «No he divulgado ninguna propuesta que ella no recoja de forma explícita o figurada. He aquí, ante vosotros, un humilde rabino que predica en torno a la Ley».

La réplica de Caifás no se hizo esperar: «Sabes que nosotros, los sacerdotes que regimos este Templo, no creemos que esa venida del reino de Dios vaya a ser efectiva. O, dicho de otra forma, que Dios tiene otros planes para nosotros».

«Soy yo quien ha conocido dichos planes», sentenció Jesús, muy seguro de sí mismo. «Y mi deber era el de divulgarlos. A nada distinto me he dedicado».

«¿De verdad?», inquirió, falsamente irónico, Caifás. «Entonces, dime... ¿Por qué volcaste las mesas de los cambistas? ¿Cuál fue la razón de que cargaras contra los pobres mercaderes, cuya labor es necesaria para que los buenos judíos puedan expiar sus pecados?».

Jesús no se fue por las ramas: «Dios me ha dicho que el Templo ha de ser su casa, no la casa de los tratantes de ganado. Se enriquecen ellos y os enriquecéis vosotros. ¿Acaso Dios nos pidió que nos hiciéramos ricos? No, yo os digo que no. Al contrario... En la Ley está escrito que Dios se pondrá del lado de los débiles, de aquellos a los que les falta, de los enfermos y de los pecadores».

«¿De los pecadores?», rió el sumo sacerdote. De nuevo, su ánimo oscilaba entre la condescendencia y el enojo. «¿Te has vuelto loco, Jesús?».

«Cómo, si no, vamos a recuperarlos para su rebaño», repuso Jesús alzando ligerísimamente el tono de voz. «No importan los corderos sacrificados en el altar, sino las almas de los que a Dios necesitan. Estoy diciendo que os equivocáis y que yo os daré el perdón sin sangre derramada».

«Eso es imposible...», gruñó, por lo bajo, Caifás.

Jesús apuntaló su mensaje: «No lo es, pues yo he bautizado y puedo seguir haciéndolo. Basta el arrepentimiento sincero para que Dios perdone las faltas. Dejadme ir y acompañadme. Os bautizaré a todos vosotros y hallareis una pureza desconocida hasta hoy».

Ahora sí, Caifás se había enfadado. «¡Calla! ¡Blasfemo!», gritó extendiendo los brazos, las manos y hasta los dedos.

«No soy un blasfemo», se defendió el maestro. «He dicho que me tomo muy en serio las instrucciones que Dios nos entregó. Sois vosotros los que parecéis haberos olvidado. ¿Judíos ricos? No existe mayor aberración posible. Somos los hijos de los que huyeron de Egipto, de los que atravesaron décadas de penalidades, de los que sufrieron dolores y calamidades indescriptibles. Y, ahora, vosotros os envaráis dentro de vuestras lujosas túnicas. ¿De verdad creéis que estáis preparados para la llegada del fin de los tiempos? ¿O salvarán los ángeles del desastre? ¿O caeréis a los infiernos de los codiciosos? Reflexionad sobre esto que os digo: sé —lo presiento con una intensidad maravillosa— que los cielos se encuentran próximos a abrirse. Es cuestión de una hora. De dos. De tres, a lo sumo. Aún disponéis de tiempo para arrepentiros de vuestra actitud. Antes del mediodía, este lugar, este Templo sagrado, habrá sido tomado por las legiones de Yahvé y serán sus ángeles iracundos quienes impongan una nueva alianza».

Llegado este momento, Caifás mantuvo la mirada fija en Jesús y no añadió nada más. Los setenta sacerdotes del Sanedrín los observaban. ¿Permitiría, el sumo sacerdote, que el reo se expresara en aquellos términos? Allí, quien más quien menos habría aguardado que Jesús flaqueara en su actitud. O que se retractase de lo expresado. Sin embargo, no solo no sucedía eso, sino que el galileo los desafiaba con sus palabras. Bien, pues no habría clemencia para él.

Yohanán, que se hallaba en la parte izquierda del hemiciclo, en una posición alejada del reo, quiso continuar con el interrogatorio. En teoría, cualquier integrante del Sanedrín podía hablar cuando quisiera aunque, en la práctica, pocos lo hacían: para la mayoría sacerdotal del Templo, aquellos *trámites* suponían la parte más engorrosa de su quehacer diario y ninguno parecía dispuesto a alargarlos más de lo necesario con interpelaciones adicionales. Yohanán, con todo, sentía curiosidad. Había dedicado gran parte de la semana a seguir los pasos de Jesús, lo había visto predicar en los patios del Templo y fue testigo de cómo se ganaba a las multitudes. Sin duda, era un hombre especial.

«Como sabes, Jesús, nadie te reprocha que prediques tu personal interpretación de las Escrituras», comenzó su discurso Yohanán. «Bien sabemos aquí que cada judío atesora una versión distinta de la Ley. No creo que ese fuera el plan de Moisés, pero así son las cosas. Supongo que tiene que ver con el especial carácter de nuestras gentes... No lo sé. Lo que sí sé es que no puedes llegar a Jerusalén y proclamar de viva voz que los que hacemos lo correcto con arreglo a dicha Ley —y que ningún judío, por muy extravagante que sea su interpretación de lo escrito, pone en duda— somos poco menos que usurpadores de la misión divina. ¿Podemos equivocarnos? Desde luego que podemos: somos, al igual que tú, Jesús, hombres de carne y hueso. Pero nos esforzamos, ¿sabes? Nos esforzamos para que nuestra labor llegue a buen fin, para que todos los judíos reciban seguridad y consuelo.

»Vivimos tiempos difíciles. Tú lo sabes, Jesús. El pueblo judío, una vez más, se encuentra bajo el dominio de paganos extranjeros. No obstante, por dolorosa que sea esta cuestión, no nos queda más remedio que soportarla. Espero que sepas que los judíos carecemos de ejército. Ni aunque lo deseáramos con todas nuestras fuerzas, podríamos levantarnos contra Roma. No, eso no sucederá jamás. Por ello, optamos por convivir. Hemos de adaptarnos, Jesús, para garantizar la pervivencia de nuestro pueblo. Los romanos aceptan este acuerdo y la vida sigue.

»Y ahora llegas tú y enfureces al prefecto. ¿Cómo se te ocurre predicar contra el pago de tributos? ¿Te has vuelto loco? Llamas a la insurrección y lo haces en plena calle, a plena luz del día, sin importarte que todo el mundo te escuche. A este Sanedrín le trae sin cuidado que te proclames, en público, el rey de Israel. A los romanos, sin embargo, no. Ellos ven en tu gesto una llamada a la insurrección contra Roma. Eres un sedicioso y como tal pretenden tratarte. ¿Tienes algo que alegar a esto, Jesús?».

Sin duda que lo tenía. Jesús, que había escuchado en respetuoso silencio, tomó aire y contestó a Yohanán. «¿Revoluciona la nación aquel que advierte de su inminente final? Si así es, yo soy un sedicioso. El más grande sedicioso que ha conocido Judea. Pero he de añadir algo que, a mi juicio, resulta importante. ¿Contra quién me alzo yo? ¿Contra vosotros? ¿Contra los romanos? ¡No! Os digo que no. Mi alzamiento es contra los que han pecado, contra los que pecan y se resisten a enmendarse. He recorrido más caminos polvorientos de los que vosotros transitaréis a lo largo de vuestras vidas. Fui a aldeas lejanas, a parajes perdidos, a pueblos sin nombre. Y allí prediqué, y rogué por las almas de los pobres y de los enfermos, de los leprosos y los moribundos, por todo aquel desvalido que, pese a las penurias y desgracias, cree firmemente en Yahvé y en la Ley. ¡Yo estoy a su lado y lo estaré siempre, porque de ellos es el reino de Dios! Vosotros, impíos y mercachifles; vosotros, sacerdotes en un Templo contaminado de pecado; vosotros, indignos todos... Arrepentíos, arrepentíos en este mismo instante y os encontraré un hueco junto al Altísimo. Puedo salvaros ahora mismo, aunque antes es preciso que aceptéis mi palabra, que cambiéis de actitud y que reconozcáis que el camino recto es el que yo os muestro. Llega el arrebatamiento final. Sí, llega, aquí está, tan cerca... Lo siento y lo presiento. Seréis arrojados a las simas ardientes del infierno si no os arrepentís. Sucederá antes del mediodía. Arrepentíos. ¡Arrepentíos!».

Cuando Jesús dejó de hablar, en la Cámara de las Piedras Talladas se oía el vuelo de una mosca. El centenar largo de personas que había en su interior había escuchado en completo silencio la alocución de Jesús y en completo silencio permaneció durante un buen rato. Tuvo que ser el propio Caifás quien tomara la palabra para deshacer el embrujo.

«No nos dejas otro remedio», indicó lacónicamente.

La sesión del Sanedrín se levantó sin más preámbulos. Como Jesús sabía, los sacerdotes del Templo no podían condenarlo. No lo harían. O harían algo peor, mucho peor: entregarlo a los romanos.

Cuando los prisioneros fueron trasladados al Templo de Yahvé, Pedro los siguió. Siempre con cautela para no ser descubierto, se acercó a menos de diez pasos del grupo. Quería ver a Jesús, asegurarse de que estaba bien. Y lo logró sin grandes dificultades. Los guardianes del Templo que escoltaban a los cuatro reos no impedían que los transeúntes se aproximaran a ellos. Para el modo de pensar de los judíos, un reo lo es por algo y ese algo habilita todas las acciones que se estén tomando al respecto. O, dicho de otro modo: si los guardianes del Templo llevaban presos a cuatro hombres, los llevaban *por un motivo*. Al resto de judíos ajenos a la causa, aquello ni les iba ni les venía y lo mejor que podían hacer al respecto era mantenerse al margen. Como, de hecho, hacían sin dudar. De ahí que las precauciones en el traslado fuesen pocas o ninguna.

Ni qué decir tiene que Pedro no pudo acceder al interior del Templo. Tampoco lo intentó, pues habría supuesto correr demasiados riesgos. Ya lo había reconocido un guardián. En los patios del Templo, donde había paseado junto a Jesús, lo reconocería cualquiera. Y ya comenzaba a amanecer. No, no se atrevió a ascender por la escalinata del Templo. Sucediera lo que sucediese allá dentro, Pedro debería enterarse por otros medios.

Llevaba un día y una noche en pie, y se sentía exhausto. Jamás olvidaría aquella jornada, en la que había disfrutado de lo mejor y había sufrido lo peor. A estas alturas, Pedro se había vuelto totalmente escéptico: no creía que el plan que Jesús había divulgado fuera a completarse. Dios planearía o no intervenir en Judea, pero, desde luego, no lo haría hoy. No *daba* la sensación de que la intervención divina fuese inminente. Y, por muy confuso que suene esto, Pedro lo *percibía* con una nitidez pasmosa: sabía que Dios postergaba sus planes. Más adelante, en los meses y años venideros, le daría muchas vueltas a los porqués que Yahvé había manejado para comportarse de aquella forma. En ese momento, al amanecer del viernes —del que sería el viernes más largo de la historia—, Israel no se disponía a ser el reino de Dios en la tierra.

Tras el amanecer, las inmediaciones del Templo fueron llenándose de transeúntes. Después de la Pascua —y siendo la víspera del sábado—, quien más quien menos tenía un montón de asuntos de los que ocuparse. La vida, para los jerosolimitanos, continuaba como si nada.

Pedro se sentó en una piedra situada frente a la cara sur del Templo, desde donde poseía una perspectiva de la escalinata y del acceso principal a través de la puerta doble que daba paso al Patio de los Gentiles. No estaba seguro de que fueran a sacar a Jesús por allí —no estaba seguro, tan siquiera, de que Jesús fuese a abandonar el Templo a corto plazo—, pero ¿qué otra cosa podía hacer? Sentarse y aguardar.

En estas se hallaba cuando varios legionarios romanos comenzaron a patrullar la zona. Caminaban sin prisa, en grupos de cuatro, observando con descaro a todo el que pasaba aunque sin detener a nadie. Era el estilo romano que tanto sublevaba —en silencio, pero lo hacía— a los judíos: su manera de mirar a varones y a mujeres y el modo de hacerles creer que sospechaban de ellos irritaba a no pocos jerosolimitanos. De nuevo, nadie separaba los labios para protestar. Preferían clavar la mirada en el suelo, seguir con lo suyo y esperar que Dios se hartase.

A los legionarios, no les gustaban los ociosos. La pereza, para ellos, suponía la antesala de la criminalidad. Si un romano veía a un judío atareado, veía a un hombre honesto; si veía a uno sentado en una piedra, sospechaba de él. Los jerosolimitanos bien lo sabían —y, con el paso de los años, habían aprendido a mostrarse sumamente atareados, aunque no lo estuvieran en absoluto—, pero Pedro, que era galileo, no. De ahí que le sorprendiera mucho que una patrulla romana se acercara a él y lo interpelara en tono agrio.

«¿Tú qué haces aquí?», gruñó, en griego, el legionario que marchaba a la cabeza. «¿Cómo...? ¿Cómo...?», titubeó Pedro, confundido y cansado. «¿Qué te pasa, judío? ¿Eres idiota?», cargó de nuevo el legionario. El resto de la patrulla lo enfilaba con la mirada. Apoyaban las manos en las empuñaduras de las espadas envainadas, en un gesto que Pedro no pasó por alto y que consideró indudablemente amenazador.

«Solo estoy descansando», argumentó, en tono apaciguador, el discípulo de Jesús. «¿Descansando? ¿Al amanecer?». Era cierto que la explicación había sonado desatinada. «No estarás aquí por el asunto de esos revolucionarios que han detenido esta noche, ¿verdad?», interrogó el legionario con cara de pocos amigos.

Pedro tuvo miedo. Lo tuvo, y es justo decirlo. El agotamiento y la emoción de la noche hacían mella en él y experimentó ganas de echarse a llorar. Realizó un gran esfuerzo para contenerse y responder: «No sabía que habían detenido a alguien...».

«¿De verdad que no lo sabes? Pues serás el único, ya que en la ciudad no se habla de otra cosa. Cómo os gusta chismorrear a los judíos...», expresó el legionario, quien mantenía el gesto impasible. «En esta mierda de ciudad, todos sois comadrejas más preocupadas de enredar que de pagar los impuestos que les corresponden. Malditos judíos...».

«Yo solo soy un peregrino que acude al Templo a cumplir con su obligación», mintió Pedro.

«¿Un peregrino? Yo creía que ya se habían marchado todos... Vas muy rezagado, judío. ¿Estás esperando a alguien?», preguntó, suspicaz, el legionario.

«¿A alguien? ¿A quién podría yo esperar?», devolvió la pregunta Pedro. La sangre se le había subido a las mejillas y se le notaba desorientado.

«No serás amigo de Jesús, ¿verdad?», soltó, de pronto, el legionario.

«¿De Jesús? ¿Amigo yo... de Jesús?», respondió, titubeando sin control, Pedro. «No sé de quién me hablas, de verdad que no lo sé. No conozco de nada a ese Jesús...».

«Y, si no lo conoces, ¿por qué te pones tan nervioso?», inquirió el legionario.

«Bueno, no sé... Yo...», balbuceó, una vez más, Pedro.

«Vamos, levanta el culo y lárgate de aquí. No quiero volver a verte la cara, ¿me entiendes? Como te volvamos a encontrar vagueando, te encerramos en la torre. Venga, largo».

Pedro no necesitó que se lo repitiera y, poniéndose en pie, obedeció de inmediato y se perdió por las callejuelas adyacentes al Templo. Los romanos le habían dado un susto de muerte.

El traslado de los cuatro reos —Ezequías, Bernabé, Barrabás y Jesús— a la torre Antonia se realizó de inmediato. Como ya se ha dicho, se trataba de un edificio contiguo al Templo, de manera que apenas necesitaron unos minutos para completarlo. Eso sí, hubo que avisar a los romanos para que se ocuparan de mantener el orden en las calles. De alguna forma, la noticia de que el mesías había sido capturado se había propagado a gran velocidad y, aunque la hora aún era temprana, los jerosolimitanos comenzaban a agolparse en las inmediaciones de la Antonia. Nadie quería perderse el juicio de los cuatro insurrectos.

Porque de eso se trataba, y no de otra cosa: de juzgar la actividad de Jesús y los suyos, y, a renglón seguido, imponer una condena y ocuparse de que se cumpliera.

Los juicios romanos eran militares y sumarísimos, y concitaban gran interés entre los judíos, que los consideraban una curiosidad muy entretenida. Ni qué decir tiene que estos —los judíos— no concebían ser juzgados al margen de la Ley de Moisés, que era única y suficiente. Ocurría, sin embargo, que los romanos traían consigo sus propias normas y, aunque seguirlas no parecía difícil —bastaba con no levantarse contra ellos y pagar los impuestos correspondientes—, los judíos nunca acabaron de comprenderlas en su justa medida: para un judío, cualquier asunto ajeno a la inveterada tradición judía suponía, sobre todo, un engorro al que no merecía la pena dedicar ni cinco minutos.

Pero ahí estaban los jerosolimitanos, apiñándose en la pequeña placita ubicada frente a la torre Antonia, lugar elegido por los romanos para impartir su extravagante sentido de la justicia. Además, juzgaban a Jesús de Nazaret, aquel hombre que tan popular se había hecho desde que, cinco días atrás, llegara a la ciudad anunciándose como el próximo rey de Israel. Montó una buena en el Templo y se decía que los sacerdotes no lo miraban con ojos tolerantes...

Unos sacerdotes, por cierto, que se presentarían en el juicio para así mantener alta la dignidad de la autoridad judía. Los romanos fingían que no les veían, aunque los dejaban hacer. ¿Que quieren venir los sacerdotes del Templo? Pues que vengan, pero que no interfieran ni molesten. ¿Que han solicitado permiso para sentarse en la plataforma al lado de Poncio Pilato? No, ni hablar, que permanezcan en la plaza, a pie de calle, junto al resto de judíos.

La plataforma era, como su nombre indica, una tribuna de madera desde la que el prefecto Poncio Pilato dirigía los juicios. Para los romanos, esta era la forma de dejar clara su primacía sobre los gobernados: solo quien auténticamente manda aquí tiene derecho a situarse sobre las cabezas de los demás.

Así las cosas, los cuatro reos llegaron a la placita. Por precaución, a los cuatro les habían atado las manos, aunque no a la espalda sino por delante. Junto a ellos, se agolpaban decenas de espectadores que empujaban hacia delante no fueran a perderse lo esencial. Entre el gentío y los cuatro acusados, una fila de legionarios armados hasta los dientes mantenía el orden, si era necesario con gran rudeza. Los jerosolimitanos, que conocían sus maneras, se guardaban muy mucho de provocarlos.

Problema no menor era el del idioma. En Jerusalén, la lengua más extendida era el arameo. Algunos jerosolimitanos hablaban el hebreo —no demasiado disímil del arameo— y unos pocos, el griego. Desde luego, salvo los romanos, nadie allí dialogaba en latín. De esta forma, Pilato optó por desarrollar el juicio en griego. De haberlo conocido en Roma —un gobernante romano siempre ha de dirigirse a sus gobernados en latín—, se lo habrían reprochado. Pero, ¿quién se iba a enterar? Pilato quería acabar cuanto antes con aquello. Le disgustaba tener que vérselas cara a cara con el populacho judío.

Se dispuso, por lo tanto, que un intérprete fuese trasladando las palabras del griego al arameo y viceversa para que nadie pudiera, más tarde, aducir indefensión. A estas alturas, la suerte de Jesús estaba echada —para los romanos, nadie que fuera llevado ante ellos era inocente—, pero a Pilato, militar de los pies a la cabeza, le interesaba dar la correspondiente pátina de legalidad al proceso. Se harían las cosas como estaba mandado.

Quien ponía a los reos a disposición del prefecto era el Sanedrín. Es decir, el sumo sacerdote Caifás entregaba a los cuatro acusados al prefecto Pilato para que los juzgase convenientemente. El Sanedrín, previamente, había levantado acta —en griego— de lo averiguado tras sus pesquisas: que aquellos cuatro hombres conspiraban contra el orden establecido, llamaban a la insurrección y exhortaban a no pagar impuestos. Poncio Pilato leyó el acta ya sobre la tarima y se la entregó a Publio Cornelio, quien se hallaba a su lado para asesorarlo si fuese necesario. El centurión lucía un aparatoso vendaje en la cabeza, gracias al cual la herida en la oreja había dejado de sangrar. Comprensiblemente, su ánimo no parecía muy favorable a los cuatro acusados.

Entre el público, y encabezando la delegación de sacerdotes del Templo, se encontraba Yohanán, quien cruzaba las manos sobre el vientre y permanecía a la expectativa. Tras la sesión del Sanedrín, Caifás lo había llamado aparte y le había explicado que «lo importante ahora es librarnos de Jesús». Allá estaba, pues, asegurándose de que los romanos —esos romanos toscos, brutales y muy poco inteligentes— picaban el anzuelo tendido por los sacerdotes y hacían la parte sucia del trabajo.

Quienes también se hallaban junto a la fila de legionarios que separaba a la turba de los reos eran Isaac y el grupo de peregrinos reunido para exigir la libertad de Barrabás. Allí se encontraban, haciendo ruido y dando gritos, pero sin importunar a los legionarios, los cuales ya los habían advertido de que podían «gritar todo lo que quisieran, pero sin empujar ni propiciar avalanchas». «¡Libertad para Barrabás!», vociferaban, por lo tanto, los peregrinos encabezados por Isaac, quien, de hecho, hacía gala de una gran inventiva:

«¡Romano, suelta a nuestro hermano!», «¡Somos viajeros, no pendencieros!», «¡Barrabás, con nosotros te vendrás!».

Por último, Pedro. Pedro asistía, desde un lugar apartado muy al fondo de la placita, al juicio contra su maestro y amigo. Llegado a este punto, se sentía abatido por completo. ¿Cómo podía haber salido todo tan mal? No se lo explicaba. Comprendía que corrían riesgos haciendo lo que hacían —de lo contrario, no habría comprado las espadas—, pero, ¿hasta tal extremo? Jesús se hallaba en manos de los romanos, que era lo mismo que decir que estaba perdido. Sus planes se habían venido abajo en un instante. De prometérselas muy felices ante la inminencia de la llegada del reino de Dios a verse reducidos a polvo. ¿Dónde se encontraba el resto de discípulos? Tras la apresurada huida en el huerto de Getsemaní, lo desconocía por completo, pero nada le hacía presagiar que fueran a reunirse de nuevo. Seguramente, a estas alturas, cada uno había emprendido, por su cuenta, el camino de regreso a Galilea. Lo sabía porque él mismo, ahora, mientras observaba cómo se disponían a enjuiciar a Jesús, experimentaba unas ganas tremendas de dar media vuelta, abandonar Jerusalén y volver a su casa junto al lago Tiberíades.

Solo su amor por Jesús, el deseo de ser testigo de su suerte última, lo retenía en la ciudad. Porque se trataba de curiosidad y de nada más: ni aunque hubiese sido capaz de reunir a los casi sesenta varones que llegaron a congregarse en la casa de Lázaro en Betania, podría rescatar a Jesús de las garras de los romanos. Ellos no eran guerreros, sino pescadores, campesinos y artesanos. Estudiosos de la Ley de Moisés e intérpretes de su sentido. Jesús les había mostrado un camino, ellos lo habían transitado y ahora, al final del mismo, un bárbaro romano llamado Poncio Pilato los aguardaba.

Solo contaban con una posibilidad: la de que Dios interviniera. A fin de cuentas, era eso lo que habían predicado, lo que esperaban que sucediese de forma inminente: Dios abriría los cielos y precipitaría el fin de los tiempos. Bien, pues ese momento podía llegar de un momento a otro. Así, Jesús se salvaría y se salvarían todos.

¿Era ese el juego de Yahvé? Pedro creía que Jesús pensaba que sí. Al maestro, lo último que le abandonaba era la fe. Él, Pedro, no lo veía tan claro. Y que Dios lo perdonara por dudar. Reconocía que no se trataba de una actitud en modo alguno pía, que de alguien como él se habría esperado una templanza de carácter que, desde luego, le estaba faltando. Pero no podía más. Honestamente, no podía más.

Pedro levantó la mirada hacia el cielo y trató de distinguir la grieta abierta a través de la que se lanzarían al vuelo los ejércitos de ángeles iracundos. El cielo, de un azul limpio e intenso, parecía en calma.

«Comencemos de una vez», le dijo Poncio Pilato a Publio Cornelio. «Tengo un montón de papeleo que atender, así que intentemos ir rápido». Cornelio asintió y, tomando la iniciativa, se desplazó al frente de la tribuna e indicó a los legionarios que custodiaban a los reos que el juicio daba comienzo. Después, mostró la palma de la mano derecha a la multitud congregada para demandar silencio.

«Nos hemos reunido aquí para juzgar a estos cuatro hombres», comenzó a explicar Pilato en voz alta y clara. Los trámites burocráticos del proceso le aburrían soberanamente. «Las acusaciones son las de alentar la sedición contra el emperador de Roma, proclamarse rey y obstaculizar el pago de tributos».

«¡Liberad a Barrabás!», comenzaron a gritar Isaac y sus amigos peregrinos. «¡Él no ha hecho nada!». «¡No es amigo de Jesús!». «¡No es un delincuente!».

«¿Quiénes son esos que gritan?», le preguntó Pilato a Cornelio. Ladeaba la cabeza hacia él, pero sin volver la mirada. «Parece ser que reclaman la libertad de uno de los reos», explicó el centurión. «¿De uno? ¿Solo de uno? ¿Y el resto? ¿Les da lo mismo?». «Bueno, no sabría decirte, prefecto...». «Prosigamos, Cornelio».

«¿Eres tú quien afirma ser el rey de los judíos?», preguntó, entonces, Pilato, dirigiéndose en voz alta a Jesús. «Soy el rey de Israel», contestó este. «Soy el rey de todos los judíos que obedecen la Ley y también el de los que la rechazan. Exhorto a cada uno de ellos —devoto o pecador— para que se arrepienta, para que abrace a Dios y reconozca que su venida es inminente».

El prefecto continuó con su interrogatorio: «Así que tu dios se aproxima... Y, cuando llegue, ¿qué sucederá? En Jerusalén, me refiero. En Judea».

«Que quedará instaurado un nuevo reino del que yo seré rey y él gobernador», respondió Jesús. Hablaba sin titubear, mirando directamente a los ojos de Pilato. «Yahvé nos ha ofrecido instrucciones precisas: reunid las ovejas de mi rebaño, y hacedlo con prontitud porque ya no hay tiempo».

«¿Dónde quedo yo tras esa venida celestial?», preguntó el prefecto. Su tono era tan sutilmente burlesco que a la mayor parte de los asistentes al juicio se le pasó por alto.

«Te ofrezco la posibilidad de convertirte ahora mismo», manifestó Jesús ignorando la burla. «Dios admite gentiles a su lado, siempre y cuando acepten ser gobernados por la Ley de Moisés».

«¿Qué sucederá con las leyes romanas?», insistió Pilato.

«No habrá leyes romanas en el reino de Dios», zanjó Jesús.

«Entiendo...», farfulló el prefecto llevándose una mano a la barbilla y simulando que reflexionaba. «Tendré que postrarme ante ti, ¿no?».

«Solo te postrarás ante Dios», aseguró Jesús. «Ante él y ante nadie más. No malinterpretes mi papel: soy un simple mesías, un humilde anunciador. Aviso que llega el Juicio Final».

«Y si llega ese Juicio Final del que hablas y yo aún no me he convertido, ¿qué me sucederá?», se interesó Pilato.

Jesús no dudó a la hora de responder. Su salvación se la fiaba por completo a la intervención de Dios, no a la misericordia del hombre que tenía delante. De ahí que no titubeara a la hora de responder: «Serás expulsado de la tierra prometida, en la que Dios gobernará sobre los que le son fieles. Sobre ellos y sobre nadie más».

«¿Y qué me dices de los tributos?», cambió de tema Pilato. «¿Cómo vamos a regirnos pacíficamente si no pagamos impuestos?».

«Los judíos nos debemos a Dios», apuntaló su discurso Jesús. «Nadie más, ni tan siquiera el César, merece nuestro dinero».

«No lo entiendo...», volvió a fingirse reflexivo el prefecto. «¿Y cómo, según tú, construiremos acueductos o garantizaremos los sueldos de los legionarios que nos protegen?».

Jesús, seguro de sí mismo, tomó aire y respondió: «Dios ha de proveer en su reino. Es él quien va a ocuparse de que nada nos falte. ¿Quieres comprobarlo? Aún estás a tiempo. Arrepiéntete de tus pecados y suéltame las manos para que pueda bautizarte».

Tras la desbandada en el olivar de Getsemaní, algunos discípulos de Jesús —no todos— regresaron a Betania. Todavía era noche cerrada y allá se encontraron con que estaban durmiendo. Presos de una agitación incontenible, los discípulos no dudaron en despertar al menos a los que dormían a la intemperie, en el huerto de Lázaro. «Han prendido a Jesús», decían casi en susurros. Jamás habían experimentado un pánico como aquel. Pensaban que los romanos bien podrían haberlos seguido. De ser así, se hallaban en franco peligro y más les valía poner tierra de por medio. Y si no los habían seguido, sería cuestión de tiempo que lo hicieran. Fuera como fuese, el peligro que se cernía sobre ellos era real e inminente. Si algunos se habían acercado a Betania, había sido para avisar a los que allí se refugiaban. De lo contrario, el remordimiento de conciencia no los habría dejado vivir.

María Magdalena, Salomé, Juana y Raquel, las cuatro mujeres del grupo de Jesús, dormían en el interior de la casa, junto a Lázaro y a Marta y María, sus dos hermanas. Al escuchar los sonidos provenientes del exterior, se despertaron. Salomé aguzó el oído e intentó distinguir voces desconocidas. Le tranquilizó advertir que nadie hablaba un idioma distinto al arameo. Los romanos —el gran enemigo de los judíos, al que siempre se temía y en el que de ninguna forma se confiaba— no se habían presentado en Betania.

«Ha sucedido algo grave», dijo María Magdalena al tiempo que se levantaba y se vestía para salir y averiguar de qué se trataba.

Fueron Tomás y Simón los que, a trompicones, le explicaron cómo Jesús había sido capturado por un batallón formado mayoritariamente por legionarios romanos pero con presencia de guardianes armados del Templo. «Debéis ir a liberarlo», expresó, tras escucharlos, María Magdalena. «¿Te has vuelto loca?», le levantó la voz Simón. «¿Quiénes te has creído que somos? Si vamos a Jerusalén, solo conseguiremos que nos maten a todos. Jesús debe apañárselas por sí mismo».

«Sois unos cobardes», sentenció María Magdalena. Habría que decir, en favor de los discípulos, que ellos tenían a la razón de su parte, mientras que la mujer —que no había presenciado la captura y que, por lo tanto, no disponía de una idea aproximada de a lo que se enfrentaban— erraba. No se trataba de ser valientes o ser cobardes. A Jesús no había forma humana de liberarlo. Ahora, se encontraba en manos de los romanos —o de los sacerdotes del Templo; los discípulos no acababan de tener claro quién se había llevado, en último término, al maestro— y serían ellos quienes decidirían sobre su futuro.

A gran velocidad, el campamento de Betania fue levantado y, sin tan siquiera aguardar al amanecer, los que hasta hacía unas horas habían sido los seguidores de Jesús se internaron en la noche y desaparecieron. Seguían caminos distintos, casi siempre hacia el norte, hacia Galilea, y solo anhelaban ponerse fuera del alcance de los romanos. Cuanto antes.

«¿Y Pedro?», le preguntó María Magdalena a Andrés, su hermano. «No lo sé. Supongo que, como todos, huiría de Getsemaní. Pero no he vuelto a verlo desde entonces, esa es la verdad». «¿Crees que ha podido seguir a Jesús?». «¿Ir tras los romanos? No, claro que no. Estará por ahí, escondido en cualquier rincón. Aguardará a que amanezca y se pondrá en camino hacia casa. Ya lo encontraré más adelante... No me preocupa. Pedro sabe cuidarse bien».

María Magdalena observó en silencio cómo el campamento de Betania se vaciaba. A su lado, quedaron sus tres compañeras —Salomé, Juana y Raquel— y Lázaro y sus hermanas. «Nosotras también deberíamos marcharnos», propuso Raquel. «Nuestra presencia en este lugar pone en dificultades a nuestros amigos».

Era cierto, y a María Magdalena no le quedó más remedio que aceptarlo. De este modo, las cuatro mujeres hicieron sus petates, se despidieron de Lázaro y de sus hermanas —a los que agradecieron la cordialidad y la franqueza con las que los habían tratado— y se pusieron en camino. O lo hizo María Magdalena en dirección oeste, es decir, hacia Jerusalén. «¿Adónde vas?», le preguntó Juana. «Voy a averiguar qué ha sido de Jesús. Vosotras volved a casa», contestó en voz baja. «¿Cómo vas a ir tú sola, María?», objetó Salomé. «Me las arreglaré». «No, no dejaremos que vayas sola. Iremos contigo».

De esta forma, las cuatro mujeres se encaminaron hacia Jerusalén, en la que entraron cerca del alba. No les costó demasiado informarse —porque en Jerusalén había mucha gente en las calles y no se hablaba de otro asunto— de cuál había sido la suerte corrida por Jesús. Fue entonces cuando se enteraron de que los detenidos habían sido, en realidad, cuatro —los discípulos solo les habían hablado del maestro— y que los habían conducido a la casa del sumo sacerdote. Preguntaron cómo llegar hasta ella y amanecía cuando la tuvieron delante. Volvieron a preguntar y les dijeron que los reos ya no se encontraban en el lugar, sino que habían sido trasladados al Templo para que los juzgara el Sanedrín.

Las cuatro, con María Magdalena siempre a la cabeza, atravesaron, de nuevo, la ciudad y se presentaron en el Templo. Ellas, por ser mujeres, solo gozaban de permiso para acceder a determinadas partes del complejo. Se trataba de un problema, o se habría tratado de un problema, pues, cuando interrogaron a un par de peregrinos que todavía quedaban por allí, supieron que Jesús y los demás habían vuelto a ser trasladados, esta vez a la torre Antonia, donde se esperaba que los romanos los procesaran de inmediato. «¿Y dónde está esa torre Antonia?», preguntó Raquel. «Oh, aquí, a la vuelta de la esquina. No tiene pérdida».

No la tenía y llegaron a la placita donde juzgarían a los reos justo cuando el proceso daba comienzo y el prefecto romano tomaba, por primera vez, la palabra.

Todas, pero María Magdalena especialmente, siguieron con interés el interrogatorio de Jesús. Al principio del mismo, se ubicaron algo alejadas de él —la multitud agolpada lo ponía muy difícil—, pero María Magdalena buscó el modo —se abrió paso a empujones y codazos— de aproximarse hasta la fila de legionarios tras la que se hallaban los reos. Desde allí, veía, de espaldas, a Jesús. La mujer notó cómo inclinaba los hombros hacia delante y supo que se encontraba muy cansado.

Sin embargo, el maestro se defendía y argumentaba sus respuestas. María Magdalena, con el corazón en un puño, seguía con atención el diálogo. Sí, Jesús lo hacía bien, con firmeza, sin estridencias, tal y como era costumbre en él. En cambio, el romano que lo interrogaba destilaba maldad. A María Magdalena no le cupo duda. Lo veía en su mirada, en la forma en la que cruzaba las manos a la espalda, en la que apretaba los labios después de hablar. Aquel romano odiaba a Jesús y, probablemente, a todos los judíos.

Yohanán, situado muy cerca de los cuatro reos, dentro del área de seguridad delimitada por el cordón de legionarios, juzgó que aquello marchaba tal y como los sacerdotes habían planeado. Poncio Pilato no daba tregua a Jesús y su interrogatorio atacaba directamente a lo que los romanos consideraban delito. Que en modo alguno suponía lo mismo que para los judíos, pero qué importaba. Lo verdaderamente relevante era que los planes de Caifás se cumplirían. Jesús dejaría de ser un problema y, una vez que los romanos acabaran con él, el pueblo de Jerusalén lo olvidaría en cuestión de días. A fin de cuentas, la prédica revolucionaria de Jesús no había tenido tiempo para echar raíces y fructificar.

Si acaso, los jerosolimitanos mostraban más curiosidad que resistencia. No ha nacido el judío al que un buen juicio no le interese. Se asistía a él y se tomaba nota mental de lo sucedido para, más tarde, debatir cada extremo, cada detalle, cada cuestionamiento, réplica y contrarréplica. Un judío era, sobre todo, un legalista. No en vano, la Ley regía cada aspecto de su existencia y, desde muy niños, se les enseñaba a obedecerla e, incluso, a interpretarla. De ahí que los debates en torno al proceso que se estaba siguiendo contra Jesús y sus tres compinches fuese, para muchos, una oportunidad de aprender y disertar. ¿Rebelarse contra los romanos a causa de las simpatías que suscitaba Jesús? No, eso no sucedería. Ni se les pasaba por la cabeza. Yohanán sabía que su pueblo no se hallaba hecho para la guerra o el combate. De lo contrario, una simple cohorte romana no habría bastado para mantener el orden en Judea.

Quizás, aventuró el sacerdote, si Jesús hubiera optado por reconocer sus errores e implorar benevolencia, el prefecto habría sido clemente. Pilato, esto bien lo conocía Yohanán, despreciaba a los judíos. Y una pata de ese desprecio es siempre el rebajamiento de las expectativas puestas en los demás. Pilato creía —al menos, en opinión de Yohanán— que los judíos eran medio tontos, lo cual significaba que, de cuando en cuando, se metían en problemas *sin pretenderlo.* Jesús se había proclamado rey de Israel, pero como lo haría un idiota: porque le pareció una buena idea, aunque sin más consideraciones. Si, en ese momento, Jesús se desdecía o afirmaba que de ninguna manera pretendía arrojar a los romanos al mar, no era descartable que Pilato se mostrase compasivo. Yohanán sabía que al prefecto no le temblaba la mano a la hora de imponer sentencias —en ocasiones, se había mostrado sádico—, pero, norma habitual entre los romanos, le espantaba la posibilidad de que alguien superior en la jerarquía destapara errores y chapuzas en su gestión. Los funcionarios de alto rango como Poncio Pilato llegaban a lugares como Jerusalén con la intención de hacer carrera y hallar el modo de encaminarse hacia destinos mucho más apetecibles. Nada de borrones, por lo tanto, en su expediente.

Sin embargo, Jesús no se estaba desdiciendo, sino reafirmándose. «Está perdido», pensó Yohanán.

Publio Cornelio notaba calor en el lugar donde antes había estado su oreja izquierda. Le daba la sensación de que volvía a sangrar y no pudo evitar llevarse los dedos al vendaje para comprobarlo. En las yemas, descubrió una pequeña mancha roja. Maldita sea, sí, sangraba de nuevo. A ver si el prefecto aligeraba el procedimiento y podía ir a que le cambiaran las vendas.

Por desgracia, Jesús acababa de humillar a Pilato. En su situación, en lugar de mostrar humildad y comedimiento, el galileo había invitado al prefecto a convertirse a la fe judía que él predicaba. El prefecto, claro, se lo tomó a mal. Y contraatacó. Aún tenían para rato.

«No estás en disposición de exigirme nada a mí», refunfuñó Pilato, dirigiéndose a Jesús.

«Nada te exijo», repuso Jesús. Mantenía el mentón algo más alto de lo que a los romanos presentes les habría gustado. «El reino de Dios ya está aquí. Dentro de una hora, no quedará nada del mundo que conocemos».

«¿Te liberará de tus ligaduras?», preguntó el prefecto, con gesto ceñudo.

«Y me sentará junto a su trono. Pero aún existe una oportunidad para ti, romano». Jesús realizó una pausa, tomó aliento y volvió a hablar, esta vez a gritos, para que todos los reunidos en la plaza le escucharan. Permanecía inmóvil, mientras tanto: «¡A todos vosotros me dirijo ahora! ¡A los judíos devotos y a los que se han rendido! ¡A sacerdotes y mercaderes, a soldados y peregrinos! ¡El fin del mundo ya está aquí! ¡Arrepentíos, os digo, arrepentíos y esa será la llave que os abra la puerta del nuevo mundo! ¡Está cerca, muy cerca!».

«¿Por qué lo sabes?», inquirió Poncio Pilato.

«Porque puedo notarlo» desafió Jesús. «Los ángeles pulsan el aire en los momentos previos a su venida. ¿No oléis a pétalos de flores? ¿No percibís una inusual humedad? Es Dios, que nos avisa. Es Dios, que se dispone a descender sobre todos nosotros. ¡Rezad por la tierra sagrada de Israel! ¡Ha llegado nuestra hora!».

Publio Cornelio apretó los dientes y aproximó su cabeza a la del prefecto. «¿Quieres que intervenga?», preguntó. El tono y la actitud de Jesús habían cambiado por completo. De pronto, ya no se dirigía únicamente al tribunal que lo juzgaba, sino que arengaba a la turba. Mal asunto. Para los romanos, muy mal asunto.

«Aguarda un instante», respondió Poncio Pilato. Quería ver cuál era el siguiente paso de Jesús. Lo tentó con estas palabras: «Al César lo que es del César, y a Dios lo que es de Dios».

Jesús cayó en la trampa y ese fue su gran error. Nadie diría que podría haberse salvado de no haberlo cometido —Jesús llevaba condenado desde el mismo instante en el que lo habían capturado en Getsemaní—, pero el modo en el que no midió el alcance de sus palabras lo sentenció. Pilato obtendría, por fin, lo que anhelaba: una declaración explícita y ante testigos de que el reo pretendía levantarse contra el imperio romano.

«Hablo al pueblo de Judea», expresó Jesús en voz alta y clara. Nadie en la placita realizaba el menor ruido. «Y digo que hay verdad en esas palabras, que nosotros, el pueblo elegido de Dios, solo a él se debe, solo en él confía, solo con Dios a su lado existe. No aceptamos más dominio que el de Yahvé. No pagamos más tributos que los que Dios nos impone. No es nuestra fortuna la de otros, sino la que ha sido decidida en nuestro nombre».

Ahora sí, Pilato asintió y Cornelio levantó un dedo para trasmitir una orden a los legionarios que se hallaban bajo la plataforma. Uno de ellos, el más próximo a Jesús, desenvainó su espada y, con la empuñadura, asestó un golpe en el rostro del maestro. Este cayó al suelo y, aunque no perdió el conocimiento, durante unos segundos no supo dónde se encontraba ni qué había sucedido. Los espectadores más cercanos observaron cómo la sangre comenzaba a brotarle de una ceja.

«No es necesario oír más», habló el prefecto. Un murmullo muy tenue se extendía por la plaza: el que los allí congregados elevaban al comentar, muy por lo bajo, lo que acababan de presenciar. «Este hombre se ha declarado culpable a sí mismo. Afirma que se rebela contra el orden establecido y que rechaza el gobierno del emperador de Roma. Su mensaje revolucionario ha de ser castigado como corresponde. No hay clemencia».

En aquel instante, Isaac y los suyos rompieron a gritar. Para ellos, era ahora o nunca: «¡Libera a Barrabás! ¡Libera a Barrabás!».

«¿Qué demonios sucede?», preguntó Pilato. «Al parecer, piden la libertad de uno de los reos», contestó Cornelio. «Pero eso no puede ser... Ya he dictado sentencia», adujo, algo confuso, el prefecto. «Si lo deseas, puedo enviar a unos cuantos soldados para que...».

Pilato, que había logrado cerrar con éxito el proceso, no quería problemas. Además, la placita se encontraba abarrotada de gente. Una intervención desmedida enfadaría a un populacho que, de momento, encajaba con sobriedad la sentencia. No, nada de líos. «Aguarda», le dijo a Cornelio mientras pensaba qué hacer.

«¡Prefecto, Barrabás es inocente!», vociferó Isaac en griego. De repente, como a veces sucede, los murmullos habían enmudecido y el grito del peregrino se escuchó nítidamente. Poncio Pilato tomó las palabras al vuelo y repuso: «¿Solo lo es Barrabás?».

Se estableció, entonces, un curioso diálogo entre uno y otro. Los separaban veinticinco o treinta pasos, y entre ambos se extendía prácticamente una multitud, pero nadie abrió la boca ni movió un músculo: de ninguna manera se perderían aquella conversación.

«Nosotros no conocemos a los demás», explicó Isaac. «Solo somos unos peregrinos llegados desde Hebrón con la intención de celebrar la Pascua en Jerusalén».

«¿Y por qué han capturado a Barrabás?», preguntó Pilato.

«¡Fue por culpa de los soldados!», explicó Isaac. «Estábamos durmiendo tranquilamente en el huerto de Getsemaní cuando unos gritos nos despertaron. Fuimos a ver qué sucedía y, de pronto, nos vimos atrapados en una pelea que no era la nuestra. ¡Ha sido un error, prefecto! Barrabás es inocente. Él no se ha levantado contra el césar ni le pretende mal alguno».

Poncio Pilato giró el rostro hacia Publio Cornelio y este le devolvió una mirada de circunstancias. «Vale, quizás nos equivocamos», parecía querer decir. «Pero a ti te quería haber visto en medio de aquella refriega. Hicimos lo que pudimos, ¿sabes? Hicimos lo que pudimos».

«De acuerdo, está bien», accedió, en voz alta, Pilato. «Este tribunal siempre se conduce con justicia. El emperador no castiga a aquellos que no lo merecen. ¡Liberad, pues, a Barrabás!».

La multitud congregada en la placita prorrumpió en aplausos y vítores. «¡Ba-rra-bás!», gritaban, enfatizando cada sílaba. «¡Barra-bás! ¡Ba-rra-bás!».

Un legionario se acercó al recién absuelto y cortó sus ligaduras. No fue necesario explicarle nada, ya que este, al verse libre, levantó los brazos sobre la cabeza y se volvió hacia el gentío que lo vitoreaba. Las aclamaciones fueron a más: «¡Ba-rra-bás! ¡Ba-rra-bás!». En un visto y no visto, Barrabás alcanzó el lugar donde se encontraba Isaac —al hacerlo, pasó junto a decenas de hombres que lo felicitaban, lo aplaudían y le propinaban amistosos cachetitos en la nuca— y, tras abrazarse a él, se marchó junto al resto de peregrinos que lo acompañaban.

Jesús continuaba tendido en el empedrado. Pilato aún no había pronunciado la pena a la que sometería a los —ahora tres— reos, pero llegaba el momento de hacerlo. Se aproximó al extremo delantero de la tribuna, extendió un brazo hacia delante y mostró la palma de la mano extendida para pedir calma y silencio. Poco a poco, los congregados en la placita fueron haciéndole caso y los gritos pasaron a ser voces y las voces, murmullos. Por fin, alguien de entre los concurrentes chistó y el resto, obediente, calló.

«Para los tres procesados prescribo la única pena que merecen, que es la máxima, pues nadie tiene derecho a rebelarse contra Roma», dijo Poncio Pilato. Lo escuchaban expectantes. Todos allí sabían a qué pena se refería, pero querían oírla de sus propios labios.

«¡Crucifixión!».

Tras deambular durante un rato por las calles próximas al Templo, Pedro se enteró de que se disponían a juzgar a Jesús. «¿Quiénes?», le preguntó a un transeúnte que parecía bien informado. «¿Quiénes van a ser?», respondió este. «¡Los romanos!».

Así pues, el discípulo, caminando tras la multitud, llegó a la placita donde todo había sido dispuesto. Siguió, en completo silencio, el juicio y pudo escuchar cada palabra pronunciada por Jesús. «Se ha defendido bien», pensó, en un primer término. Pedro daba por hecho que lo liberarían. Jesús no había matado a nadie, no había robado, ni violado, ni usurpado, ni blasfemado. ¿Anunciar la llegada del reino de Dios era delito? Incluso entre aquellos que no creían en Yahvé, una consideración semejante tenía bastante de singular. Perfecto, se podía estar en desacuerdo con Jesús. ¿Y qué? ¿Cuál era el problema? Los judíos se separaban en infinidad de castas, familias y partidos para mostrar su eterno desacuerdo los unos con los otros: fariseos, saduceos, esenios, zelotas... No existían dos judíos iguales y, sin embargo, todos eran judíos. ¿No podían los romanos comportarse de forma similar?

No, al parecer, pues la sentencia acababa de ser dictada: crucifixión. Ni más ni menos que eso. El prefecto Pilato condenaba a muerte a Jesús. ¡Qué injusticia...! Dios debería intervenir, ¡ahora sí que debería hacerlo! Si Jesús moría en la cruz, la más grande de las ignominias se vertería sobre Jerusalén. Inconscientemente, Pedro levantó la mirada hacia el cielo —Jesús no lo hacía tan siquiera al invocar a Dios, y sus discípulos habían aprendido a imitarle— y observó cómo, a lo lejos, una bandada de pájaros lo atravesaba de este a oeste, en dirección al mar.

En la placita, los asistentes al juicio comenzaban a retirarse. El espectáculo había concluido. ¿Había merecido la pena? Sin duda, y mucho. No todos los días se tenía oportunidad de asistir al enjuiciamiento de un mesías de Dios. Y, menos aún, de verlo condenado a muerte por el prefecto en persona. De aquel asunto, se hablaría durante meses, quizás años, en la ciudad. Luego, llegaría un nuevo rabino declarándose el auténtico mesías de Dios y Jesús caería en el olvido. Era ley de vida.

Pedro se resistía a marcharse. En primer lugar, porque ¿a dónde? Carecía de cualquier sitio al que dirigirse. Estaba solo, perdido si se quiere, alejado de sus amigos y compañeros. Pero es que, en segundo lugar —y mucho, muchísimo más importante—, porque se resistía a separarse de Jesús. Pedro ya había negado, en dos ocasiones, conocerlo de algo. «¿Jesús? ¿Quién es Jesús? Yo no tengo nada que ver con Jesús, nada en absoluto». A Pedro, la conciencia le remordía —se había plantado en él una semilla de dolor y sufrimiento que, en un futuro no muy lejano, fructificaría de la más inesperada de las maneras— y este hecho le impelía a quedarse quieto, a no moverse de la placita.

Los transeúntes lo empujaban al pasar junto a él —en más de una ocasión, lo interpelaron con rudeza: «¡Muévete, pasmarote, y quítate de en medio!»—, pero él se limitó a estirar el cuello para observar qué hacían con Jesús. Se lo llevaban, eso estaba claro. ¿Adónde? Daba la sensación de que al edificio que servía de cuartel para los legionarios romanos. Bueno, convenía permanecer atento. A lo mejor, Dios decidía intervenir para así rescatar al primero de sus siervos. Siendo honestos, Pedro —quien, a estas alturas, se sentía profundamente deprimido y agotado— lo dudaba. Sin embargo, si existía una posibilidad de que así sucediese, por muy pequeña que esta fuera, él debía contemplarla y, situándose cerca del maestro, actuar en consecuencia.

La multitud que abandonaba la placita era judía. Quizás hubiese, entre los presentes, algún gentil de los que llegaban a la ciudad para mercadear en la parte del Templo autorizada para ellos —el Patio de los Gentiles—, pero no sumarían, en total, más de tres o cuatro. Hombres que se habían topado de bruces con un hecho pintoresco —¡un juicio romano!— que narrarían con placer una vez de regreso en sus hogares. Fueron, por lo tanto, enteramente judíos los que, en ese preciso momento, reconocieron a Pedro.

«¡Tú estabas con el convicto!», exclamó un hombre de unos treinta y cinco años, que vestía una túnica de color ocre y lucía barba y cabello largo. «¡Sí, parecíais muy amigos!», se sumó otro hombre, que olía a excremento de buey. Tenían ganas de armarla y la armaron. Algo sabían, sí, no en vano habían reconocido a Pedro, pero sus auténticas intenciones no eran las de denunciarlo a los romanos, sino las de recriminarle un modo de vida que ellos consideraban inaceptable.

«¡Menudos pájaros estabais hechos! Me alegro mucho de que los romanos hayan puesto fin a esta pantomima, fíjate lo que te digo...», soltó, de un tirón, el del pelo largo. Ahora, sujetaba a Pedro por el brazo. Este podría haberse zafado, pues era un hombre fuerte acostumbrado a recoger redes cargadas de peces en el lago Tiberíades. No obstante, no reaccionó de ninguna manera. Simplemente, se quedó quieto, oyendo lo que le decían, sin responder o protestar.

«¡A trabajar de sol a sol os ponía yo, haraganes...!», se envalentonó el que olía a mierda de buey.

«¡Estos solo saben vivir del cuento! Hoy predico aquí, mañana predico allá y así se suceden las semanas y las estaciones... ¡Gandules!». «Yo llevo trajinando con ganado desde los cinco años, ¿sabes? Mi padre me puso pronto a trabajar, porque tenemos que ganarnos el pan. ¿Qué hacéis vosotros? ¡Nada! ¿Qué aportáis? ¡Nada!».

«¡Vagos!».

«Mira, ahora mismo voy a denunciarte a los romanos», expresó, de pronto, el hombre del pelo largo. Aún agarraba a Pedro por el brazo. «No lo hagas», acertó a replicar este. A lo que el otro, no sin adoptar un tono jactancioso, repuso: «¿No? ¿Por qué no iba a hacerlo, si se puede saber? Tú y tu amigo Jesús...».

«¡Yo no sé quien es ese Jesús!», exclamó, cortándole y casi a gritos, Pedro. No había hablado tan alto y claro en su vida. Añadió: «Estaba viendo el juicio, como todos aquí. ¡Me has confundido con otro!».

Por tercera vez, Pedro había negado conocer a Jesús. «Bah, déjalo, solo es un idiota», indicó el del olor a mierda. «Vámonos de aquí, que se nos está haciendo tarde». El del pelo largo mantuvo su mirada clavada en Pedro, terminó por soltarle el brazo y, como si le estuviera haciendo un favor que en modo alguno se merecía, continuó con su camino.

Por tercera vez, Pedro hundió sus piernas en una ciénaga de aguas pútridas.

Mientras la multitud que había sido testigo del juicio se dispersaba, Ezequías, Bernabé y Jesús fueron conducidos al interior de la torre Antonia. Tras la condena, el trato que les dispensaban los romanos cambió radicalmente. Si hasta entonces los habían tratado, dentro de lo que cabe, con cierto respeto, en adelante los malos modos serían constantes. Los tres reos habían sido despojados de su humanidad. Ahora, los romanos podían hacer con ellos, lisa y llanamente, lo que quisieran.

La pena de crucifixión tenía, como objetivo último, servir de escarmiento no al que la sufría, sino al que la contemplaba. Se trataba de un aviso a navegantes: «¿Veis lo que les sucede a aquellos que traman rebeliones contra Roma?». Sin embargo, no se trataba de un castigo *prolongado*. Es decir, los romanos no eran partidarios de extender indefinidamente la agonía de los condenados. Les bastaba con crucificar a los reos, esperar que murieran pronto y dejar allí sus cadáveres durante días o semanas para que todo el mundo tuviese oportunidad de verlos. Con los judíos esto no acababa de funcionar —pues una de las múltiples normas a las que obligaba la Ley de Moisés exigía que los cuerpos de los condenados fuesen enterrados el mismo día de su muerte y siempre antes del atardecer—, pero los romanos, poco partidarios de las improvisaciones, seguían al pie de la letra su procedimiento de castigo.

El hecho de que prefirieran crucifixiones cortas obligaba a que los condenados fuesen a la cruz ya previamente *desgastados*. Un hombre sano y joven —como lo eran aquellos tres que comenzaban a ser desnudados en el patio interior de la Antonia— puede soportar durante muchas horas —días, incluso— el tormento de la cruz. De ahí que los romanos hubiesen aprendido a crucificarlos en un estado no precisamente de plenitud física. Para ello, los sometían a una brutal sesión de latigazos que dejaba medio muertos a los reos, que era lo que se pretendía. Los látigos que se usaban no eran los habituales cuando se intenta dar un escarmiento a alguien que, tras el castigo, se va a marchar a su casa y seguir con su vida: ahí, la pretensión era la de hacer daño —causar dolor— provocando heridas superficiales y despellejamientos que, una vez sanados, se transformarían en cicatrices.

En el caso de los condenados a morir en la cruz, los látigos utilizados por los verdugos eran distintos y servían, sobre todo, para quebrar la piel y hundirse bien hondo en la carne. Si, por cualquier motivo —inexistente, pero sopésese la posibilidad—, un reo ya fustigado no subía a la cruz y se le daba la libertad, difícilmente sobreviviría a las heridas provocadas por el látigo. Demasiado profundas, demasiado sangrantes, demasiado letales.

A Ezequías, Bernabé y Jesús, por lo tanto, los azotarían para desbravarlos. Con la intención de facilitar la operación, en el patio dispusieron tres postes y a los postes se ató, completamente desnudos, a los convictos. El verdugo era un legionario que asumía esas funciones a cambio de exenciones en los servicios cotidianos: no salía de patrulla salvo que fuese una cuestión de fuerza mayor, ni realizaba tareas de carcelero o mantenía contactos innecesarios con la población civil. Como semejantes dispensas eran muy atractivas, al verdugo le surgía competencia por doquier. Cualquier legionario se creía —aunque, a la hora de la verdad, no fuese cierto— capaz de propinar una buena tanda de latigazos sobre la espalda de un condenado. La labor, si se quería hacer con profesionalidad, implicaba que el verdugo poseyera un gran dominio del látigo para *apuntar* bien y desollar de forma uniforme. Había verdugos tan torpes que podían arrancarle el brazo —veinte o treinta latigazos dejaban el hueso al aire— a un hombre mientras su espalda quedaba intacta.

Tampoco es que existiera un amor por el trabajo bien hecho. A fin de cuentas, estaban en Judea, a los que flagelaban eran judíos y no se hacían precisas grandes florituras. De ahí que el puesto de verdugo estuviese siempre en el aire —o así lo creía el propio verdugo—, lo cual obligaba a este a emplearse a fondo y con absoluta diligencia. Que el centurión a cargo de la supervisión del castigo no dijera «bien, ha estado bien, pero yo le habría propinado una tanda más». A ningún verdugo se le llamaba la atención por *desgastar* demasiado a un reo.

El castigo comenzó por Bernabé —no existió ninguna razón particular para ello: por uno de los tres había que empezar— y el verdugo descargó doce latigazos no demasiado fuertes pero bien repartidos. Se trataba de ir despellejándolo para que la sangre brotara lentamente. Bernabé, sorprendido por el intensísimo dolor, aulló como si el demonio hubiese entrado en él y lo estuviera devorando por dentro. Nadie, de entre los romanos, observaba. En la torre Antonia, cada cual seguía con sus asuntos, pues la flagelación de unos condenados no suponía sino simple rutina. Solo Yohanán, que había sido admitido en la Antonia como delegado del poder del Templo, contemplaba, a cierta distancia —para no contaminarse más de lo estrictamente necesario—, la imposición del castigo.

Jesús, quien se encontraba atado al tercer poste si se empezaba a contar desde el de Bernabé, se puso a rezar y a rogar a Dios que interviniera de una vez. Se sentía responsable del castigo que Bernabé había comenzado a sufrir. El maestro daba por hecho que Dios abriría el cielo antes de que aquí, en la tierra, a él le sucediera algo irreparable. Sin embargo, Bernabé no tenía por qué sufrir de aquella manera. «Yo penaré en nombre de los tres», rogó en sus pensamientos. Si, al parecer, se hacía necesario el pago de un tributo para que la invocación fuese certera —Dios contemplaba las acciones de los hombres y respondía de una forma o de otra tras tomarlas en consideración: ¿no era ese el modo en el que funcionaban los sacrificios del Templo?—, Jesús la asumiría por completo. Fuese, por tanto, el máximo castigo para él.

Dios escuchó —Jesús no lo dudó—, aunque no obró. El verdugo, tras dar por concluida la primera tanda de latigazos sobre la espalda de Bernabé, pasó a la de Ezequías. De nuevo, golpeó sobre su carne al tiempo que el pobre Ezequías enloquecía de dolor. Su espalda comenzó a desgarrarse primero por un hombro, después por el otro y, a partir de ahí, hacia abajo, hasta los glúteos. «¡Haz que venga ya!», oyó Jesús que Ezequías le gritaba en arameo. Los romanos no se habrían inmutado aunque hubiesen entendido la frase. Yohanán, para el que el arameo era su lengua materna, escuchó al discípulo de Jesús y reaccionó juzgándolo en silencio: «¿Veis lo que os pasa por meteros donde no os llaman?». Lamentaba que los tres hombres tuviesen que estar sufriendo aquel tormento —que, por otro lado, no había hecho más que comenzar—, pero lo consideraba justo y, sobre todo, necesario: ¿Qué otra cosa podían aguardar los que habían puesto en entredicho la misión de los sacerdotes del Templo?

Cuando le llegó el turno a Jesús, este ya aceptaba que esa primera tanda de latigazos la recibiría. Dios era capaz de intervenir en cualquier momento —y le bastaba el destello de un rayo para paralizar el devenir y lanzar a su ejército de ángeles iracundos—, aunque, por ahora, no lo haría. Jesús *intuía* que así iba a suceder, lo *sentía* con una intensidad reverencial.

El verdugo levantó el látigo, lo hizo restallar una sola vez en el aire —era parte del ceremonial que desplegaba para demostrar su valía— y descargó el primer trallazo sobre la espalda de Jesús, el cual le rasgó la piel entre los dos omóplatos. El dolor fue inmenso. El maestro notó cómo un escozor de gigantescas proporciones sacudía su columna vertebral e impregnaba todo su ser. Apretó los dientes, imploró a Dios que desencadenara el fin del mundo y cerró los ojos. Entonces, llegó el segundo azote, apenas a medio palmo del primero. De nuevo, la piel se abrió limpiamente, el aire penetró en la herida y todo fue llanto inenarrable. Si no hubiese estado atado al madero, Jesús se habría derrumbado. Dobló, no obstante, las rodillas y dejó que su cuerpo cayese flácido. El verdugo, lejos de apiadarse, se aproximó medio paso a él y le lanzó dos latigazos muy seguidos el uno del otro: ambos desgarraron la carne y produjeron heridas de un dedo de ancho y uno de profundidad.

El resto de la tanda de latigazos apenas lo sintió. Aún con los ojos cerrados, había comenzado a llorar, a implorar a Dios para que aquello no se prolongase. «¿Por qué?», se preguntó una y otra vez. ¿Cuál era el sentido último de aquel castigo? ¿Acaso Yahvé lo estaba probando? Y, si lo hacía, ¿para qué? ¿No había dado suficientes muestras de ser su siervo entregado? «He aquí tu mesías, Padre», pensó. «Arrebátanos cuando sea el momento».

De pronto, y él se sorprendió al comprenderlo, había dejado de rogar —de implorar, que es una forma de exigir— que Dios interviniera con todas las consecuencias. Ahora, se disponía a soportar lo que hubiera de llegar —porque el tormento había dado comienzo— hasta que Dios, y solo Dios, decidiera detenerlo. «Ángeles moran en los cielos cuya misión no es la de venir en mi ayuda, sino la de hacerlo en la del pueblo judío». Finalizaría su dolor cuando finalizase el dolor de todos los judíos.

El verdugo no se detuvo. Volvió a la espalda de Bernabé, después a la de Ezequías y, una vez más, a la de Jesús. Se suponía que debía contar los latigazos para que los reos recibieran un tormento idéntico. Sin embargo, el legionario prefería —y no se encontraba presente un superior jerárquico que lo controlara— propinar más o menos latigazos en función de cómo, en cada instante, se comportaba el condenado. Si, por ejemplo, notaba que Ezequías levantaba la cabeza, le aplicaba una ración extraordinaria de trallazos para doblegarlo en igual medida que al resto. El plan pasaba por que, una vez en la cruz, todos los ajusticiados murieran más o menos al mismo tiempo, independientemente de cuál hubiese sido su fortaleza previa. Por terrorífico que suene, existía avidez por propiciar una muerte *elegante*.

Desde el principio, Jesús se reveló como el reo más débil de los tres. Durante los latigazos, su cuerpo se desplomaba y apenas tenía fuerzas para, mientras el verdugo castigaba a Ezequías y a Bernabé, reponerse en lo más mínimo. Tan fue así que finalmente recibiría menos latigazos de los previstos. Una cosa era debilitar al condenado y otra que al verdugo se le muriera antes de que hubiesen tenido tiempo de clavarlo en la cruz.

Yohanán jamás había asistido a un espectáculo semejante. Dado que la crucifixión era un castigo que los romanos imponían solo a los acusados de delitos graves contra su dominio en la región, el patíbulo se visitaba no más de cuatro o cinco veces al año. Los judíos odiaban a los romanos, los romanos odiaban a los judíos, pero unos y otros se habían acostumbrado a convivir en cierta paz y una singular armonía. Si surgían problemas —y surgían—, por lo general no alcanzaban la entidad suficiente para ser resueltos con penas de muerte. De ahí que a los sacerdotes del Templo, en tanto en cuanto que representantes de la parte judía de la administración de justicia en Judea, les gustara estar presentes durante las ejecuciones. Lo cual, dicho sea de paso, les causaba enormes conflictos por lo que de *contaminantes* de su pureza tenían los correctivos romanos. Yohanán, sin ir más lejos, una vez que el presente proceso punitivo hubiese concluido, habría de atravesar una complejísima y laboriosa liturgia de purificación para volver a ponerse *a buenas* con Dios y con su ley dictada.

Que el sacerdote dispusiera, por lo tanto, de cierta experiencia en la observación de los castigos romanos, no evitó que, al menos en esta ocasión, el alma se le conmoviera ante tanta sangre, tanto dolor y tanto espanto. El empedrado del patio de la torre Antonia se hallaba teñido de color rojo, al igual que los cuerpos de los convictos. La sangre lo bañaba todo; también el aire, al que impregnaba de un olor metálico. Los lamentos que proferían los tres reos extendían el horror hasta el último rincón de la Antonia.

«¡Basta!», gritó Ezequías. «¡Romanos, malditos romanos!».

Fuera, en la placita donde un rato atrás había tenido lugar el juicio, Pedro continuaba aguardando que se produjera un milagro. En un sentido completa y absolutamente literal: el discípulo esperaba que el cielo se abriera por la mitad y, de la grieta, surgieran los ejércitos de Dios, los cuales descenderían sobre la tierra para detener el ignominioso proceso seguido contra Jesús. De ahí, quizás, que el bueno de Pedro tuviese la mirada perdida en el firmamento cuando una voz amiga se dirigió a él: «¡Dios mío! ¡Pedro!», exclamó alguien.

Era María Magdalena. Tras el juicio —al que tanto ella como Salomé, Juana y Raquel habían asistido impertérritas—, le habían surgido las mismas dudas que a Pedro: ¿Qué podían hacer? ¿Marcharse? ¿Dejando solo a Jesús? ¿Abandonándolo a su suerte? Cuatro mujeres jóvenes no podían pasearse por ahí sin compañía masculina. No, al menos, durante demasiado tiempo, si es que no querían llamar la atención. De ahí que María Magdalena se alegrara tanto de encontrarse con Pedro.

«¡María!», exclamó este bajando la cabeza y descubriendo a las mujeres. «¡Y Juana! ¡Raquel! ¡Salomé! ¿Qué hacéis vosotras aquí?». De inmediato, las mujeres se aproximaron a Pedro, quien, con su sola presencia, les facilitaba el auxilio que precisaban: al lado del hombre, a ellas nadie prestaría atención. Dejaban de existir, se tornaban invisibles. En el remoto caso de que alguien se preguntara por qué cuatro mujeres jóvenes caminaban al lado de un hombre igualmente joven —en el remoto e improbabilísimo caso de que así sucediera—, bastaría con que Pedro alzara una mano en el aire y las identificara como sus hermanas. Punto final. Nadie tendría derecho a realizar más preguntas, pues la Ley garantizaba a Pedro la *titularidad* de todas las mujeres de su familia. Eran suyas, le pertenecían, él respondía por ellas ante cualquier varón que se interpusiera en su camino.

«Nos hemos enterado de lo que ha sucedido esta noche», explicó Raquel. «¡Que han prendido a Jesús!», intervino Juana. «Tomás y Simón nos lo han contado todo», añadió Salomé. «Vinieron a Betania, ¿sabes?», dijo Raquel. «Y luego huyeron», sentenció María Magdalena con el semblante serio. «Cobardes, cobardes, cien veces cobardes. Se dicen hombres, pero no lo son».

Pedro contempló a las mujeres. En sus rostros, descubrió la determinación que a él le faltaba. ¿Era posible que cuatro jóvenes estuvieran dándole una lección de entereza? El discípulo se avergonzó.

«Bajad la voz», pidió. «Este lugar ya no es seguro para nosotros». «A nuestro lado, Pedro, pasarás desapercibido. Creerán que eres un mercader que realiza gestiones en la ciudad». Si la presencia de Pedro invisibilizaba a las mujeres, la de las mujeres hacía lo propio con Pedro. Indiscutiblemente, les convenía mantenerse juntos.

Aunque ¿para qué? «No podíamos dejarlo solo», sentenció, a modo de respuesta, María Magdalena. Ella no se apartaba de la cuestión principal. «¿Qué crees que sucederá ahora, Pedro?», preguntó Salomé.

El discípulo no estaba seguro de a qué se refería la muchacha. ¿Al futuro inmediato de Jesús? ¿A la suerte que correría ahora que los romanos lo tenían en su poder? ¿O a la posible intervención de Dios? ¿Llegaría el anunciado fin del mundo? ¿Era este —el que se hallaban viviendo— el instante inmediatamente previo a la irrupción de Yahvé? Pedro, sin poder evitarlo, volvió a mirar hacia el cielo. Las cuatro mujeres lo imitaron. Por un momento, en una placita ya desierta, cinco galileos apretaron las uñas en las palmas de las manos.

Nada sucedió. E interpretaron esa ausencia de acción como un mensaje de Dios: pese a que lo que habría de suceder era un misterio, ellos deberían seguir. «Yo voy a quedarme a esperar», informó Pedro. «Nosotras también», repuso, de inmediato, María Magdalena. «Tenemos algo de dinero», dijo Salomé. «Ahora que la mayor parte de los peregrinos ha abandonado la ciudad, no nos será difícil encontrar alojamiento en una posada», aventuró Raquel. «Me han hablado de una en la que no nos harán demasiadas preguntas», explicó Juana.

«Y, si las hacen, recordad que los cinco somos hermanos, ¿entendido?», expresó Pedro. Las mujeres asintieron en silencio. «Si alguien se dirige a vosotras, negaos a hablar. Afirmad que vuestro hermano no os permite entablar conversaciones con desconocidos».

«¿Y Lázaro?», preguntó, entonces, Raquel. «¿No vamos a regresar a su casa de Betania?». «De momento, no», respondió Pedro. «Aquel no es un buen lugar para nosotros. Quién sabe si los romanos lo tienen vigilado. Además, hemos de permanecer lo más cerca que podamos de Jesús. Y Jesús está aquí, en Jerusalén. No nos moveremos de su lado. Pase lo que pase, no lo haremos».

En el interior de la torre Antonia, el verdugo dio por finalizada la flagelación de los tres condenados a muerte. Ezequías, Bernabé y Jesús —sobre todo, este último— habían sido azotados a conciencia y ninguno de ellos era capaz de levantar el rostro y, menos aún, mostrarse altivo. Habían sido desbravados en su justa medida, ni mucho ni poco, sin ensañamiento ni benevolencia.

Fue entonces cuando el verdugo se llevó dos dedos a la boca y silbó largamente. Llegaba el momento de la diversión.

Lo que venía ahora no se hallaba reglamentado —y el prefecto, por ese mismo motivo, debería haberlo impedido—, pero la vida de los legionarios en el destacamento de Judea era dura y repleta de sinsabores. Un poco de diversión de cuando en cuando no hacía daño a nadie y ayudaba a mantener contenta a la tropa. De ahí que Poncio Pilato mirara para otro lado cuando los legionarios se procuraban su propio divertimento.

Ha sido dicho que a los tres reos, tras la condena a muerte, se les despojaba de cualquier revestimiento humano. Antes que de la vida, se les retiraba la dignidad para que, de este modo, se pudiese hacer con ellos lo que se quisiera, lo que fuese necesario, lo improbable, lo salvaje, lo indigno y lo atroz. No eran hombres aquellos tres judíos que habían sido azotados en el patio de la torre Antonia. No era sangre aquello que empapaba el empedrado y lo tornaba resbaladizo. No eran gemidos de dolor y espanto los que surgían de las bocas de los tres desgraciados.

De hecho, no les volverían a llamar por sus nombres y, durante lo que durase el tormento, Ezequías, Bernabé y Jesús serían, para los soldados, «los judíos». «Levanta el rostro, judío». «Deja de sollozar, judío». «Muérete de una vez, judío». Quien carece de nombre carece de alma. Quien no se llama de tal o cual forma no tiene madre, ni padre, ni presencia entre los que sí somos y sentimos.

Al silbido del verdugo —a su llamada— fue acudiendo la casi totalidad de la guarnición de la Antonia. De los cuatrocientos ochenta hombres que constituían la cohorte de la Tercera Legión destacada en Jerusalén, se reunieron allí, fácilmente, doscientos. Quien pudo, dejó de hacer lo que lo mantuviese ocupado y bajó al patio para asistir al espectáculo, al divertimento, a la juerga. Los legionarios se reunían en grupos pequeños, de siete u ocho hombres, y se situaban formando el círculo más amplio que el patio permitía. Para entonces, el verdugo ya había liberado las ligaduras de los reos, que *descansaban* tendidos sobre las losas del suelo.

Jesús se concentraba en rezar a Dios. Había cruzado los brazos sobre su cabeza y apoyaba la frente en ellos, al tiempo que trataba de respirar muy despacio para así contener el dolor. Acababa de superar una prueba inimaginable. Porque la tortura a la que lo habían sometido los romanos podría explicarse de muchas maneras —y, de hecho, se intentaría en infinidad de ocasiones durante los siglos venideros, esta misma entre ellas—, pero ninguna describiría la profundidad del dolor que había sufrido, que se hallaba sufriendo. «Padre, ven ya», pensó Jesús. «Intervén y acaba con mi tormento. Ve a por ellos, hazlo, Padre, hazlo sin piedad. Arroja sobre Jerusalén tu ejército de ángeles guerreros y ordénales que maten y destruyan, que horaden los pechos de los que embisten a los judíos. En ti confío, Padre, para que me salves y nos salves».

Un legionario trajo un manto de color púrpura. Salvando los charcos de sangre para no mancharse las sandalias —lo hacía exageradamente, con la intención de despertar hilaridad en los espectadores—, se encaminó hacia el lugar donde yacía Bernabé. «¿A este? ¿Se lo pongo a este?», preguntó en latín y entre risas. El público respondió de inmediato. «¡No!». Muchos soldados añadían lo primero que se les ocurría. «¡Al rey, pónselo al rey!». «¡Ese judío cabrón ya está más muerto que vivo!». «¡Clávale una daga en un ojo si tienes cojones!». «¡Cortadle la polla y hacédsela tragar!».

A medida que el espectáculo avanzaba, la concurrencia se iba calentando más y más. Los decuriones y los centuriones presentes —y había unos cuantos— no intervenían, pues se suponía que el acuerdo tácito aceptado por el propio prefecto era que la diversión no tenía más límite que el de no matar a los reos: debían llegar vivos a la cruz.

«¿Y a este? ¿Se lo pongo a este?», preguntó el legionario que portaba el manto púrpura. Había dejado a un lado a Bernabé y se acercaba a Ezequías. «Yo creo que al judío le va a quedar muy bien este manto tan elegante...», añadió alzando mucho la voz y silabeando cada palabra, como había visto hacer a los actores en los teatros. «¡No!», volvieron a clamar los espectadores. «¡A ese desgraciado no, que ya está medio muerto!». «¿Solo hay un manto? Pues si solo hay uno... ¡al rey! ¡Pónselo al rey de los judíos!».

«¿Quién es el rey?», preguntó el legionario. Miraba a uno y otro lado, fingiendo que no veía a Jesús. Aún se hallaba a los pies de Ezequías y, pese a sus esfuerzos, sus sandalias se encontraban mojadas de sangre.

«¡A tu lado!», respondieron algunos soldados. Nadie abandonaba el círculo ni invadía el espacio delimitado por él, pero la diversión era máxima y todos se dejaban llevar por las risas, la broma y el regocijo.

«¿Este? ¿Es este?», preguntó, entonces, el legionario. Señalaba a Jesús. «¡Sí!», aullaron doscientas gargantas al unísono.

La pantomima no tenía mucho más recorrido, de modo que el legionario se acercó a Jesús, lo tomó por un brazo y, con la ayuda del verdugo, que lo asió por el otro, le obligó a ponerse en pie. El maestro se tambaleó un poco pero logró conservar el equilibrio. Le resbalaba tanta sangre por el rostro que apenas era capaz de mantener los ojos abiertos.

«Yo te impongo este manto sagrado, oh, rey de los judíos», expresó, con solemnidad, el legionario. Acto seguido, colocó el manto púrpura sobre los hombros lacerados de Jesús —quien continuaba completamente desnudo— y, para que no resbalara, se lo ató al cuello con un cordel.

«¡Esperad!», gritó alguien de entre el público. Un legionario de mediana edad trataba de abrirse paso. «¡Traigo la corona del rey!».

«¡Eso! ¡Coronadlo! ¡Coronadlo!». «¡Que los judíos no digan que los romanos no reconocemos a sus monarcas!». «¡Honrad a ese hijo de puta como se merece!». «¡Clavadle la corona!».

Esta última exclamación no habría sido posible si quien la profería no hubiera sido, previamente, conocedor del tipo de corona que le reservaban a Jesús: una corona que, sobre la cabeza, pudiese ser *clavada* era, sin duda, una corona de clavos. O de espinas.

El legionario que traía la corona —la habían trenzado con los tallos de un arbusto espinoso— separaba las piernas al andar y chapoteaba en la sangre para resultar grotesco y estimular el regodeo. «¡Jo, jo, jo!», se reía mientras se aproximaba a Jesús. «Agachadle la cabeza», pidió a los soldados que lo sujetaban por los brazos. Uno de ellos, el que le había colocado el manto púrpura, le propinó un fuerte golpe en el esternón y el maestro se dobló hacia delante.

La corona de espinas imitaba a la corona de laurel y, por lo tanto, se asentaba en igual disposición sobre la cabeza: dejando la frente al descubierto, cubría la parte alta del cráneo y, por detrás, descendía hacia la nuca. Cuando se la pusieron a Jesús, resbaló y cayó al suelo. Los espectadores no lo dudaron —estaban allí para pasárselo en grande— y la tomaron con el legionario de mediana edad: «¡Idiota, no sirves ni para clavar espinas!».

Este, manifiestamente contrariado, recogió la corona con cuidado de no pincharse, pidió a sus compañeros que le sujetaran la cabeza a Jesús y, tras colocársela de nuevo en su lugar, desenvainó la espada y usó la empuñadura a modo de martillo para clavar las espinas en el cuero cabelludo. «Así no volverá a caerse por mucho que te muevas», sentenció mientras sacaba la punta de la lengua para concentrarse.

Los doscientos romanos presentes rieron a mandíbula batiente. El espectáculo les parecía graciosísimo, con un hombre desnudo, empapado en sangre y luciendo una tremebunda corona. Jesús inclinaba los hombros hacia delante y dejaba que sus brazos —medio ocultos bajo el manto púrpura— cayeran rectos y paralelos al cuerpo. Intentó decir algo y de su boca brotaron un par de pompas de sangre que provocaron no pocas carcajadas. Muy cerca de Jesús, podría decirse que como si fuesen sus príncipes, Ezequías y Bernabé intentaban recuperarse tras las tandas de latigazos. Al menos, a ellos no lo sometían al escarnio y a la burla. Bernabé pronunció estas palabras: «Nos van a matar». Para él, no quedaba duda alguna de que así sucedería.

«Confía en Dios», le respondió Jesús. Tanto a uno como a otro les costaba muchísimo esfuerzo hablar. Además, en medio de aquel jolgorio y aquel griterío, no era fácil hacerse oír. «Confía... en Dios», repitió Jesús.

De pronto, intervino Publio Cornelio. La bufonada había terminado. Los legionarios, habituados a obedecer a la primera, disolvieron el círculo y regresaron a sus quehaceres cotidianos. El centurión ya había constituido la compañía que se ocuparía de ejecutar la sentencia. Normalmente, bastaba con media docena de hombres al mando de un decurión —en Jerusalén, las ejecuciones se llevaban a cabo sin que nadie en la ciudad se opusiese o alterara el orden— para cumplir con una pena capital. Sin embargo, en aquella ocasión, con tres reos en lugar de uno, Cornelio optó por doblar los efectivos. Serían doce los legionarios que, bajo su mando, se encaminarían hacia el patíbulo y procederían a crucificar a los condenados. Con un poco de suerte, en seis horas estarían de vuelta en la torre Antonia.

Fuera, en la placita, Pedro, María Magdalena, Salomé, Raquel y Juana aguardaban. Carecían de cualquier información acerca de lo que ocurría en el interior de la torre Antonia y se limitaban a permanecer a la expectativa. En algún momento, algo sucedería. Como estrategia, no servía de mucho, pero no se les ocurría qué otra cosa hacer. «¿Desde cuándo no comes?», le preguntó Raquel a Pedro. «Desde la cena de anoche», respondió este en tono lacónico. Nadie tenía hambre, y de ninguna manera habrían abandonado el lugar para irse a tomar un bocado, pero de algo había que hablar. Así pues, Pedro contó a las mujeres cómo había discurrido la cena del día anterior, la que había sido la última, y estas escucharon atentamente. De cuando en cuando, una lo interrumpía para interesarse por algún aspecto del rito pascual y Pedro, entonces, se extendía ofreciendo todo tipo de explicaciones. Él también era un rabino, quizás el más importante del grupo tras Jesús, e interpretaba —sin titubeos, siempre a la primera, con la pasmosa agilidad mental de quienes no vacilan porque conocen al dedillo la materia— cada paso y cada gesto que Jesús había realizado. Eran heterodoxos sin la menor duda y, al tiempo, auténticos judíos sometidos a la Ley de Moisés. Las prédicas de Jesús redescubrían una Ley nueva, ajena a los anquilosamientos propios de la casta sacerdotal, limpia de vaguedades y profundamente devota. Nadie amaba más a Dios que ellos.

Que tanto Jesús como Pedro apostaban por una Ley interpretada al calor de los nuevos tiempos daban fe tanto María Magdalena como el resto de las mujeres allá presentes. El simple hecho de que, en aquel preciso instante, ellas se encontraran en Jerusalén junto a un hombre que no era su padre o su hermano serviría, a cualquiera, de prueba irrefutable. Jesús no había venido a Judea a revolucionar la fe de los judíos, sino a adaptarla a los días previos a la llegada del fin del mundo. En el nuevo reino divino, las mujeres también hallarían su sitio, pues Dios no las rechazaba —nunca lo había hecho, en realidad—, sino que aceptaba su presencia. La pretendida impureza congénita de las mujeres, sempiternamente presente en las costumbres de Judea, se miraba con otros ojos en la rural Galilea, donde la gente vivía pegada a los oficios sencillos y a la vida tranquila y nada altisonante.

Jesús no era partidario del divorcio, lo cual lo había convertido en un firme defensor de los matrimonios, de alguna manera, consensuados. No rechazaba la autoridad del padre —o del varón que en la familia lo sustituyera— para acordar el enlace de una mujer, pero juzgaba oportuno preguntar antes a esta con la intención de que opinara al respecto. De nuevo, Jesús no pretendía revolucionar la Ley: el varón que ejercía de cabeza de familia no estaba obligado a acceder a las peticiones de la mujer casadera; solo debía escucharla. Algo tan simple, tan poco subversivo, había soliviantado a no pocos partidarios de la ortodoxia judía. Jesús solía sonreírse. En privado, le confesaba a Pedro: «Vamos por buen camino, vamos por buen camino...».

Y es que Jesús había elegido a los desamparados como los principales destinatarios de su mensaje apocalíptico. A los mendigos, a los impedidos, a los enfermos, a los pobres: a ellos les ofrecía un lugar en el reino de Dios si antes se arrepentían sinceramente de sus pecados. ¿Y podía existir un desamparado mayor que cualquier mujer judía? A ojos de los varones judíos, no, pues ni se les pasaba por la cabeza un razonamiento semejante; a los de Jesús, hábil rabino donde los hubiera, sí. Las mujeres, por lo tanto, se habían convertido en sus firmes aliadas y como tales las había tratado siempre. ¿Se extrañaría alguien de que ahora, en el más significativo de los momentos de su vida, cuando el fin del mundo era inminente y las legiones de ángeles desentumecían las alas antes de lanzarse sobre la tierra sagrada de Israel, ellas, las mujeres, se negaran a abandonarlo? Solo un tonto lo haría.

«¿Qué podemos hacer?», preguntó, al rato, Raquel. «Nada», respondió Pedro. Quiso añadir algo más —«salvo esperar» o algo por el estilo—, pero no pudo, o no supo. «Fuerzas que no controlamos nos abocan a la inacción», pensó. Pero ¿qué fuerzas? ¿Los romanos? ¿Dios? ¿Ambos, unidos en un plan cuyo alcance se le escapaba?

«Quizás lo suelten», aventuró Juana, la más ingenua de todas. El resto la miró y solo Salomé aceptó negar con la cabeza. El prefecto había pronunciado una condena —crucifixión— y nadie, salvo Yahvé, podría salvar a Jesús. Ellos cinco se limitarían a observar, a acompañar a Jesús en sus horas finales. Si lo querían servir debidamente, convenía ir haciéndose a la idea.

Pedro se había informado. Interrogó a unos cuantos transeúntes y no fue difícil enterarse de dónde se ubicaba el lugar donde los romanos acostumbraban a ejecutar. «No está muy lejos de aquí», le explicó un hombre vestido con una túnica entallada. Señalaba la dirección con el dedo: «Seguid hacia allí y estaréis en diez minutos, no más».

No fueron, claro. Hasta que Jesús no abandonara la fortificación romana, ellos no darían un paso. Solo cuando Raquel y Juana afirmaron que necesitaban orinar, el grupo abandonó la placita para dirigirse a la letrina pública. Salomé, que no tenía ganas, se ofreció para, en la ausencia, montar guardia: «Id, id tranquilos, que yo me aseguraré de que Jesús no sale», dijo.

No tardaron más de cinco minutos en regresar. El maestro continuaba en el interior de la torre, aunque Salomé había descubierto algunas idas y venidas que ella calificó de inciertas. «¿Por qué?», preguntó, sin remilgos, Pedro. «Han traído tres grandes maderos», respondió Salomé. «¿Cómo de grandes?». «Un par de pasos, calculo». «¿Como unos brazos extendidos?». «Sí, más o menos».

Se miraron en silencio. No hablarían mucho en lo que restaba de jornada. Y no porque no tuvieran nada que decirse, sino debido a que aquello que se disponían a contemplar los dejó sin habla. Sin palabras de las que en voz alta se pronuncian, aunque también de esas que se piensan, que se sienten, que se experimentan íntimamente. La voz interna de aquel hombre y de aquellas cuatro mujeres enmudecería. Cuando mucho tiempo más tarde volviera a alzarse, sería otra. Otra muy distinta.

Al patíbulo romano de Jerusalén se lo conocía como el Gólgota —el lugar de la calavera, en arameo— y estaba ubicado junto a la muralla oeste de la ciudad, a no más de treinta pasos de ella y sobre una pequeña colina de apenas la altura de un hombre. Hacia ese lugar se encaminó la siniestra comitiva. Ya no habría pasos atrás. Jesús así lo interpretó: «Voy hacia un destino que será definitivo salvo que Dios intervenga y me salve».

Por decoro, y ya que debían atravesar un buen número de calles de Jerusalén, a los condenados les devolvieron sus ropas y les obligaron a vestírselas. A Ezequías, hubo que ayudarle, pues a ratos perdía el conocimiento.

La costumbre dictaba que cada convicto acarreara, desde la torre Antonia hasta el Gólgota, el madero transversal de la cruz en la que sería crucificado. De nuevo, se trataba de una práctica destinada a *desgastar* al reo. Dada las particularidades de la ejecución —que se abordarán más adelante—, era importante, crucial incluso, que el condenado subiera exhausto a la cruz.

Las traviesas pesaban tanto como los hombres que las transportaban y podían ser acarreadas de cualquier forma siempre y cuando se progresara en el camino hacia el Gólgota. Nada enfurecía más a los romanos que un retraso. Por desgracia, habían aprendido que si se golpeaba a un condenado que flaqueaba, este flaqueaba aún más. Cuando así sucedía, los romanos inexpertos o de carácter irascible doblaban su furia, castigaban más a los reos y empeoraban las cosas a velocidad vertiginosa. Por este motivo, el trabajo de guiar convictos hacia la cruz se encomendaba a soldados curtidos, con cierta experiencia en la legión y en la vida.

Como Jesús era el condenado de mayor importancia —el único importante, a decir verdad—, fue situado en primer lugar. Abría la comitiva mientras dos legionarios lo flanqueaban. Detrás, marchaba Bernabé y, en última posición, Ezequías. Publio Cornelio avanzaba situado cerca de Jesús y el resto de legionarios se repartía a modo de escolta. Las instrucciones eran simplemente dos: no detenerse y no disgregarse. Cuanto antes llegaran al Gólgota, antes crucificarían a los condenados, antes morirían estos y antes los romanos estarían de regreso en la Antonia. Sencillo de entender.

En las calles que atravesó la comitiva, se agolparon espectadores. Ni muchos ni pocos, sino simplemente los que había, los que la comitiva halló a su paso. Aquellos jerosolimitanos —a estas alturas, apenas quedaban en la ciudad peregrinos— iban y venían ocupados en sus asuntos y, de pronto, se topaban con la comitiva de los reos camino del patíbulo. Entonces, se retiraban, se echaban a los lados de la calle antes de que los legionarios los apartasen de un empujón, y observaban en silencio porque mucho más, en semejantes circunstancias, no se podía hacer. La crucifixión no era, nunca fue, un espectáculo para los judíos. No se oponían, pero tampoco la celebraban.

Jesús continuaba rezando. Su mente vagaba extrañamente concentrada en batallas que deberían estar produciéndose, en recreaciones fantasiosas de la lucha del bien contra el mal. ¿Por qué Dios no intervenía? La pregunta lo atormentaba, y de qué manera. Al dolor físico —de nuevo, inenarrable—, se unía la pena emocional de creerse abandonado. «¿Qué prueba gigantesca es esta, Padre?», pensaba. «Haz que pare, te lo imploro. Haz que pare ya».

El madero que portaba a cuestas no había sido desbastado —los romanos no perdían el tiempo con labores semejantes— y, cuando se resbalaba entre las manos, grandes astillas se clavaban bajo la piel provocando horripilantes heridas. Tanto Jesús como Ezequías y Bernabé tenían las manos atravesadas por afiladísimos puñales de madera del tamaño de un dedo.

Por supuesto, los jerosolimitanos que se habían topado con la comitiva reconocían a Jesús. Es decir, lo habrían reconocido fácilmente si no estuviera completamente cubierto por su propia sangre. Algunos, los que, en los días anteriores, lo habían visto en persona, afirmaban: «Sí, es él, sin duda es él». A su lado, otros jerosolimitanos entornaban los ojos. «¿A quién te refieres? ¿Al mesías?». «Sí, claro, al mesías. El tal Jesús de Nazaret. Míralo, al pobre...». «Esas cosas siempre acaban mal...». «Es lo que digo yo: a los romanos, mejor dejarlos en paz». La fama de Jesús conseguía que, de alguna manera, los espectadores prestaran más atención. Muchos, incluso —abandonando el desapego con el que los judíos observaban su propia suerte—, se apiadaron de él.

Por eso, cuando Jesús tropezó y, destrozado, cayó hacia delante y se golpeó la cabeza contra el adoquinado de la calle —clavándose, aún más, la corona de espinas—, un hombre llamado Simón dio un paso al frente. De inmediato, el legionario que más cerca se hallaba intervino: «No se puede tocar a los reos», le dijo en griego. Simón, que era de Cirene, en la costa africana, y que, por lo tanto, tenía al griego como su lengua materna, contestó: «Pero mira cómo va, hombre... Se va a morir aquí mismo». Intentaba que el legionario se compadeciese. «Si tanto te preocupa su estado, recoge tú el madero y quítale ese peso de encima», repuso el soldado. El tono había sido lo suficientemente intimidante como para que Simón comprendiese que no se trataba de una sugerencia, sino de una orden.

«De acuerdo», dijo, al tiempo que recogía el madero, con gran esfuerzo se lo echaba al hombro y comenzaba a caminar rumbo al patíbulo. Simón venía acompañado de sus dos hijos, Alejandro y Rufo, dos muchachos de diecisiete y diecinueve años que flanquearon a su padre y le dieron varios relevos. Por la noche, en su casa, agotados y doloridos tras el esfuerzo, comentarían lo sucedido y reconocerían la brutalidad del castigo: si ellos tres, turnándose, a duras penas habían podido con el madero, ¿cómo lo lograban los reos?

En total, para realizar el recorrido que llevaba desde la torre Antonia al Gólgota —que, en condiciones normales no ocupaba más de cinco o diez minutos—, la comitiva necesitó de hora y media. Una vez en la colina, Jesús, Ezequías y Bernabé se encontraron con que los maderos longitudinales de las cruces ya se hallaban en su posición definitiva: unos cuantos judíos a sueldo de los romanos habían acudido un rato antes y se habían ocupado de adelantar trabajo. Un carpintero había clavado, en cada uno de los postes, dos cuñas de gran tamaño: las superiores servirían para que los maderos transversales —los que los reos habían acarreado desde la Antonia— se apuntalasen en ellas; las inferiores, por su parte, se utilizarían para que los condenados apoyaran los pies y no quedaran colgando de los brazos. Había, pues, que ser hábil y calcular bien la distancia entre una y otra cuña, no fueran a distar demasiado y el convicto, una vez izado a la cruz, no *hiciera pie*. Para solucionarlo, el carpintero optaba por curarse en salud y las aproximaba. En el peor de los casos, el crucificado tendría que doblar un poco las rodillas, lo cual no afectaba, en modo alguno, a la ejecución. De hecho —como se explicará un poco más tarde—, la facilitaba.

Una vez en el Gólgota, la compañía de legionarios que había escoltado a los reos, con Publio Cornelio siempre al mando, se puso a trabajar. La zona donde se ubicaba la colina no era transitada. De nuevo, los romanos deseaban que las ejecuciones sirvieran de escarmiento a los vivos, pero en modo alguno pretendían tensar demasiado la cuerda. De haberlo pretendido, se habrían puesto a crucificar en un patio del Templo de Yahvé. «¿Veis, judíos?», podrían declarar. «Esto es lo que os pasa si os levantáis contra nosotros». Tan siquiera Poncio Pilato se atrevía a tanto. Convenía mantener el orden, pero guardando las formas y, sobre todo, las distancias.

Así las cosas, Cornelio puso a dos legionarios a realizar tareas de vigilancia —con instrucciones de mantener prudentemente alejados a los judíos que pretendieran acercarse demasiado a las cruces— y al resto, diez hombres, le ordenó que diera inicio a las sucesivas tareas necesarias para completar la crucifixión.

En primer lugar, se volvió a desnudar a los reos. Para entonces, Jesús, Ezequías y Bernabé se habían sumido en una nube de intensísimo dolor que, por paradójico que parezca, los amodorraba un tanto. Existía, y existe, un límite para experimentar dolor: una vez superado, ya no es posible sentir *más*. Eso les sucedía a los tres convictos. El dolor inenarrable —de nuevo, este es el término que lo describe, por mucho que aquí intentemos lo contrario— apagaba los sentidos. Jesús, que ya alucinaba, creyó ver a Dios ante sí, y trató de hablarle: «De... detén... esto. Mírame..., a... aquí... estoy».

Seis legionarios dispusieron los maderos transversales a los pies de los postes clavados verticalmente en la tierra. Jesús, por cuestiones de relevancia, fue conducido al central mientras que a Bernabé le adjudicaron el de la izquierda y a Ezequías el de la derecha. Como ninguno de los reos era capaz de realizar movimiento alguno, los arrastraron de cualquier forma, tomándolos por los brazos, o por el cabello, por las barbas incluso.

Una vez situados en su posición definitiva, llegaba el momento de clavar los brazos a los maderos. Para ello, se utilizaban grandes clavos de un palmo de largo. En esto, como en todo, los procedimientos variaban en función de quién los aplicaba. Había legionarios que atravesaban, con los clavos, el centro de las palmas de las manos. Se trataba, sin duda, del modo más sencillo de operar. Bastaba con apoyar la punta del clavo en la mano y golpearlo con una maza. Sin embargo, más aún en los casos en los que la muerte del condenado no sobrevenía rápido, la mano podía —solía— desgarrarse y el brazo descolgarse. Había, entonces, que buscar una escalera, encaramarse a ella y reclavar al reo.

Otros soldados apostaban por hundir el clavo en la muñeca. El brazo se fijaba al madero *siempre y cuando* el clavo no se hubiese ladeado hacia arriba o hacia abajo. Si así sucedía, los huesecillos que conformaban la muñeca podían partirse y separarse, y, una vez más, el brazo del condenado quedaba suelto.

La forma más adecuada —y la que siempre utilizaban los legionarios con cierta experiencia— era la de clavar más arriba, en el antebrazo, haciendo pasar el clavo entre los huesos cúbito y radio. Convenía asegurarse de que el clavo disponía de una cabeza de tamaño suficiente —para no *deslizarse* entre un hueso y otro— y, si así sucedía, el éxito era completo. Mediante esta técnica clavaron a Jesús, a Ezequías y a Bernabé. Técnica que, además de lo ya descrito, poseía una bondad adicional: era la menos dolorosa de todas las posibles, pues, si se hacía bien, no atravesaba hueso alguno.

Lo cual no significaba que no doliese nada. Dolía, claro que dolía, y muchísimo. Como el trabajo lo llevaba adelante un mismo soldado, se claveteó a los reos siguiendo un orden de izquierda a derecha. De esta manera, primero fue el turno de Bernabé, después el de Jesús y, por fin, el de Ezequías. El soldado hizo bien su labor y fue rápido, que era lo único que se le podía exigir. No necesitó más de cinco minutos para clavetear los seis brazos y, mientras los reos —con los rostros descompuestos— aullaban de dolor, el hombre se aseguraba de que aquello quedaba debidamente fijado. Lo consiguió a la primera, pues a ningún condenado se le desprendería un brazo en las seis horas siguientes.

Tras tener a los reos sujetos a los maderos transversales, llegaba el momento de izarlos a los postes. Para conseguirlo, los legionarios usaban unas largas pértigas —cuatro por crucificado, cada una de ellas sostenida por un solo hombre— y levantaban el madero con el reo claveteado a él hasta al altura de la cuña superior. Una vez alcanzada, un quinto legionario, utilizando una escalera, se encaramaba hasta la parte superior de la cruz y sujetaba el madero transversal al longitudinal en una maniobra sencilla que solo precisaba de un trozo de cuerda de esparto.

Con Jesús, Ezequías y Bernabé izados en las cruces —a no demasiada altura, pese a todo: la cabeza de un hombre ubicado frente a un crucificado no superaba el vientre de este—, llegó la hora de clavar los pies al madero. Para lograrlo, como se ha explicado, había que recogerle las piernas —es decir, doblarle las rodillas—, de manera que los pies se apoyaran en la cuña inferior. Tal apoyo era lateral, pues el objetivo era exponer el hueso calcáneo, esto es, el del talón. Uno sobre otro, los dos talones se atravesaban con un único clavo que, a su vez, se hundía en el madero.

En ocasiones, no siempre, en el extremo superior de la cruz se clavaba un cartel que ofrecía información sucinta acerca de quién era el reo o de qué se lo había hallado culpable. Tratándose del maestro, Pilato había sido taxativo: «Jesús de Nazaret, rey de los judíos», mandó que se escribiera, en griego, sobre un tablón. La sentencia contenía no poca carga subliminal y venía a expresar que al prefecto le daban igual las ancestrales costumbres judías: si en Judea te declarabas rey, morías. Un legionario había traído, desde la torre Antonia, dicho tablón y ahora fue clavado sobre la cabeza de Jesús. Rey de Israel, viniste a Jerusalén para avisar del inminente advenimiento del reino de Dios y encontraste la muerte. Esta muerte.

Yohanán acudió al Gólgota como representante de la autoridad judía. Eso, sobre el papel, al menos. En realidad, su tarea era la de asegurarse de que los romanos mataban a Jesús. La ejecución se llevaba adelante por orden del prefecto Pilato, pero por deseo del Sanedrín. Sin que lo segundo se superpusiese a lo primero —no convenía montar escándalos—, aunque sin olvidarlo. Nunca. Si venías a Jerusalén y cuestionabas el estado natural de los acontecimientos, morías.

Como moriría Jesús. Yohanán tenía un problema con el patíbulo: lo contaminaba, pues le obligaba a mantener cercanía física con un evidente foco de impureza. La ejecución de un reo —y no digamos la de tres— no era lugar para los sacerdotes del Templo de Yahvé, siempre preocupados por la ritualidad que los mantenía puros. Sin embargo, alguien debía realizar el, digamos, trabajo sucio. Podrían haberse fiado de los romanos —en una cuestión como esta, no les habrían mentido: si afirmaban que habían ejecutado a Jesús era porque lo habían ejecutado de verdad—, pero algo les impelía a ser testigos directos, a no aceptar intermediarios: si lo hacían, los romanos comprenderían que los judíos no renunciaban a ejercer su autoridad en la capital del mundo de Dios. Que a los romanos les trajera al fresco lo que los sacerdotes pensaran no influía en las determinaciones de estos últimos.

Así las cosas, Yohanán asistió, a cierta distancia —digamos diez o doce pasos— al castigo. Observó con detenimiento cómo los tres reos eran clavados a los maderos y cómo, acto seguido, se los izaba para dar comienzo al tormento en sí mismo. El alma, como ya había sucedido en la torre Antonia, se le encogió. A juicio de Yohanán, Jesús merecía la muerte, claro que la merecía. Pero ¿alguien debe atravesar un calvario como este? Habría sido más sencillo que les cortaran la cabeza. E igual de eficaz. De alguna manera, razonaba Yohanán, los romanos menospreciaban a los judíos —y los tomaban por tontos— cuando optaban por castigos de semejante naturaleza. ¿Acaso era preciso tanto ardor y tanta efusividad para advertir de que más valía no meterse con Roma? Una cabeza cortada habría servido igualmente, al menos ante el pueblo judío, que, debido a su historia, no precisaba de demasiadas sutilezas para entender los mensajes.

Poncio Pilato era un auténtico salvaje. Un bárbaro, como bárbaros eran todos los romanos. Así pensaba Yohanán. Le parecía razonable, en consecuencia, que Dios no los admitiera entre los suyos. No eran —¡de ninguna manera podrían haberlo sido!— el pueblo elegido. Bárbaros, esa era la palabra que mejor los definía. Paganos, crueles y brutales. Por mucho que él lo negara —lo negaría si le preguntaran—, Yohanán experimentaba cierta cercanía a Jesús y a sus compinches en la cruz. A fin de cuentas, se trataba de judíos. Y, de nuevo, convendría advertir de que sí, de que bien ejecutados estaban, pero... Un judío merecía otro final, y no esta orgía de dolor y sangre, de aversión e inhumanidad.

Por un instante, Yohanán creyó que Jesús había fijado su mirada en él. Luego llegaría a la conclusión de que no —o quiso convencerse de que no—, pero, en aquel momento, pensó que Jesús lo enfilaba con la mirada: que, en suma, lo acusaba de haberlo vendido a los invasores romanos, lo cual, por otro lado, era exactamente lo que el Sanedrín había hecho. Jesús podría comprender que los gentiles que ocupaban Judea se *defendieran* de una agresión como la que él suponía: encarnaba, ni más ni menos, al mesías de Dios, al precursor de su reino, al anunciador de un mundo nuevo y antagónico al presente. ¿Cómo no iban a prenderlo y a ejecutarlo? Jesús *contaba* con ello. Y *contaba* con que Dios interviniera —aún no había dicho su última palabra— para desencadenar el Juicio Final.

Pero, ¿los judíos? Quienes lo mataban eran ¿los judíos? ¿En qué cabeza cabía algo así? ¿Cómo no se les caía la cara de vergüenza a los sacerdotes del Templo? No es que Jesús no fuera un judío y, además, piadoso: es que era ¡un rabino!, un hombre sabio, un divulgador e intérprete de la Ley de Moisés, un taumaturgo convencido de que Dios había elegido al judío, de entre todos los pueblos del mundo, para ser por él gobernado.

Yohanán experimentó parte del dolor que estaba siendo de Jesús. Quizás habría que expresarlo con mesura, pues la simple milésima parte de lo que Jesús sufría ya sería insoportable para cualquiera... Quizás habría que hacerlo. Lo cierto fue que a Yohanán comenzó a dolerle la boca del estómago, a sentir allá una opresión mayúscula que, además, amenazaba con extenderse. Quedarían sus entrañas contaminadas de la impureza que Jesús suponía. Ahí lo tenía, bañado en sangre y en angustia, sometido a un tormento sin nombre, sucio de polvo y sucia su alma, fétida, hedionda e impura.

El sacerdote resolvió que ya había visto bastante. En un principio, su plan pasaba por permanecer en el Gólgota hasta que Jesús expirara. Sin embargo, ¿qué sentido tenía aguardar? Nadie, y menos los romanos, lo descenderían vivo de la cruz para dejarlo marchar. Es decir, aunque aún respiraba, a efectos procedimentales se hallaba muerto. La tarea que el Sanedrín le había encomendado no había concluido y había concluido. Jesús *estaba* muerto.

Sin despedirse de nadie, Yohanán dio media vuelta y comenzó a caminar en dirección a la muralla. En el camino, estrecho, por el que apenas cabía una persona, halló manchas de sangre pertenecientes a los convictos. Sintió ganas de vomitar. Antes de hacerlo, volvió la vista hacia atrás y comprobó que nadie lo observaba. Después, dirigió la mirada hacia lo alto de la muralla. Nadie. Se inclinó a un lado de la senda, se sujetó la túnica con ambas manos para no manchársela y vomitó. Tras recuperarse un poco, volvió a incorporarse, se limpió los labios y reemprendió el camino.

Cuando llegó al Templo, diez minutos más tarde, nadie le preguntó nada. De hecho, nadie volvería a hablar de aquel enojoso asunto. El silencio de Yohanán se interpretaba como que todo volvía a estar como siempre. El funcionamiento del Templo se mantendría intacto durante mil años más.

María Magdalena apretaba los dientes con furia. A su lado, Pedro, incapaz de continuar mirando, se había dado media vuelta y escondía el rostro entre las manos. Cerca, Raquel, Salomé y Juana lloraban sin consuelo. Salomé, a la que le habían fallado las rodillas, se había acuclillado y apoyaba una mano en el suelo.

Los cinco discípulos habían acompañado a la siniestra comitiva desde la torre Antonia hasta el Gólgota. Mantuvieron las distancias para no ser descubiertos por los romanos y solo en una ocasión María Magdalena se acercó lo suficiente como para que la reprendieran. No pasó a mayores, pues los legionarios no conocían su cara y la joven no insistió. Ahora, ya sobre la colina del patíbulo, continuaban manteniendo las distancias. Se hallaban a cincuenta pasos, puede que alguno más, en un pequeño promontorio desde el que disponían de una buena perspectiva del Gólgota. Allá, los romanos dejaban hacer, pues quedaba fuera del perímetro de seguridad que habían trazado.

Al lado de los cinco discípulos, se congregaba una animada concurrencia. En general, a los ajusticiados les echaba un vistazo todo el que pasaba por el lugar. Jerusalén era una ciudad populosa —ya se ha dicho— y todo viernes es víspera de sábado —también ha sido mencionado—, de manera que los jerosolimitanos atareados no eran pocos. «Vaya, están crucificando a tres», podía decir cualquiera que pasara cerca y no estuviera al tanto de los acontecimientos. Lo cual tampoco era imposible: a los judíos, les encantaba seguir los asuntos legales, sobre todo cuando estos tenían consecuencias penales, pero no era extraño que una parte significativa de la población estuviera a sus cosas, enfrascada en un día a día ya de por sí extenuante.

Todo esto, para concluir que en el Gólgota no habría más de veinticinco o treinta personas siguiendo las ejecuciones. Entre ellos, los cinco galileos, que trataban, sin éxito, de contenerse. Conocían la sentencia pronunciada por Poncio Pilato. Habían sido testigos de cómo los romanos arrastraban a Jesús al interior de la fortaleza. Y creyeron que todo se hallaba perdido para él. Esto está claro, y bien cierto es. Pero no es menos cierto que ninguno de los cinco se encontraba preparado para ver lo que se aproximaba.

Cuando Jesús abandonó la Antonia, portaba un madero al hombro. Vestía su propia túnica y no había un solo palmo de su piel que no estuviese cubierto de sangre. Los romanos le habían colocado, en la cabeza, una corona de espinas. «¿Qué... qué es eso?», llegó a preguntar una aterrada Raquel, incapaz, por sí misma, de comprender qué llevaba a un ser humano a infligir tan cruel tormento a otro ser humano.

Nadie le contestó. Los demás bastante tenían con soportar su propio horror. Pedro recordaría, lo recordaría siempre, hasta el día de su muerte, el semblante de Jesús cuando comenzó a recorrer el camino de la cruz con el madero a cuestas. De nuevo, las palabras se quedan cortas para describirlo. Aquella pesadumbre en el rostro del maestro resultó ser un mensaje diáfano para Pedro: «Dios no vendrá hoy». Algo tan sencillo como eso tuvo el mismo efecto que cien tormentas en el desierto: arrasó la parte viva y misericordiosa de Pedro y dejó al aire un esqueleto infame.

La confianza que un amigo había depositado en el otro se había partido por la mitad. Pedro había negado a Jesús, lo había negado hasta en tres ocasiones, y nada ni nadie podría cambiarlo. ¿Cómo iba Dios a intervenir en la tierra si los hombres que la habitaban no se mostraban dignos de ello?

Pedro creyó, creyó en aquel instante en el que vio cómo clavaban los pies de Jesús a la cruz, que su traición había establecido la providencia última de Yahvé: su pueblo elegido —los hombres cercanos al mesías, la infantería divina que allanaría las sendas de los ángeles— no se hallaba a la altura de las circunstancias. Habría que posponerlo todo para un momento mejor.

María Magdalena no lloró —no lloraría en las seis horas que habrían de transcurrir hasta que Jesús muriese—, ni apartó la mirada. No lo hizo en ningún momento, no parpadeó, no se permitió ni el más insignificante descanso. Quería —y debía— verlo todo, apreciar cada detalle del sacrificio, para perpetuarlo, para en el futuro conmemorarlo, no ante otros sino ante sí misma. Tanto dolor sería en vano y ella lo recordaría.

Cuando Pedro, por fin, reunió las fuerzas necesarias para volverse y continuar mirando en dirección a las cruces, María Magdalena lo tomó de la mano. Ya no se soltarían hasta horas después. Ambos sabrían que aquel improvisado apretón de manos mientras Jesús moría había sido el acto más bello e íntimo que un hombre devoto y una mujer devota podrían haber entablado. En contadas ocasiones volverían a ponerse la mano encima, pero uno y otra recordarían que el nexo de lo que ante el calvario de Jesús ha sido establecido nada ni nadie puede quebrarlo. Serían, ellos dos, los discípulos primeros de Jesús, los que tras su marcha lo rememorarían, lo traerían de regreso, lo besarían en sueños y en ofuscaciones.

Bañado el Gólgota de un dolor extremo y también de un amor sin límites, Pedro rezó para que Dios se dignara a mirarlos: «Me he equivocado y merezco ser arrastrado a la sima de los paganos, los infieles y los pecadores. Me he equivocado y, por ello, me ofrezco en sacrificio. Intervén ya, hazlo con premura. Salva a Jesús y, a cambio, castígame a mí».

De pronto, escucharon cómo Jesús gritaba. Apenas le quedaban fuerzas, pero aún podía levantar la voz. «Dios, hazlo», murmuró Pedro. María Magdalena, si cabe, le apretó la mano con más fuerza. «Haz que arda Jerusalén bajo el influjo de tus ejércitos».

«Acaba con todos».

A partir de ahí, el procedimiento consistía en esperar a que los reos murieran. Y esa muerte, salvo que los crucificados sufrieran una parada cardiaca o que la pérdida masiva de sangre condujera a la inevitable expiración, se producía por asfixia. De los tres hombres del Gólgota, Ezequías fue el primero en mostrar síntomas de agotamiento. Eso significaba que sus piernas se doblaban más y más y, al quedar suspendido solo de los brazos, el aire hallaba dificultades para seguir su camino hacia los pulmones. Por consiguiente, se asfixiaba.

El pobre Ezequías —los tres crucificados, en realidad— intentaba recuperar la posición erguida y estiraba las piernas —de ahí la importancia de que pudiese apoyar bien los pies en la cuña inferior—, provocándose un dolor espantoso —uno más— en sus antebrazos, los cuales giraban en torno a los clavos que los sujetaban al madero como ruedas sobre un eje.

Jesús se sumió en un viaje hacia dentro del que ya no regresaría. Sus sentidos —el oído, la vista, el olfato— dejaron de funcionar. O se amortiguaron notablemente. Resulta difícil de explicar: oía a los legionarios que pasaban frente a la cruz, distinguía tonos de voz y comprendía algunas palabras tomadas al vuelo —los soldados hablaban en latín y Jesús desconocía esta lengua— y, al tiempo, un muro casi infranqueable se alzaba entre él y su capacidad consciente. De sus dos ojos, uno se hallaba reventado y el otro apenas podía abrirlo. Distinguía, por lo tanto, una luz tenue, enmohecida, extrañamente tranquilizadora.

Y los olores. De todos sus sentidos, el olfato era el que más despierto se mantenía. El maestro comenzó a percibir toda una serie de hedores —y ni un solo aroma—, con una blancura, con una pureza y una precisión que hasta a él asombró. Por ejemplo, olía el sudor rancio de los legionarios y aquella peste que, en condiciones normales, habría pasado desapercibida, adquiría ahora una nueva e inquietante dimensión: el nuevo mundo se apreciaría de una nueva manera.

Su mente comenzó a divagar. Durante las dos primeras horas de la crucifixión, Jesús se aferró, con uñas y dientes, a la idea central de su discurso profético: que la venida del reino de Dios era inminente y que más nos valía a todos estar preparados. Para Jesús, dicha inminencia —dispuesta siempre en un tiempo que aún estaba por llegar— había dejado de ser futuro para ser presente casi perfecto. La cuasi perfección del presente adquirió, de pronto, una excepcional perspectiva: Dios le entregaba una noción del devenir que, ajena a la habitual —donde solo *sentimos* el instante vivido—, se extendía más allá —solo un poco más allá, en realidad, de ahí el «casi»— y prolongaba la existencia hacia un calor muy placentero. Un legionario lo vio sonreír.

Así que sí, Jesús creía que Dios no había dicho su última palabra. Le hacía sufrir, pero con un propósito claro: el de que el mesías ampliara su capacidad de sentir y, por lo tanto, de ser. Lo cual no evitaba que su tolerancia para soportar aquel sufrimiento extremo encontrara límites. No aguantaba más, por expresarlo llanamente. Ya se ha dicho que, cuando se experimenta un altísimo grado de dolor, el cuerpo ya *no siente más* por mucho que, en realidad y objetivamente, sí esté sintiendo más. Como esto es cierto, lo es también que el cuerpo humano es capaz de sentir mucho más dolor del que podríamos pensar. Quien se haya visto asolado por un dolor de muelas —para muchos, el peor y más desquiciante de los dolores— o haya sufrido quemaduras graves al tocar inadvertidamente un hierro candente, quien haya pasado por eso, en fin, no es consciente, en modo alguno lo es, de que semejante dolor puede ser fácilmente multiplicado por diez, y por cien, y por mil si hace falta. Tres muelas doliendo duelen más que una única muela. Un brazo abrasado duele menos que el cuerpo entero sumergido en un océano de llamas.

Jesús —y Bernabé y Ezequías, claro— percibió —él creía que le había sido dado, como parte del plan divino para los momentos previos al fin del mundo— el incremento progresivo y gradual del sufrimiento extremo. Dios llegaba, no le cabía la menor duda. Habría pensado en truenos y centellas, en solemnes trompetas imperiales, en el bronco sonido de los ángeles barriendo el aire: las legiones celestiales se trasladaban ahuyentando el mal a su paso. Sin embargo, nada de eso sucedería, pues Dios, mayúsculo en su exigencia, describía movimientos casi imperceptibles para descubrir su poder: el dolor existe y existe su graduación. A más dolor, mayor cercanía de Yahvé.

Más o menos dos horas o dos horas y media después de haber dado inicio el tormento, una mujer judía cuya función —su deseo, más bien, pues nadie la obligaba a ello— era la de dar de beber a los crucificados llegó al Gólgota. Se trataba de una mujer devota, esposa de un hombre devoto, que, sin cuestionar la autoridad de los romanos para ejecutar a quien creyeran oportuno, ofrecía consuelo a los condenados en sus momentos finales. Los reos podrían ser o no culpables de los más horribles delitos —en ello, la mujer no entraba—, pero eran judíos, de modo que el deber del resto de judíos pasaba por mostrarse misericordioso con ellos. Los judíos no eran bárbaros y por algo Dios les había entregado una Ley junto a la orden de que se rigieran por ella. Era su deber hacerlo, su sagrado deber.

Los romanos lo permitían. Tampoco es que hubiese demasiadas cosas que hacer mientras los reos expiraban, de manera que hasta podía servirles de entretenimiento. La mujer traía consigo una vasija en cuyo interior guardaba un brebaje preparado con anterioridad en su propia casa. El líquido —así se lo explicaba a los romanos cuando estos se interesaban por él— contenía una mixtura de vino y mirra y, por lo tanto, poseía un sabor amargo que disuadía a cualquiera de beberlo. Ese era precisamente el plan, pues, de haberlo consumido los romanos, habrían caído en la cuenta de que, además del vino y la mirra declarados, a la emulsión se le habían añadido una o varias sustancias sedantes que adormecían a quien la ingería.

Para acercar la bebida a los labios de los crucificados, la mujer utilizó una esponja que sujetó a un extremo de una de las pértigas de los legionarios. Los romanos no dejaban que, así como así, los judíos tocaran sus herramientas, pero dado el carácter bondadoso de la mujer en cuestión les supo mal negarse en redondo.

En primer lugar, la mujer dio de beber a Ezequías, quien tenía el mentón hundido en el pecho y apenas respiraba. «Toma, bebe un poco», le dijo en arameo. «Te hará bien». El discípulo separó los labios y sorbió, sin fuerzas, de la esponja. Acto seguido, la mujer pasó a la siguiente cruz, que era la de Jesús. Este percibió cómo algo ensombrecía la claridad frente a él. «¿Eres tú?», preguntó con la voz desgarrada. La mujer lo oyó y, comprendiendo que el condenado sencillamente divagaba, le respondió con voz dulce: «Sí, soy yo, anda, bebe de esta esponja y te sentirás algo mejor». Al acercársela a los labios, Jesús probó la mixtura y, por un impulso que ni él mismo habría sabido explicar, la rechazó. «No, no quiero...», farfulló. La mujer no insistió y se desplazó hacia la cruz de la que colgaba Bernabé, con quien repitió la operación. De los tres reos, este fue el que más mixtura ingirió. A consecuencia de ello, pasó un buen rato sumido en un duermevela del que despertaría algo más tarde para interpelar a Ezequías cuando este hiciera lo propio con Jesús.

A medida que las horas transcurrían, los condenados se debilitaban hasta límites insospechados. Ezequías logró reunir fuerzas para instar a Jesús: «¿A qué espera, maestro?». Se refería, desde luego, a la intervención de Dios. Ezequías siempre había creído en ella y tal creencia la había traído intacta hasta este instante. Aguantó estoicamente los infinitos tormentos aferrándose a la idea de un Dios irrumpiendo en Judea y exterminando a los gentiles. Ahora mismo, mientras hablaba, *creía* que no todo estaba escrito para ellos. Le faltaban dientes, le habían fracturado decenas de huesos, tenía sus entrañas reventadas, había perdido gran cantidad de sangre, de algunas de las heridas que le habían practicado un hombre no sanaría jamás, ¿y qué? En menos de lo que se tarda en chasquear los dedos, un Ezequías sano e intacto podía aparecer al pie de la cruz. Y a los soldados romanos se les desencajaría la mandíbula, de puro asombro y pura incredulidad, y, sin darles tiempo a pronunciar una sola palabra, un ángel del tamaño de diez hombres echaría fuego por la boca y los reduciría a polvo de paganos.

«Aguanta...», pudo responder Jesús. No obstante, y por primera vez en su vida, no estuvo seguro de lo que decía. Demandaba a su discípulo que hiciese un esfuerzo final, pues a cambio de ese esfuerzo *obtendría* una recompensa. No le habría pedido que aguantara si no creyese, pese a todo y a todos, que Dios *deseaba* intervenir. Si no lo creyera, se habría despedido de él: «Adiós, Ezequías. Siento que estés aquí por mi culpa».

Pero, al tiempo que expresaba tal solicitud, la duda lo embargó. ¿Y si se había equivocado? ¿Y si Dios, finalmente, no intervenía? ¿Y si el fin del mundo no se desencadenaba *ahora mismo?* ¿Y si no había ángeles, ni Juicio, ni justicia, ni reparación? ¿Y si la vida de Jesús se había basado en un terrible error de interpretación?

«¿No eras tú el mesías?», le preguntó Ezequías. «Pues sálvate y sálvanos». El discípulo reunió la energía que pudo y giró el rostro hacia su maestro. Este, de alguna manera, intuyó que Ezequías lo miraba y consideró que merecía que le respondiera con idéntico gesto. Necesitó más de cinco largos minutos para culminarlo.

«Déjalo en paz», intervino, de pronto, Bernabé, que había despertado momentáneamente de su sopor. «Teme a Dios, Ezequías, teme su ira que está aquí, delante de nuestros ojos...».

El día, que había sido soleado hasta entonces, se nubló. Los legionarios levantaron la mirada hacia el cielo y se encogieron de hombros, extrañados ante aquel repentino cambio de tiempo.

«Te prometo que hoy estarás sentado a mi lado en el reino de Dios», le dijo Jesús a Bernabé. Ninguno de los dos discípulos volvería a hablar. A Jesús, le restaba una única y definitiva sentencia.

En cuanto el maestro realizó la promesa, descreyó. Sucedió en un instante brevísimo, fugaz, lúcido. Creía y, de pronto, la fe lo abandonó. No, Dios no intervendría en el Gólgota. Por la razón que fuera —y el tormento de los últimos minutos de Jesús no fue tanto el físico que le infligían los romanos, sino el de saberse abandonado por Yahvé—, el fin del mundo se postergaba. ¿Qué había hecho mal Jesús? ¿En qué se había equivocado? No lo comprendía. Él, como mesías, dio los pasos oportunos y facilitó el advenimiento del Juicio Final. ¿Y por qué no llegaba? Oportunidades no habían faltado. ¿A qué se debía el mutismo de Dios, su inacción, la ausencia de iracundia ante el maltrato del mesías?

¿El silencio se erigía en auténtico mensaje? Quizás, en otras circunstancias, Jesús habría reflexionado al respecto. En aquellas, no pudo. Su consciencia se extinguía. Se olvidaba de ser un hijo de Dios, de ser su siervo, de ser su hombre entre los hombres en el pueblo de los judíos: el rey de Israel no reinaría.

Publio Cornelio decidió que ya habían aguardado demasiado y dio la orden de acelerar el castigo. Los romanos, ya se ha dicho, no eran partidarios de crucifixiones largas y, siempre previsores y concienzudos, disponían de varias estrategias para *provocar* la muerte de los que se resistían a morir. Estrategias que, en cualquier caso, debían respetar un sencillo precepto: el reo había de expirar por sí mismo.

La solución más eficaz pasaba por partir, con una gran maza, los huesos de las piernas de los reos. De esta forma, estos quedaban colgando de los brazos —precisamente, lo que la cuña inferior había pretendido evitar— y se asfixiaban en cuestión de dos o tres minutos.

El procedimiento no podría ser más tétrico y brutal. Un legionario levantaba la maza a la altura de su pecho y propinaba un descomunal golpe sobre una tibia y un peroné —el fémur no se podía quebrar con una maza—, que los partía de inmediato. Después, hacía lo propio en la otra pierna. El reo quedaba colgado de los clavos de las manos y, como se ha explicado, se ahogaba.

Así las cosas, el legionario encargado de empuñar la maza se ocupó, primero, de Bernabé. Acto seguido, pasó por delante de Jesús, ignorándolo, y partió las piernas de Ezequías. Los dos discípulos profirieron un alarido final y se asfixiaron. Jesús, que fue plenamente consciente de lo que sucedía, levantó el rostro e interpeló de esta manera: «Padre, ¿por qué me has abandonado?».

Y murió.

Pedro, María Magdalena, Salomé, Juana y Raquel fueron testigos del martirio de Jesús. En ningún momento abandonaron su posición en el promontorio cercano al Gólgota. Vieron, pero también asumieron el dolor del maestro: sería el suyo, para siempre y, aunque cada uno de ellos lo expresaría de una forma distinta, ninguno renunció a él o intentó zafarse de su maravillosa capacidad de enmienda. Un hombre y cuatro mujeres para un tiempo nuevo y distinto.

Lo que habría de suceder, sucedería más tarde. Ahora, sobre el Gólgota, el hombre que había anunciado la llegada del reino de Dios moría, es decir, fracasaba. No se había convertido en el rey de Israel, no había logrado que Yahvé aceptara actuar tras su invocación, nadie en Jerusalén o en Judea recordaría su nombre. Se apagaba un sueño, y Pedro sintió cómo el fracaso de Jesús era también el suyo propio. ¿En qué clase de hombre se había convertido él? Su único logro era el de haberle cortado la oreja a aquel centurión romano que dirigía la partida de soldados que había ejecutado a Jesús. ¿Triste? Tristísimo, pues había soñado con verle el rostro a Dios y haber comandado una de sus fenomenales huestes de ángeles iracundos.

Pedro entendió que no era nadie, que no era nada. Que su propósito carecía de látigo, y también de aire y recorrido. Se sentía —y no era para menos— completamente derrotado. ¿Qué haría, en lo sucesivo? ¿A qué dedicaría su tiempo, una vez que Jesús estaba muerto? Podría alentar nuevas prédicas del fin del mundo, pero ¿merecía Dios, tras su desplante, semejante esfuerzo?

Pensó en entregarse a los romanos. En sacrificarse él también, para así, de algún modo, expiar su traición. Había negado, en tres ocasiones, conocer a Jesús de Nazaret y esas negativas supondrían la más trágica pena que le acompañaría hasta el día de su muerte. ¿Cómo podía haber hecho algo semejante? Ya por entonces, mientras Jesús agonizaba, se lo preguntó. «¿Cuál es el alcance de tu perversión, Pedro?», se repitió una y otra vez. Porque Jesús era su maestro, pero también su amigo. Eran, de algún modo, hermanos con un mismo proyecto. Si a alguien le hubiese confiado su vida, habría sido a Jesús. ¿Y qué hizo a la primera de cambio? ¡Negarlo ante desconocidos! «Cuánta ignominia, Pedro. Cuánta bajeza».

Fue María Magdalena, que aún le sostenía la mano, quien le quitó de la cabeza la idea de entregarse. «¿Salvará eso a Jesús?», preguntó, acertando en el razonamiento. «No», tuvo que reconocer Pedro. «En ese caso, tu sacrificio será en vano». «Pero algo he de hacer, María, o voy a volverme loco». «No vas a hacer nada, salvo quedarte aquí, quieto en silencio, junto a nosotras. Hemos de aguardar, Pedro. Será nuestro último acto en Jerusalén. Aguardar a que Jesús esté definitivamente al otro lado de la cortina».

Pedro se calmó, al menos aparentemente. Pasaría décadas sumido en esa engañosa calma: por fuera, manifestaba una entereza de carácter que todos terminaban por envidiar; por dentro, ardían infiernos de culpa y miedo, de angustia y remordimiento. En no pocas ocasiones, tentado estaría de seguir los pasos de Judas y, tras buscar un buen árbol, ahorcarse en él.

María Magdalena continuaba apretando los dientes. De los cinco, era la que más abiertamente mostraba su ira. Si hubiese sido un hombre... No, no habría hecho nada distinto de lo que le recomendaba a Pedro: resignarse. Pero algo dentro de ella la estaba desquiciando. Necesitó un buen rato para comprender que su enfado no se dirigía a los romanos, sino a Dios. A fin de cuentas, el responsable último de la ejecución del maestro no era otro sino Yahvé. Y, sí, tanto Pedro como otros sabios rabinos le explicarían, en el futuro, que sus buenas razones habría tenido el Altísimo para conducirse como lo hizo. María Magdalena escucharía en silencio, e incluso asentiría, pero, en su fuero interno, no dejaría de culpar a Yahvé por lo que había sucedido. ¿Se hallaba en manos de Dios haberlo impedido? Sí. ¿Lo había hecho? No.

No precisaba saber más y ninguna erudita interpretación del gesto de Dios —y escucharía docenas de ellas— lograría que cambiase de idea. Para María Magdalena, Dios se había equivocado. No lo olvidaría.

El descendimiento de las cruces lo realizaban los propios romanos, que no toleraban que nadie se inmiscuyera en sus asuntos. La ejecución finalizaba cuando el cadáver del convicto se encontraba en tierra. Cansados como estaban, los soldados actuaron sin miramiento alguno: con la ayuda de unas grandes tenazas, arrancaron los clavos de los pies y dejaron los cuerpos colgando de los brazos. Acto seguido, un legionario se encaramaba a la escalera y soltaba la cuerda que fijaba el madero transversal al poste. Entonces, bastaba con un empujón al primero para que se separara y cayese al suelo con el ejecutado aún sujeto a él. No era raro que se escucharan los siniestros chasquidos de más huesos quebrándose.

A partir de ahí, bastaba con recuperar los clavos que habían fijado los brazos al madero —los romanos los reutilizarían para crucifixiones posteriores— y dar por concluida la ejecución. Dejaban los cadáveres en el mismo sitio donde habían caído, y tan siquiera se molestaban en apilarlos. En otras regiones del imperio —esto ya se ha dicho— los cuerpos de los crucificados permanecían durante semanas en las cruces. Se pudrían allí, se los comían los cuervos, los devoraban los gusanos. En Judea, esto no era posible porque la Ley de los judíos lo impedía taxativamente. Los romanos, en ese tira y afloja constante que caracterizaba su dominio, aceptaron que el tormento finalizara con la muerte del reo. Eso sí, a cambio de tanta flexibilidad, se negaron a enterrar los cadáveres: «Ahí los tenéis», vinieron a decir. «Haced con ellos lo que os dé la gana».

El Sanedrín tomó cartas en el asunto —pues consideraba que le competía— y se aseguró de que los reos judíos ejecutados se sepultaran respetando la Ley de Moisés. La cual, dicho sea de paso, no obligaba a nada excepto a que dicha inhumación tuviera lugar antes de la caída de la tarde.

Para llevar adelante semejante tarea, el Sanedrín había dispuesto una cuadrilla de hombres al frente de los cuales se situaba un tal José, natural de Arimatea, una aldea a medio día de camino en dirección oeste. José y sus hombres se encargaban de facilitar el mínimo decoro exigible a los cadáveres —se los envolvía en un simple lienzo de confección basta que hacía las veces de sudario— y se pronunciaba una breve oración. En general, la operación no les llevaba más de veinte minutos o media hora.

Había que tener estómago para realizar aquel trabajo, la verdad sea dicha. Este era el motivo principal de que José y sus hombres proviniesen, todos, de la clase más baja de la sociedad jerosolimitana. Si no hallabas trabajo en otra parte, siempre te quedaba la posibilidad de hacerte cargo de la funesta tarea del Gólgota. Muchos lo intentaban, pero se les hacía tan truculento que, en cuanto les salía otra cosa, la abandonaban sin dudar: «Aún tengo pesadillas», afirmaban muchos años después de haberlo hecho.

Tras amortajar los cadáveres de Bernabé, Ezequías y Jesús, los trasladaron —no había ni cincuenta pasos de distancia— al cementerio donde serían inhumados. Se trataba de un lugar donde, casi de forma exclusiva, se daba tierra a condenados. Los jerosolimitanos, tuvieran más o menos posibles, preferían ser sepultados en lugares, digamos, más dignos. Nadie quiere descansar eternamente al lado de un convicto. De esta forma, la cuadrilla de José abrió una fosa —una única fosa— en la tierra e introdujo —respetuosamente, dentro de lo que cabe— los cuerpos en su interior. Todos se orientaron en la misma dirección, con las cabezas alineadas las unas con las otras. Uno de los hombres espolvoreó cal viva y, a renglón seguido, procedieron a echar tierra sobre los cuerpos y a dar por concluido el enterramiento.

Anochecía sobre Jerusalén. Tras la celebración de la Pascua y los acontecimientos de las últimas jornadas, los jerosolimitanos decidieron que esa tarde se retirarían pronto. Al día siguiente, sería sábado y todo buen judío habría de observarlo y no trabajar. Podrían levantarse tarde y recuperar el sueño perdido.

Cuando todo el mundo hubo desaparecido, cuando nadie quedaba ni en el Gólgota ni en el cementerio donde habían sido enterrados los tres reos ejecutados, Pedro, María Magdalena, Salomé, Juana y Raquel abandonaron el promontorio desde el que habían seguido el tormento —donde tampoco quedaba nadie— y se encaminaron hacia la fosa común.

La noche trajo una inesperada paz. En Jerusalén, tras la muralla, los judíos preparaban la cena. Fuera, a la intemperie, los cinco discípulos de Jesús buscaron a tientas el lugar donde su maestro descansaría para siempre.

Lo hallaron sin demasiada dificultad. Lo que quedaba tras los trabajos de la cuadrilla enviada por el Sanedrín era un pequeño montículo y nada más. La tumba no se había señalizado, ni los cuerpos que yacían dentro se identificaban de forma alguna. A buen seguro, no muy lejos de donde se encontraban habría más fosas que contendrían más cadáveres de reos crucificados. Los hombres que los enterraban sabían donde se hallaban y con eso bastaba: nunca cavaban dos veces en el mismo sitio.

He aquí el final de esta historia. Tres hombres muertos y bajo tierra, y cinco de sus seguidores sobre ella, sin saber qué hacer o adónde dirigirse. Perdidos. Bueno, cualquiera diría que se repondrían, ¿no? Se trataba de jóvenes fuertes y capaces que todavía tenían toda la vida por delante. Pasaría el tiempo y ellos no olvidarían, pero sí aprenderían a vivir con lo sucedido. Pedro se casaría con una mujer piadosa, tendría hijos y regresaría a su trabajo de pescador. María Magdalena y el resto de mujeres, de vuelta en sus hogares, aceptarían que sus padres les buscaran maridos y parirían, para ellos, hijos sanos y devotos. ¿Recordarían a Jesús? Sí, pero no sin cierto poso de, digamos, vergüenza. De aquel asunto de juventud no les agradaría hablar abiertamente, pues lo considerarían una extravagante desviación del recto designio por el que un hombre o una mujer —cada cual, el suyo— han de regirse.

La soledad que experimentaron habría de explicarse, si se pudiera. Se habían roto en mil pedazos y de cada trozo brotaba un océano de desdicha. Tanta negrura debería poseer un nombre, pero ellos lo desconocían. Salomé intentó llorar, aunque ya no le quedaban lágrimas, ni fuerzas, ni hallaba sentido al llanto por un hombre muerto. La tristeza arraigaba en ellos, y lo hacía con una fiereza inusitada.

María Magdalena se agachó y puso las manos sobre la tierra. Abajo, dormía Jesús. «Todo ha salido mal», susurró dirigiéndose al maestro. En el último año, él había sido el centro de su existencia. Lo había idolatrado hasta límites insospechados, lo había servido, admirado, amado, había confiado en él más que en nadie, creyó en sus profecías, se admiró cuando lo vio convencer a los hombres sencillos de que Dios se disponía a imponer su reino y de que, por lo tanto, más nos valía arrepentirnos de nuestros pecados. Jesús había sido un hombre extraordinario y Yahvé no lo había defendido. Sobre su tumba, supo que nunca volvería a conocer a uno igual. Como Jesús, no habría otro.

Pedro, en pie junto a María Magdalena, pensaba más o menos lo mismo. ¿Dónde encontraría él otro Jesús? Muchos, más adelante, lo alentarían para que fundase su propio grupo revelador. «Se aproxima el fin del mundo, Pedro, y tú has de anunciarlo a los cuatro vientos». A Pedro, aquella posibilidad le horrorizaría. De ninguna manera habría aceptado convertirse en el nuevo mesías. No, tras serlo Jesús. Reconocería su papel como rabino, pero nada más. Ni consentiría —ni desearía— otra autoridad.

A lo lejos, una escuadra romana, de las que, durante la noche y hasta la llegada del alba patrullaban las inmediaciones de Jerusalén, se detuvo a observarlos. En la noche, no distinguían a los deudos de los saqueadores de tumbas. Pedro levantó ambos brazos y se aseguró de que la luz de la luna iluminara su perfil. «No causaremos problemas», vino a decir. La escuadra romana continuó con su patrulla y los dejó en paz. Dentro de un rato, regresarían y echarían, de nuevo, un vistazo.

Pedro, por lo tanto, tomó una decisión. «Nos vamos a casa», dijo. Y, por si a las mujeres se les suscitaba alguna duda, añadió: «A Cafarnaúm».

LIBRO SEGUNDO

MARÍA MAGDALENA Y PEDRO

8

Cinco

Cincuenta días más tarde, Pedro, María Magdalena y el resto de las mujeres se hallaban en Cafarnaúm, a orillas del lago Tiberíades. El viaje desde Jerusalén, a pie, les había llevado diez días* y lo realizaron en silencio. ¿Qué se podía haber dicho? ¿Qué restaba por decir? Pedro se hizo pasar por un peregrino que había celebrado la Pascua en Jerusalén y eso bastó. Tan siquiera fue necesario inventarse un pretexto más o menos creíble para la presencia de las cuatro mujeres: si alguien lo hubiera interpelado al respecto —y, en los diez días de viaje, nadie lo hizo— habría bastado con que Pedro tomara la palabra e impusiera su presencia dominante. Sencillamente, a un nombre no se le preguntaba en torno a ciertos asuntos.

En Cafarnaúm, Pedro se reunió tanto con su hermano Andrés como con Santiago y Juan. Llegó entonces el momento de las explicaciones. Estos últimos contaron cómo, tras el prendimiento en el huerto de Getsemaní, se asustaron tanto que no se vieron con fuerzas para retornar a Jerusalén. Como María Magdalena había descrito, pasaron brevemente por la casa de Lázaro en Betania y,

* La distancia de Jerusalén a Cafarnaúm es de 165 kilómetros.

acto seguido, tomaron el camino de regreso a Galilea y no pararon hasta verse en Cafarnaúm.

Pedro no les reprochó su actitud, cosa que sorprendió mucho a su hermano. Aquel no era el Pedro que él conocía, siempre dispuesto a dar un puñetazo sobre la mesa y a imponer su punto de vista acerca de las cosas. Andrés, Santiago y Juan habían tenido tiempo suficiente para analizar y debatir su actitud tanto en Getsemaní como en los momentos posteriores. Y llegaron a la conclusión de que habían actuado mal. De acuerdo, la batalla campal contra los legionarios romanos y los guardianes armados del Templo les había puesto el alma del revés. Pero se habría esperado de ellos algo más de entereza... No estuvieron a la altura de las circunstancias, eso fue todo, y el pánico los dominó. O dejaron que los dominara, que tanto da. El resultado fue la indiscutible y vergonzosa espantada, en la que cada cual pensó en sí mismo y en nadie más. Se pusieron a salvo mucho antes, incluso, de conocer la suerte final de Jesús. De hecho, fue Pedro, al llegar a Cafarnaúm, quien la comunicó: «Los romanos han ejecutado al maestro», explicó. Traía la voz rota y, aunque no habían trascurrido dos semanas desde que se vieran por última vez, parecía haber envejecido veinte años.

Las cuatro mujeres, por su parte, regresaron a las casas de sus padres. Estos, la verdad sea dicha, se alegraron de su retorno. Nunca les había hecho demasiada gracia que partieran junto a Jesús, por mucho que Jesús les pareciera un buen hombre cargado de excelentes razones. Las mujeres, y con más razón las mujeres solteras, debían estar en casa atendiendo a las labores propias del hogar. Galilea, en este sentido, era una región muy apegada a las tradiciones donde cualquier extravagancia se miraba con recelo.

Tras descansar durante un par de días, Pedro y Juan se enfrascaron en la puesta a punto de su barca. Ellos eran pescadores y tenían que ganarse la vida. «Así te distraerás», le dijo Juan a Pedro, a quien preocupaba el aspecto sempiternamente taciturno de su compañero.

Dicho y hecho, la barca estuvo lista en cuestión de muy poco tiempo —se trataba de una embarcación casi nueva y, aunque no se había usado en más de dos años, su estado era impecable— y se pusieron a faenar. En el lago, tan grande que allá se referían a él como el mar de Galilea, abundaban las carpas, los barbos y un sinnúmero de pececillos de agua dulce que se pescaban por temporadas para no esquilmar los bancos. Pedro y Juan botaban la barca al amanecer y trabajaban hasta el mediodía, algo más si la pesca se estaba dando bien. Entonces, regresaban a la aldea y, en el mismo puerto, vendían las capturas. Se trataba de una vida sencilla que no hacía rico a nadie, pero que daba para salir adelante sin dificultades. Era a lo que Pedro y Juan se dedicaban cuando Jesús apareciera dos años atrás y a lo que retornaban ahora que Jesús había desaparecido para siempre.

Las jornadas siempre discurrían de forma semejante: una vez ubicados sobre el caladero, Juan se situaba en la proa de la barca, Pedro en la popa y lanzaban sendas redes, una en cada dirección. Casi de inmediato, las recogían. Por norma, algo traían y eso bastaba para volverlo a intentar. Cada hombre por su cuenta, lanzaban de nuevo la red, la volvían a recoger y comprobaban, una vez más, las capturas. Solo cuando transcurría un buen rato sin que ninguno de los dos atrapara nada, cambiaban de lugar.

«Hoy parece que se nos va a dar bien», podía comentar Juan a media mañana. «Sí, eso parece», replicaba Pedro en su habitual tono circunspecto. O, al revés: «Me da la sensación de que hoy nos volvemos de vacío», decía Juan. «Sí, no va a ser buen día», aceptaba, lacónico, Pedro.

Y es que Pedro no sabía cómo dejar de pensar en lo que había sucedido. La muerte de Jesús lo obsesionaba hasta el punto de que no era capaz de admitir que realmente había ocurrido. Los acontecimientos de la última noche y el último día en Jerusalén se sucedieron a una velocidad que, ahora, Pedro consideraba de pasmo. «En un visto y no visto», le había dicho, en una ocasión, a su hermano.

«A veces, pienso que solo ha sido un sueño», añadió. «Una horrible pesadilla de la que no consigo despertarme».

Pedro pensaba que, el día menos pensado, Jesús aparecería en Cafarnaúm. Les ofrecería una explicación parecida a esta: «No, no, al final, los romanos me dejaron ir. Se conformaron con darme una tanda de latigazos. Tuve que prometerles que no volvería predicar la llegada del fin del mundo. Y aquí estoy. ¿Creéis que habrá sitio para uno más en vuestra barca?».

Al tiempo, *sabía* que estaba muerto. Que los romanos lo habían matado.

Para defenderse de semejante contradicción, Pedro pretendió no sentirse atañido por los recientes sucesos. De alguna forma, Jesús pasó a no estar ni vivo ni muerto, sino en un estado de perpetua suspensión, de incertidumbre, de desenlace irresuelto. Ahí, Pedro halló algo de paz.

Utilizó esa paz para reencontrarse con María Magdalena. Pese al tiempo que la mujer y él habían pasado juntos, Pedro necesitaba dirigirse, en primer lugar, al padre de ella. Este, consciente de que María atravesaba un tiempo de dolor, lo permitió sin titubeos. «Habla mucho de ti, Pedro», le contó. «No quiero ni imaginarme por lo que pasasteis...». Y era cierto que no podía, pues, aunque Santiago, Andrés y Juan se habían explayado al respecto —y eso que ellos no contemplaron, con sus propios ojos, la crucifixión—, hacerse una idea de la brutalidad romana en la bucólica Galilea era poco menos que imposible.

El primer encuentro entre María Magdalena y Pedro se produjo en casa de ella. El hecho de que Pedro fuera rabino convirtió en innecesaria la presencia, por cuestiones de decoro, de otras mujeres. Pudieron, así, verse a solas y charlar sin testigos.

Pedro confesó que, pese a que ya habían transcurrido cincuenta días, apenas podía dormir. Se pasaba las noches en vela, mirando el techo, ensimismado en unos pensamientos que a veces se tornaban insoportables. «¿Sabes?», le dijo. «Tengo la sensación de que él no se ha ido».

María Magdalena poseía un carácter más pragmático. «Yo solo sé que Dios nos ha traicionado, que sobre él reside la culpa de que Jesús ahora no esté aquí», dijo.

«No debes hablar así», la reprendió Pedro, con los ojos semicerrados. «¿Cómo que no debo?», lo desafió María Magdalena. En ningún caso una mujer judía podía enfrentarse a un hombre. Sin embargo, Pedro no protestó, como no protestaría nunca ante María Magdalena. Gracias a la joven, él había logrado regresar a Cafarnaúm. Sin ella, se habría desviado hacia el desierto, para extraviarse de sí mismo y de los terribles recuerdos que lo asolaban. «Jesús puso en práctica las órdenes de Yahvé. Era su siervo. ¡Éramos sus siervos! ¡El fin del mundo debería haber llegado! ¿Y qué hizo, en su lugar? Abandonar a su bienamado mesías, abandonarlo en manos de los malditos romanos...».

Pedro, esta vez, se mantuvo en silencio. *Veía* a Jesús en la cruz, flanqueado por Ezequías y Bernabé. Un rato más tarde, sería María Magdalena la que, curiosamente, trajera a la conversación una remembranza casi sentimental del tormento: «Demostró hasta qué punto nos quería». Pedro no pudo menos que mirarla a los ojos y, por primera vez desde que abandonaran Jerusalén, sonreír. Se trató de una sonrisa muy tenue, apenas un breve estiramiento de los labios, pero María Magdalena la descubrió y se la devolvió, sonriendo ella misma. «Diría que se entregó por nosotros...», añadió.

A Pedro, la ocurrencia de la mujer le gustó de inmediato. Jesús —ni aunque viviera durante miles o millones de años alguien podría arrebatarle tal certeza— era el hombre bueno por antonomasia, el rabino que se atrevió a invocar la cristalización del Israel divino. Que Dios se lo hubiese pagado de aquella forma decía poco, sobre todo, de Dios, no de Jesús.

«Era demasiado humano», replicó Pedro. La idea de la sobrehumanidad de Jesús le venía rondando desde hacía tiempo. Ese, y no otro, había sido el error del maestro: era más hombre —más auténtica y sinceramente hombre— que el resto de ellos. Él, Pedro, lo había percibido cuando ya era demasiado tarde. Se lamentaba de ello y, una vez más, de no haber estado a la altura de las circunstancias.

«Debimos haber intentado acercarnos a la cruz», expresó. De inmediato, María Magdalena negó con la cabeza. «Sabes que no era posible, que allá estaba aquel centurión al que cortaste la oreja...», dijo con voz serena. Explicaba lo que una y otra vez había explicado, lo que una y otra vez Pedro necesitaba oír: «¿Qué habrías conseguido? Si te hubiesen capturado, ni yo ni las otras mujeres habríamos conseguido regresar a Galilea. Estoy segura de que Jesús, si hubiese tenido oportunidad de ello, te habría pedido que actuaras tal y como lo hiciste».

A Pedro, no se lo convencía tan fácilmente. «Pero si lo hubiera intentado... ¿Dónde estaba el resto de discípulos? Llegamos a ser casi sesenta hombres. Si no hubiesen huido de aquella forma tan inverosímil y precipitada, quizás podríamos haber intentado un rescate».

«¿Tú te oyes, Pedro? Nada de lo que dices tiene sentido. Bastante hicisteis con no dejaros matar en Getsemaní. Los judíos no somos guerreros. Sabemos rezar, no luchar. ¡Era Dios quien debería haber intervenido! Y no lo hizo. Quédate con eso, amigo mío. Tú no debes avergonzarte de tu comportamiento. Yahvé...».

«No blasfemes, María», interrumpió Pedro. «He estado en el Gólgota», razonó, entonces, la joven. «Y he visto lo que nadie ha visto, lo que nadie verá. Eso me exime de algunas obligaciones».

Pedro la miró de hito en hito. Le costaba reconocer a aquella mujer. Pero como, en fin, también le costaba reconocerse a sí mismo, no le dio mayor importancia. Cerraba los ojos y veía a Jesús en la cruz, con los brazos extendidos, la cabeza levantada hacia el cielo y la horrible corona de espinas clavándosele en la carne. «Debería haber intentado salvarlo», insistió, en voz baja.

María Magdalena quiso dejarlo estar, pero era superior a sus fuerzas. Inclinándose sobre Pedro, posó su mano en el antebrazo de él y acercó el rostro hasta que ambas frentes se tocaron. «Solo Dios podía salvarlo», susurró. «Y no quiso hacerlo. Lo abandonó, Pedro. Nos abandonó a todos. ¿Dónde estaba él aquel día? Dímelo si lo sabes. ¿Dónde estaba? En el Gólgota, desde luego, no».

«Al menos, podría habernos enviado a sus ángeles», aventuró Pedro. Fue la joven quien se separó de él y retiró la mano de su antebrazo. Pedro era un rabino brillante, lo reconocía, pero este no había sido uno de sus análisis más certeros. ¿Qué más daba que Dios bajara en persona o lo hicieran sus ejércitos alados? ¿Acaso no eran lo mismo? ¿No actuaban los unos por cuenta del otro? Dios e ira de Dios se asemejaban tanto que resultaban indistinguibles.

Exhausto, Pedro se despidió de María Magdalena, saludó respetuosamente a su padre y se marchó. Un pensamiento, cada vez más recurrente, lo atormentaba: ¿Y si Dios *sí* había actuado acorde a las circunstancias? ¿Y si eran ellos, tanto Jesús como sus discípulos, quienes lo habían malinterpretado? Quizás la muerte del mesías no fuese un estrepitoso error y, de ninguna forma, un abandono. Según este razonamiento, Jesús *no* había muerto, sino que aún se encontraba vivo, escondido en algún lugar, puede que, incluso, pendiente de que él, Pedro, acudiera en su rescate.

Al abandonar la casa de María Magdalena, el discípulo se internó en el desierto. Tenía la mirada clavada en el horizonte, donde no había nada salvo rocas, tierra, hierbajos y sol. Caminó en completa soledad, con el gesto crispándose a medida que lo hacía, sudoroso y algo impulsivo. Aquí y allá, comenzó a agacharse para recoger piedras. En realidad, se limitaba a levantarlas y mirar debajo, como si fueran a ocultar algún tesoro.

Al caer la tarde y ver que Pedro no regresaba, Andrés se preocupó. No era normal que su hermano pasara tantas horas fuera de casa. Resuelto a encontrarlo, se desplazó hasta el hogar de María Magdalena, donde su padre le confirmó que sí, que Pedro había estado allí, pero que hacía varias horas de eso. «¿Dónde se habrá metido?», se preguntó Andrés.

Cada vez más inquieto, Andrés llamó a Santiago y a Juan, y, entre los tres, comenzaron a buscarlo con mayor ahínco. La noche ya era cerrada cuando hallaron unas huellas que se internaban en el desierto. «¿Pertenecerán a Pedro?», preguntó Juan. «Sigámoslas», contestó Andrés.

La noche, como suele ser habitual en Galilea, era clara y silenciosa, y los tres hombres veían a quince o veinte pasos de distancia. A diferencia de otros desiertos, el galileo no era completamente árido, sino que en él crecía una hierba dura que ni al ganado más hambriento agradaba y algún que otro olivo escuálido. Al pie de uno de estos, los tres hombres se toparon con los miembros de un grupo min —una logia, si se les preguntaba a ellos; una secta, si la pregunta iba dirigida a los demás—, quienes casi se mueren del susto al descubrir a los recién llegados. Más tarde, les explicarían que, al verlos aparecer tan de improviso, los tomaron por hombres de la sinagoga. Y es que los minim eran judíos devotos —heterodoxos, según ellos; heréticos, según el resto— que no aceptaban la autoridad de la sinagoga y desarrollaban su propio culto a Dios. Un culto basado en el literalismo más extremo, donde nada en las Escrituras podía ser interpretado con cierta distancia, sino únicamente ser tomado al pie de la letra.

Andrés, Santiago y Juan no eran rabinos —no deliberaban ante otros acerca de la conveniencia de dar a un versículo tal o cual interpretación—, aunque sí exhaustivos conocedores de lo escrito. Una vez más, Jesús no los habría admitido en su círculo íntimo si no lo hubieran sido. Por lo que sí destacaban, al menos en Cafarnaúm, era por su popularidad. Habían sido discípulos del maestro de Nazaret y lo habían acompañado en su viaje a Jerusalén. Todo acabó muy mal para el mesías, pero ese era otro cuento. El que admiraba a los minim era el —a su juicio— impulso herético de Jesús. «¿Cómo que herético?», les habían replicado, en no pocas ocasiones, los rabinos de la sinagoga. «¿Acaso no proclama, Jesús, que el reino de Dios habrá de ser, antes que de nadie, de los pobres y los desposeídos?», contraatacaban los minim. «Estáis chalados... ¿Qué tendrá eso que ver con las herejías? Jesús es un rabino que no se separa de las Escrituras sino que, como es su deber, las interpreta y nos explica dichas interpretaciones».

Los minim insistían e insistían, y es por ello que terminaban, como ahora, reuniéndose debajo de un olivo en mitad del desierto. Nadie los consideraba excesivamente peligrosos, aunque tampoco excesivamente significativos. Los judíos estaban acostumbrados a vérselas con los discrepantes, puede que porque, en cierto modo, todos, en este u otro sentido, acababan siéndolo.

«¿Habéis visto a Pedro?», les preguntó Andrés. «¿El rabino de la sinagoga?», devolvieron la pregunta, siempre a la defensiva, los minim. «Sí, ese mismo», aclaró Andrés. «Pero no estamos aquí como integrantes de la sinagoga», intermedió Juan. «Creemos que puede haberse extraviado, eso es todo. Y hemos salido a buscarlo».

Los minim los observaron de arriba abajo —todo lo arriba y abajo que se puede observar en plena noche— y terminaron por asentir. «Está por ahí», dijo uno de los heréticos señalando tras de sí. «Le hemos dado agua hace un rato y le hemos preguntado si se encontraba bien, y nos ha respondido que sí».

«¿Se lo habéis preguntado?», cazó la duda al vuelo Andrés. «¿Acaso algo os ha hecho pensar que podría hallarse enfermo?».

«No exactamente enfermo. Mirad, será mejor que nos sigáis. Os mostraremos dónde está».

Los minim abandonaron el olivo y avanzaron en dirección contraria a la aldea. Andrés, Santiago y Juan los seguían a muy corta distancia. A quince o veinte minutos de camino, descubrieron la sombra de un hombre inclinado sobre el suelo, como si se le hubiese caído algo y lo estuviera buscando. «Ahí lo tenéis», dijeron los minim.

Pedro se encontraba de rodillas. Frente a él, había un gran agujero del que extraía tierra con ambas manos. Tanto Andrés, Santiago y Juan como los heréticos lo observaron en silencio. Fue su hermano el primero en reaccionar: «¿Se puede saber qué haces, Pedro?».

Pese a la oscuridad, distinguieron cómo sus ojos se alzaban hacia ellos. Pedro los examinó y, durante unos segundos, les sostuvo la mirada. «Creo que puede estar aquí, así que lo busco», respondió. «¿Buscar? ¿A quién buscas a estas horas y en este lugar?».

«A quién va a ser... A Jesús».

La respuesta de Pedro sirvió para que Andrés, Santiago y Juan comprendieran que algo marchaba realmente mal. La tristeza de Pedro, en lugar de menguar, se agravaba y tomaba derroteros imprevisibles.

«Venga, déjalo para mañana», expresó Juan. Pedro, aún arrodillado y con las manos en la tierra, replicó: «Mañana tenemos que salir a pescar. No, no puede ser. Debo buscarlo ahora. No queda tiempo, ¿sabéis? No queda tiempo. Jesús está aquí debajo y me pide que lo ayude».

Llegados a este punto, Andrés cubrió la escasa distancia que lo separaba de su hermano y, agachándose junto a él, miró dentro del agujero. «¿Y si lo dejamos dormir?». «¿Dormir? ¿Cómo que dormir?», preguntó, extrañado, Pedro. «Sí, mira qué tarde es... Ya volveremos mañana...». «He dicho que mañana he de salir a pescar con Juan. Me necesita, ¿sabes? Él solo no puede tripular la barca...».

Al tiempo que la conversación tenía lugar, Andrés pasaba un brazo por los hombros de Pedro y, con la ayuda de Santiago y de Juan, y ante la mirada estupefacta de los minim, se ponían en pie. Pedro *sabía* que Jesús se hallaba muerto y, sin embargo, lo buscaba con ahínco pues no juzgaba que existiese contradicción alguna entre ello y topárselo con vida dentro de un agujero excavado en mitad del desierto. Tan era así que preguntó: «¿O estará en Jerusalén?».

Aquella noche, Santiago y Juan quisieron dormir en la casa de Pedro y Andrés, pero este último los disuadió. «No, idos a dormir, que yo me ocupo. Seguro que, por la mañana, se encuentra mejor».

Andrés dio en el clavo: una hora antes del alba, Pedro se encontraba en pie. Se aseó, preparó el desayuno y despertó a su hermano antes de salir rumbo al lago. «Me marcho», le dijo poniéndole la mano en un hombro. Andrés abrió los ojos y dio un respingo. «¡Cómo estás!», exclamó. «Me encuentro perfectamente», respondió Pedro en tono calmo. No sonreía, aunque parecía a punto de hacerlo. «Deberías descansar...», dijo Andrés. «Seguro que hoy Juan puede pasar sin ti...».

No era Pedro un hombre que se apartara con facilidad de las responsabilidades que consideraba suyas. Andrés, algo contrariado, lo vio partir. Bueno, parecía que la desorientación de la noche anterior había desaparecido...

Al amanecer, al igual que el resto de tripulaciones de Cafarnaúm, Pedro y Juan izaron la vela y abandonaron la orilla. Como todos los pescadores del mundo, sabían que los caladeros se mueven, y que donde ayer faenaste sin descanso hoy puede no quedar ni un solo pez. Se trataba, por lo tanto, de ir probando suerte, de echar la red y averiguar si en un lugar concreto la pesca era buena.

Aquella mañana, un viento que soplaba del noroeste hinchó la vela y los condujo hacia el centro del lago. Más por superstición que por conocimiento real, a los pescadores de Cafarnaúm les gustaba faenar lejos de la costa, pues creían que los bancos de peces preferían las zonas muy profundas para buscar alimento. «Si el viento no amaina, habrá que lastrar las redes», reflexionó Juan a la vez que observaba cómo las rachas de aire alzaban pequeñas olas de no más de un palmo de altura. «Será lo mejor», replicó Pedro levantando una cordada de lastre y procediendo a unirla a su red. Cuando se levantaba viento, los peces se trasladaban a aguas de mayor profundidad, de manera que era necesario hundir más las redes. Para ello, utilizaban piedras del tamaño de un puño a las que se les había practicado un agujero por donde se pasaba una cuerda. Según el pescador quisiera hundir más o menos la red, incorporaba más o menos lastre a la misma. Se trataba de una tarea rutinaria que, sin embargo, precisaba de cierta habilidad no solo para calcular el lastre adicional, sino también para adivinar a qué profundidad se escondían los peces.

En el centro del Tiberíades, el viento soplaba aún con mayor fuerza. Juan recogió la vela y la balsa comenzó a agitarse. «Voy a lanzar, a ver qué pasa», informó Pedro. Juan se limitó a asentir. Tras la experiencia de la noche anterior, no esperaba que Pedro se presentase a trabajar. Lo había hecho y como si nada hubiese sucedido. Bien, pero... Juan, hombre de carácter firme, recelaba de la actitud de su compañero.

Razón no le faltó. Pedro, tras echar la red, aguardó a que se hundiera lentamente y procedió a recogerla. Traía un par de barbos muy jóvenes que devolvió al agua. La embarcación continuaba bamboleándose por efecto del viento. Juan, con su red lista, probó suerte. Fue entonces cuando Pedro creyó ver el gran pez bajo el casco de la barca. «¡Dios mío!», exclamó. Juan, que recogía, no supo adónde mirar. «¡Qué pasa!», acertó a pronunciar, algo titubeante. «¡Un pez! ¡Un pez como jamás lo hemos visto!».

El lago Tiberíades no era más que un ensanchamiento del río Jordán, lo cual significaba que los peces que pudieran criar en él lo eran de agua dulce. Esto es, pequeños. En ocasiones, habían sacado barbos de dos y hasta de tres palmos, pero nada más. Se oían historias de pescadores que, generaciones atrás, dieron con barbos de seis o siete palmos de longitud, pero Juan no creía en ellas. Eran leyendas, nada más.

En la barca, solo se ponían en pie cuando había que arrojar la red. Se trataba de una maniobra que requería de cierta práctica y bastante pericia. Si el pescador no la arrojaba realizando los movimientos adecuados, la red no se desplegaba. Para el resto de labores, los pescadores se arrodillaban o se sentaban. Así, la faena se hacía más llevadera.

Juan se giró hacia la popa y vio a Pedro en pie sobre ella. Abría las piernas para mantenerse en equilibrio y tenía la mirada fija en el agua. «¿Qué sucede?», preguntó Juan. «¡El pez!», dijo, casi a gritos, Pedro. Acto seguido, bajó muchísimo la voz para añadir: «Es enorme. El más grande de la historia. Y se halla ahí abajo». «Pero ¿tú estás seguro de lo que dices?». «Lo he visto con mis propios ojos. Venga, vamos a sacarlo».

Sin, en modo alguno, tenerlas todas consigo, Juan, caminando en cuclillas para contrarrestar el balanceo de la barca, se dirigió a la popa. En una embarcación de una eslora tan reducida, los dos hombres debían andarse con cuidado y repartir el peso para evitar que les entrara agua. «No veo nada», dijo Juan tras inclinarse sobre la borda y observar. Se encontraban en una zona en la que era imposible distinguir, a simple vista, el fondo.

«Pues está ahí», insistió Pedro. A estas alturas, conviene explicar que Juan no creía en sus palabras. Ahí abajo podía haber un pez de gran tamaño... O podía no haberlo. Pedro no era un hombre mentiroso —que Juan supiese, no había dicho una sola mentira en toda su vida: que Juan *supiese*—, pero eso no evitaba que, en su actual estado de permanente agitación, se le escapase alguna que otra apreciación errónea. ¿Hasta el punto de ver visiones? Juan no lo descartaba.

«Lancemos la red», expresó Pedro, que ya preparaba dos cordadas de lastre. «¿Qué haces?», preguntó Juan al verlo actuar. «Hay que hundirla tanto como nos sea posible», contestó Pedro. «Ese pez nada en las profundidades del lago».

Tentado estuvo Juan de proponerle que lo dejaran estar. ¿Para qué querían un pez de descomunal tamaño? Sí, una vez en la orilla, presumirían más que nadie y les harían corrillos. ¿Y qué? Vender un pez grande era más difícil que vender cuatro peces pequeños. Se verían obligados a despedazarlo y ni siquiera disponían de los cuchillos necesarios para ello.

Sin embargo, Juan no alegó nada y continuó mirando por la borda. Pedro preparó la red, se puso en pie, separó las piernas y, tras reclinarse Juan hacia la proa tanto para dejarle sitio como para hacer de contrapeso, la lanzó por el lado de babor. La red se desplegó maravillosamente en el aire y brilló sobre la superficie. Un buen lanzamiento concluía con la red tocando el agua en posición horizontal. De esta manera, los peces no hallaban la forma de zafarse de ella y caían en la trampa.

Durante dos o tres minutos, los que la red tardaba en hundirse, Pedro y Juan se mantuvieron en silencio y a la expectativa. Juan observó el rostro de su amigo: grandes gotas de sudor le resbalaban sienes abajo. Pedro sujetaba, entre las manos, el cabo que sostenía la red: cuando tirara de él, la red se cerraría y, a medida que el pescador lo recogiera más y más, ascendería hacia la superficie.

«Ya está», indicó Juan en voz baja. A su juicio, la red no caería más. «Espera...», replicó Pedro. «Está abajo», insistió Juan. «El pez se nos está yendo hacia las profundidades...».

Al final, tuvo que tirar del cabo. Y bastaba ese primer tirón para que un pescador experimentado como Pedro supiera si traía llena la red. A juzgar por el modo en el que se le crispó el rostro, Juan comprendió que el gran pez se les había escapado.

Pedro no se amilanó. «No creerás que íbamos a sacarlo a la primera, ¿no?», dijo mientras levantaba la red, la izaba a cubierta y la abría para extraer de ella media docena de pececillos de tamaño normal. «Ese animal nos va a dar guerra».

Necesitaron varias horas y decenas de intentonas para que Pedro se convenciese de que al pez gigantesco había que darlo por imposible. «Hoy no es el día», terminó por sentenciar Juan. Pedro no se daba cuenta de que su compañero utilizaba con él un tono condescendiente: ponía mucho énfasis en seguirle la corriente, en no quitarle del todo la razón, en acompañarlo en lo que él —Juan— consideraba un desvarío.

Porque, a estas alturas, a Juan no le cabía la menor duda de que Pedro no regía con normalidad. Al final de la jornada, de regreso, Juan izó la vela y se ocupó de manejarla mientras Pedro, en la popa, sujetaba el timón. Entonces, lo escuchó hablar de esta manera: «Ese pez nos estará esperando mañana». Juan asintió y comenzó a replicar algo. De pronto, se dio cuenta de que Pedro no se dirigía a él. En la barca no había nadie más y no se distinguían otras barcas en las cercanías. Y, sin embargo, Juan supo, tuvo la entera certeza, de que su compañero hablaba con *otra* persona.

¿Con quién? Con Jesús, claro. El problema era obvio: Jesús había muerto y el propio Pedro había sido testigo de dicha muerte. No obstante, si le hubiese preguntado directamente, si lo hubiera interrogado al respecto, Pedro habría respondido más o menos así: «Por supuesto que *sé* que Jesús murió en la cruz. ¿Por quién me tomas?». Y, acto seguido, realizaría una breve pausa y retornaría a la charla distendida con un hombre ausente.

Pero no se quitó al pez de la cabeza. «Está ahí, en mitad del lago, esperando a que vaya a por él y lo pesque», decía a todo aquel que quisiera escucharlo. Pedro se agarraba obsesivamente a una idea tan falsa como inofensiva. «¿Qué tiene de malo que crea en la existencia de un pez de tamaño monstruoso?», preguntó Andrés. Se dirigía a Juan en presencia de Santiago. Los tres hombres habían adquirido la costumbre de verse, al menos, una vez al día para intercambiar impresiones y noticias respecto al inquietante estado de Pedro. «¿A ti te parece normal que demos crédito a sus locuras?», objetó Juan, que era quien iba en la barca con Pedro y quien, por lo tanto, sufría en primera persona los delirios de este. «Déjalo, no hace daño a nadie...», intervino Santiago.

Más que la presencia del pez, les importaba la de Jesús. Pedro veía a Jesús al tiempo que no discutía su muerte. El pez, al menos, estaba —o podía estar— vivo en todas las versiones de la historia. Pedro creía que un enorme pez habitaba las aguas del lago Tiberíades, pensamiento lógico y concreto; y Pedro creía en la supervivencia de Jesús —¡había comenzado a charlar con él!— al tiempo que no negaba que hubiese muerto a manos de los romanos.

«Ya pasará», terminó zanjando el asunto Andrés. ¿Qué otra cosa podía decir? Sus dos amigos asintieron, pero deberían haberse encogido de hombros. Sí, qué otra cosa se hallaba en su mano hacer...

Con el paso de los días, la idea del pez en el lago tomó cuerpo en el pensamiento de Pedro. Una tarde, se acercó a la sinagoga y, al respecto, sermoneó a quienes allí se encontraban. Pedro, recuérdese, era rabino, lo cual significaba que poseía la potestad de hablar en el interior de la sinagoga. Quien en ella estuviese presente se veía, entonces, obligado a escuchar. Era un hombre sabio —un hombre comúnmente considerado sabio—y, si a esto se le añadía el nada despreciable hecho de haber sido la mano derecha del mesías Jesús en su viaje a Jerusalén, nadie le daba la espalda. Tan siquiera los más viejos del lugar, poco amigos de las excentricidades tendentes a sacar de quicio la sólida y densa espiritualidad judía, apartaban la mirada cuando Pedro hablaba. Así, ante un público formado por más de treinta varones —no unos varones cualesquiera, sino aquellos que, a su vez, eran capaces de influir en el siguiente estrato de judíos devotos—, Pedro explicó que Jesús no se había ido tras su muerte en Jerusalén, pero que no se manifestaría como abierto y entero hasta que él —Pedro— expiara sus pecados. «¿Qué pecados?», preguntó uno de los asistentes a la sinagoga.

Buena pregunta. Qué pecados. Qué aterradores pecados podría haber cometido un hombre bueno como Pedro para que el recuerdo de Jesús no fructificara entre ellos. ¿Qué pasó en Jerusalén? ¿Qué horribles sucesos se sobrepusieron a los ya de por sí horribles sucesos primero de la torre Antonia y, más tarde, del Gólgota?

«Hay un pez en el fondo del lago», respondió, enigmáticamente, Pedro. Y su prédica quedó suspendida en el aire, y los que la escucharon la considerarían la mejor de sus vidas, la más sabia, la más profunda, aquella que transformaría la espiritualidad judía en algo distinto y, en apariencia, superior.

Pedro se apartaba del Templo de Yahvé y daba comienzo a una liturgia nueva. Existen pecados y habremos de hallar el modo de perdonarlos aquí mismo, en Galilea. ¿Cómo? Pedro conocía la respuesta: tal y como Juan Bautista hizo, a través del bautismo; tal y como Jesús aprendió de Juan Bautista, sumergiendo a los pecadores en aguas dulces para que les fueran borradas las faltas.

A ello dedicaría sus fuerzas en adelante. Salían cada mañana a faenar, eso siempre —que Jesús no se hubiera mostrado partidario del trabajo porque consideraba inminente la llegada del reino de Dios no significaba que, ahora que se habían dado cuenta de que ese momento se retrasaría un tanto, no debieran retornar a las actividades cotidianas—, pero, una vez de regreso en la costa, Juan se ocupaba de vender las capturas de la jornada mientras que a Pedro lo aguardaba una buena fila de pecadores dispuestos a hacerse perdonar, a bautizarse. Allá mismo, con el agua en el estómago, Pedro perdonaba los pecados en el nombre de Dios, tal y como Juan Bautista y Jesús —ambos ya ausentes— habían hecho antes que él.

Se trataba, en consecuencia, de un nuevo voto para el que Pedro *inventaría* una ritualidad, digamos, diferente. Mientras hundía a los bautizados en las aguas, mantenía una conversación con Jesús *vivo*. Es decir, sin afirmar que el maestro no había muerto en la cruz —porque, sencillamente, no creía que su muerte no hubiese sucedido: ¡lo vio expirar!—, hablaba con él como si lo tuviese a su lado. «Es Jesús quien, aquí, muy cerca de ti y de mí, nos observa», razonaba al tiempo que zambullía al pecador. «Y es Jesús, por lo tanto, quien te otorga el perdón en el nombre de Dios, que es quien, en definitiva, perdona nuestras faltas».

Restaba, ahora, que Dios perdonase las suyas. Pedro no podía borrar de su mente que, hasta en tres ocasiones distintas, había negado conocer a Jesús de Nazaret. Ese recuerdo lo atormentaba, le quitaba el sueño, lo impulsaba hacia delante en una deriva de agotamiento y fracaso que amenazaba con quebrarlo por la mitad.

Por otro lado, ¿cómo podría él, un simple hombre, haberse enfrentado a la sobrehumanidad de Jesús? Porque de esto ya no dudaba: Jesús, mientras había estado vivo, había sido más hombre —más real y genuinamente hombre—, que él, que todos ellos, que la población entera de Galilea y Judea. ¿Cómo, entonces, no sentirse abrumado en un momento crucial como el prendimiento de Jesús, cómo no vacilar ante una pregunta intempestiva, cómo no, en suma, errar? Jesús no se había equivocado nunca; Pedro se equivocaba de continuo.

Ya, pero en tres ocasiones...

¿Y si era *precisamente* este el plan que Dios había prescrito para ellos? ¿Y si los errores, en realidad, suponían aciertos?

Cuando María Magdalena se enteró de que Pedro bautizaba por las tardes, empezó a acudir a las ceremonias. Unas ceremonias que, por otra parte, cambiaban y evolucionaban día a día, dependiendo del humor de Pedro o del modo en el que este *sintiera,* en un momento concreto, la presencia de Jesús. «Hablo con Jesús de asuntos que no pude tratar con él mientras estaba vivo», le confesó, tras una de aquellas liturgias, Pedro a María Magdalena. «Y él... ¿te responde?», repuso la joven, quien tentada estuvo de contestarle «y él, ¿qué te responde?», pero comprendió que a Pedro, en su estado, no convenía darle demasiada cuerda.

«Oh, sí, lo hace, claro que lo hace», expuso él. «Jesús habla conmigo».

María Magdalena se aseguraba de que Pedro —a quien quería mucho— tuviera presente que Jesús estaba, en realidad, muerto. Como Pedro no flaqueaba a ese respecto —siempre se refería a Jesús como al hombre que murió en la cruz del Gólgota—, lo dejó estar y aceptó la historia de sus conversaciones íntimas. A diferencia de Andrés, Juan y Santiago, ella sí había sido testigo del tormento y ejecución de Jesús y *sabía,* por lo tanto, qué era lo que a Pedro reconcomía por dentro: el dolor de haber visto morir a un hombre extraordinario sin poder hacer nada por evitarlo. Que lo sintiera cerca, en consecuencia, no le parecía perjudicial sino afectuoso y enternecedor.

Por supuesto, María Magdalena se hallaba bautizada. Jesús en persona había perdonado sus pecados —Dios, a través de la mano de Jesús, se los había perdonado—, pero Pedro no vio problema alguno en volverla a bautizar, en que le volvieran a ser perdonados los pecados. Cuando se lo propuso, María Magdalena aceptó de inmediato. «Debemos ganarnos a las mujeres de Cafarnaúm», afirmó desprendiéndose de las sandalias para entrar, descalza, en el agua. A Pedro, un hecho como el que la joven acababa de poner de relieve se le había pasado por alto: sus bautizos estaban exclusivamente dirigidos a varones, que eran quienes, a juicio de Pedro, debían recibir tanto las prédicas como las nuevas liturgias ahora emprendidas.

Pero. Sí, recordaba ese gran pero que Jesús había traído a sus existencias. Pero el maestro quiso que también las mujeres fueran parte del rebaño de Dios que habría de poblar el reino divino de Israel. «Demos ejemplo con nuestras acciones», dijo Pedro. María Magdalena, por tanto, se situó a su lado, ambos con el agua del Tiberíades en la cintura y mirándose a los ojos, y procedieron a abrazarse. A continuación, Pedro comenzó a flexionar las rodillas y obligó a María Magdalena a que hiciera lo propio. Poco a poco, se sumergieron en el agua y, cuando a esta la tuvieron al cuello, el hombre situó sus manos en lo alto de la cabeza de ella y la hundió por completo mientras él se mantenía en la superficie.

María Magdalena sintió cómo sus faltas se borraban de inmediato, cómo, en los breves instantes que duró la inmersión, Jesús la acompañaba. No un Jesús sumergido, como habría sido esperable, sino un Jesús a flote, digamos, un Jesús seco y sonriente, sanado de sus heridas y limpio de inconvenientes. «Es Dios quien te otorga el perdón», le recordó este. Y, aunque la joven ya lo sabía, agradeció la indicación.

Qué innecesario se había vuelto el Templo de Yahvé, y qué innecesaria la propia Jerusalén.

De regreso a la superficie, María Magdalena se encontró con el rostro de Pedro, tan sonriente como había estado, bajo el agua, el de Jesús. No le dijo que acababa de verlo. No, pues juzgó que, en las actuales circunstancias, a Pedro no le causaría ningún beneficio.

Lo que sí hizo la joven fue reflexionar al respecto. Pedro *veía* a Jesús y Jesús le hablaba... Ahora, ella *había visto* a Jesús y Jesús le había hablado. Tanto él como ella habían sido testigos de la ejecución del maestro y ninguno de los dos dudaba de que semejante acto tuviera remedio: Jesús, en consecuencia, se hallaba muerto. Incluso habían sido testigos de su inhumación en una fosa común junto a los cadáveres de Ezequías y Bernabé.

No, no había regresado. No como hombre sano y útil para las cosas de los hombres. María Magdalena se interrogó al respecto y, sin saberlo, lo hizo en la misma dirección que, por su cuenta, había seguido Pedro: ¿Y si, a fin de cuentas, este era el *auténtico* plan de Dios?

El bautizo de María Magdalena tuvo el éxito esperado y pronto hubo mujeres dispuestas a dejarse perdonar en las aguas del Tiberíades. Para entonces, en la sinagoga ya se consideraba que el nuevo ceremonial impuesto por Pedro se apartaba inexplicablemente —por no decir algo peor— de la tradición judía. Lo llamaron al orden, si es que algo así puede afirmarse cuando quien recibe la reconvención es todo un rabino.

«Aquí seguimos creyendo que el perdón de los pecados solo llega a través de los preceptivos sacrificios en el Templo», sentenciaron los varones de la sinagoga. Pedro escuchó en silencio. Disponía del derecho a defenderse, pero se consideraba de buen talante mantener la calma y aguardar a que hasta el último de los concurrentes tuviera la ocasión de exponer lo que le viniese en gana.

Cuando le llegó el turno de hablar, Pedro se explicó: «Jesús nos enseñó que el Templo ha sido corrompido, y que solo Dios puede perdonar los pecados de los hombres». «¡En el Templo!», exclamó uno de los que le amonestaban. Pedro le respondió con calma: «Jesús afirmó que Dios perdona y que lo hace más allá de los muros del Templo».

«Jesús, Jesús...», murmuraron algunos varones. En la sinagoga de la aldea, comenzaban a estar un poco hartos de Jesús. Al que habían respetado siempre, entiéndase, y más desde que se revelara como un hombre sabio y pío que había perdido la vida a manos de los gentiles. Pero esta forma que Pedro tenía de interpretar sus enseñanzas... Sencillamente, no acababa de agradarles. Se tomaba demasiadas, por expresarlo de algún modo, libertades...

Pedro, que no pretendía crearse enemigos, reculó: «Sea, pues, como decís». Continuó bautizando, poniendo en práctica una liturgia ajena a la ortodoxia judía, pero sin mayores consecuencias. Eran los sacrificios en el Templo los que purgaban los pecados y las inmersiones de Pedro tenían lugar en recuerdo de ese precepto sagrado. No era cierto, pero ¿qué importancia tenía?

María Magdalena volvió a experimentar a Jesús. En una ocasión, fue a visitar a Salomé a casa de esta y se lo confesó. «Jesús está aquí», dijo. «¿Cómo?», se escandalizó, de inmediato, Salomé. «No, no me he expresado bien...», repuso María Magdalena, que no quería que su amiga la tomara por loca. Añadió: «Jesús está muerto, tristemente muerto, lo sé... Aunque, ¿sabes? Durante el bautismo, hubo un momento, bajo el agua, en el que lo sentí de forma muy intensa. Estaba allí, a mi lado, ¿entiendes? Se trataba de algo más que de un sueño».

«Pero era un sueño», zanjó la cuestión Salomé. «Lo sé», aceptó María Magdalena. «Jesús murió en la cruz y tú y yo lo vimos, María». «Sí, Salomé». «Entonces, ¿a qué vienen estas tonterías? Deja de ver a Jesús por todas partes». «No es por todas partes. Fue debajo del agua». «Pues peor aún. Olvídate de él».

María Magdalena asintió sin poder apartar de sus pensamientos una idea que, en adelante, se convertiría en germinal para ella: ¿Cómo podría olvidar a Jesús si Jesús era, sobre todo, inolvidable?

Hasta ahora, tanto Pedro como María Magdalena habían *escuchado* a Jesús. En adelante, tanto uno como la otra experimentaron un encuentro de nueva índole. ¿Superior? Dependiendo de a quién se preguntase, sí.

En Pedro, la presencia de Jesús se manifestaba de forma tranquila. El maestro lo acompañaba durante largos ratos y ambos hombres charlaban acerca de asuntos que les preocupaban. Muchos de ellos no diferían en nada de los que los habían ocupado cuando Jesús estaba vivo: la inminencia del advenimiento del reino de Dios, las características de los que habrían de participar en él, una noción original del pecado y de la falta y, sobre todo, la configuración última de las legiones divinas. Este asunto interesaba —inquietaba, más bien— sobremanera a Pedro. En vida de Jesús, lo debatieron, aunque sin la necesaria profundidad: otros temas acuciaban más. Ahora, tras la muerte del mesías, el tiempo se dilataba y las conversaciones interrumpidas regresaban con ímpetu. Pedro experimentaba un interés renovado por conocerlo *todo,* por saber qué sucedía más allá de donde él podía ver.

Los ángeles gozan del aspecto de los hombres jóvenes y apuestos, y emanan luz celestial, y logra verse a través de ellos, y, claro, tienen alas, unas alas grandes y majestuosas, de color blanco e inmaculada apariencia.

Pedro, no obstante, no se sentía satisfecho del todo e interrogaba a Jesús acerca de tal o cual minúscula característica —el aspecto de las uñas de sus dedos, el grosor de las pestañas, la forma en la que levantaban el vuelo— y este le respondía explayándose largamente.

A María Magdalena, Jesús lo visitaba agitándola de los pies a la cabeza. Para ella, la experiencia era mucho más nueva que para Pedro, de manera que la sentía visceralmente, como si de una sacudida física se tratase. Este hecho, la fisicidad de Jesús, comenzó a manifestarse cuando, un día después de la visita a Salomé, María Magdalena *notó* cómo Jesús posaba su mano en el antebrazo de ella. No era un sueño. No, una alucinación. *Era* un contacto, pues así lo percibió la joven.

Sabedora de que Jesús estaba muerto, se asustó mucho. ¿Cómo podía, alguien que estaba muerto, *tocarla?* Porque la sensación recibida no distaba en absoluto de cualquier otra real. Los judíos no eran amigos de manosearse los unos a los otros —entre sexos distintos, se encontraba completamente prohibido salvo para un marido y su mujer— y a María Magdalena, en su devenir diario, no la tocaba casi nadie. Pero, en fin, sabía qué era tocar y ser tocada. Sabía *qué* se siente cuando se es tocada y cuando se toca. Por ello, notó la mano de Jesús y la notó como si perteneciera a un hombre enteramente vivo.

Cuando se lo contó a Pedro —porque acudió adonde él se hallaba y se lo contó, no podría haber sido de otra manera, y le contó, también, lo que en primer término le había ocultado: que había visto a Jesús bajo las aguas—, este abrió mucho los ojos. No se lo esperaba. ¿Hasta qué punto Dios les enviaba un mensaje?

«Sucede porque ha de suceder», concluyó. La interpretación de Pedro no caería en saco roto. De alguna manera, esa inevitabilidad los liberaba de cierta parte de la carga: sí, Jesús había muerto horriblemente asesinado y ellos no habían podido hacer nada por evitarlo *porque así tenía que ser.* Dios lo dispuso de tan enigmática forma para que su plan se cumpliese. Desconocían —lo desconocía Pedro y lo desconocía María Magdalena— por qué, pero tan siquiera se interrogaban demasiado al respecto. Sus buenas razones poseería.

«¿Cómo era su semblante?», le preguntó, no obstante, Pedro a María Magdalena. Se refería al momento en el que él la tocaba. «Sereno, sonriente, afable», respondió ella, que hablaba de corrido, como si algo la impulsara, desde dentro, a expresarse ante todo aquel que quisiera escucharla. «Creo que será mejor que no se lo contemos a nadie», adujo Pedro. «¿Por qué?», se extrañó ella. «¿Y si piensan que hemos perdido el juicio?». «No lo hemos perdido, Pedro. Tanto tú como yo sabemos que Jesús está muerto». «De acuerdo, pero seamos prudentes, María...».

Se les estaba yendo de las manos. Pedro miró a los ojos a María Magdalena y le advirtió de que en la sinagoga no tolerarían más paradojas. Se está vivo o se está muerto, y no ambas cosas al mismo tiempo.

Cuando se separaron, cada cual por su lado creyó que su noción de la reciente tragedia era más intensa que la del otro. Para Pedro, él *sufría* más que María Magdalena, y para María Magdalena, ella *sufría* más que Pedro. Se aportaban, a sí mismos, pruebas que consideraban irrefutables. Poco a poco, no solo se convencían de estar en lo cierto, sino que llegaban a la conclusión de que cualquier disidencia con su punto de vista insultaba la memoria de Jesús.

Se desarrolló, entonces, una breve carrera por comprobar a quién pertenecía el auténtico dolor en torno a la pérdida de Jesús.

La pugna duró poco, a Dios gracias, y pronto Pedro y María Magdalena se amigaron —habría resultado insensato continuar hacia delante sin el sostén del otro— y hasta se unieron más de lo que lo habían estado antes; no obstante, aquella pequeña pelea les dejó claro que las manifestaciones de Jesús —esa deriva desde lo sensorial hacia lo físico— no desaparecerían por arte de magia. Jesús los había impresionado tanto en vida que ahora, tras morir, continuaba acompañándolos de una forma que en la sinagoga habrían considerado, por obsesiva, insana.

Un buen día, después de bautizar, Pedro, sin saber por qué, se echó a llorar. Caía la tarde en la orilla del lago Tiberíades y las gentes de Cafarnaúm se retiraban para ocuparse de sus quehaceres. María Magdalena, que observaba desde cerca, pues había adquirido la costumbre de acudir a los bautizos para animar a las mujeres indecisas a tomar parte en ellos, vio cómo su amigo derramaba lágrimas y se acercó a él. Pedro la doblaba en corpulencia, pero así, en mitad del llanto, con los hombros caídos hacia delante y el rostro descompuesto, ella parecía mucho más fuerte.

No se cruzaron ni una sola palabra. María Magdalena, al lado de Pedro, se mantuvo firme y con el mentón alto. Tras recorrer con la mirada las inmediaciones y asegurarse de que nadie los veía, le dijo al hombre: «Somos nosotros quienes llevamos al gran pez dentro».

9

Cuatro

A medida que el tiempo transcurría, las conversaciones de Pedro con Jesús fueron tomando un cariz violento. Pedro se sentía más y más cómodo con la extraña compañía del que había sido, en sus palabras, «el mejor de entre los hombres habidos y por haber», y, de alguna forma, el trato relajó las distancias. Comenzó, de esta manera, a elevarle el tono: «Al final, tú estás ahí y yo, aquí», podía decirle para expresar, así, su congoja. Jesús —según Pedro— se encontraba a salvo, circunscrito a un mundo propio, donde él no recibía reproches ni reprimendas. Mientras tanto, a este lado de la realidad, Pedro debía salir, cada día, a pescar junto a Juan; después, bautizaba en la orilla del lago y, si le quedaba algo de tiempo libre, acudía a la sinagoga o paseaba junto a María Magdalena. Mientras tanto, se ahogaba.

Este era el eje de la recriminación de Pedro a Jesús: que mientras Jesús se encontraba tranquilamente muerto, él, Pedro, se veía obligado a continuar. Cada día, sin descanso, en todo momento. Y, con sinceridad, no siempre se veía con fuerzas para ello... Le habría gustado que intercambiaran sus papeles. Hasta tal punto lo sentía así que, un buen día, le espetó: «Ojalá que el que hubiera muerto fuese yo».

Jesús no respondió. Lo cual, si cabe, enfadaba aún más a Pedro. Qué menos que una respuesta, ¿no? Por Jesús lo habría dado todo, pero no soportaba esa costumbre suya —tan irritante— de, ante una afirmación singular, quedarse callado. Sus caracteres, bien era consciente Pedro, divergían en este punto: mientras que a él le perdía su temperamento sanguíneo, Jesús se apretaba más dentro de su alma y de su piel. Salvo en aquella ocasión en el Templo de Yahvé, cuando la emprendió contra los cambistas y los mercaderes —y en aquel acto hubo más premeditación de la que se cree—, Jesús jamás había perdido la calma. No se dejaba llevar por impulsos irracionales, no era impetuoso ni cerril.

«¡Me gustaría verte en mi lugar!», le soltó a continuación. Paseaban por el desierto, no demasiado lejos de las últimas casas de Cafarnaúm. A Pedro, la idea de alejarse del lago lo relajaba en tal manera que aquel fue, en adelante, el refugio de ambos. Allá, a salvo de las miradas de sus vecinos, podía gritar, gesticular y hasta reprender al maestro. «Porque para ti todo resulta tan sencillo... ¡Ven conmigo a la sinagoga, donde te adoran! ¡Claro, claro! Eso es porque ellos no te conocieron en las últimas horas, cuando te dejaste atrapar en Getsemaní. Pero ¿en qué estabas pensando, si puede saberse? ¡Hasta habíamos comprado espadas! Yo mismo blandí una, sabes que lo hice. Y, con ella, le corté la oreja a aquel maldito centurión. Se acordará de mí para siempre.

»Mientras, ¡tú te dejaste prender! Era de noche, Jesús. Noche cerrada. ¿Por qué no echaste a correr en dirección opuesta? ¿Qué sentido tuvo permanecer allí, a nuestro lado, mientras luchábamos contra los romanos? Oh, y aquellos dos idiotas... Ezequías y Bernabé. Les confié la defensa del grupo y, ¿qué hicieron ellos? ¡Dejarse atrapar! ¡Igual que tú! Los unos para los otros. Mira, hasta hubo cierta justicia en el hecho de que os crucificaran juntos... ¿No era eso lo que buscabais? ¿No era eso lo que buscabas, Jesús?

»Ahora, yo he de continuar. Solo. Bueno, tengo a María Magdalena, pero no es lo mismo. Sabes que no es lo mismo. Yo..., yo te necesitaba a ti. Teníamos planes, grandes planes. ¿O ya no los recuerdas? Pensábamos entrar triunfantes en el reino de Dios, donde tú te sentarías a reinar y yo gobernaría sobre una de las tribus de

Israel. O lo que fuera, no creas que ahora me guía el resentimiento. Me habría dado lo mismo una cosa o la otra. Lo único que yo quería era permanecer a tu lado, asistir a tu victoria, observar con mis ojos cómo cada palabra escrita cobraba forma real y se erigía en verdad auténtica y definitiva».

Llegados a este punto, Pedro agachaba la cabeza y se miraba los dedos de los pies cubiertos de polvo. Y ya no pronunciaba una sola palabra más en un buen rato, durante el cual continuaba deambulando por el desierto con Jesús *a su lado.* De cuando en cuando, como un niño apesadumbrado por sus errores, levantaba la mirada hacia el maestro y lo contemplaba de refilón.

«Qué fácil es todo...», murmuraba muy por lo bajo, para que Jesús no lo oyese. Sin embargo, Jesús lo oía —Pedro sabía que lo oía— y hacía crujir las piedras bajo las sandalias. Se trataba de un reproche tibio y sutil que, no obstante, a Pedro dolía como si le estuvieran clavando un puñal en el pecho. «Sí, qué fácil es todo..., para todos menos para mí».

Jesús continuaba callado. Caminando al lado de Pedro, medio paso por detrás, impertérrito, desafiante incluso —a juicio de Pedro—, absurdamente tranquilo. Pedro ya no podía contenerse, de manera que continuó hablando. Y fluyó el objeto verdadero de su enfado: que se sentía desesperadamente solo.

«Nunca podré perdonarte que me hayas abandonado de esta forma, Jesús... Sí, comprendo que nada de lo que sucedió fue culpa tuya, que preferirías haber continuado con vida... Pero lo cierto es que no estás. Que moriste, y que, ahora, yo he de continuar sin tu ayuda ni tu compañía. ¿Sabes lo harto que estoy de los hombres de la sinagoga? Creo que voy a dejar de asistir a ella, porque no puedo soportarlos por más tiempo... Hasta te están perdiendo el respeto a ti, fíjate lo que te digo... Y eso es algo que no pienso permitir. Hasta ahí podíamos llegar. De mí, que digan lo que quieran. Pero tu memoria es intocable.

»Aunque no te lo merezcas, he de decir. Te largaste y ahora me toca a mí cargar con las consecuencias. Tú, a fin de cuentas, te encuentras a salvo. ¿Le has visto, por fin, el rostro a Dios? ¿Has comprendido el auténtico significado de su plan para Israel? Si lo sabes, dímelo, porque te aseguro que aquí estamos un tanto confundidos... Tu final ¿era el final *previsto?* Es algo que nos quita el sueño. Me lo quita a mí, se lo quita a María Magdalena y, cuanto menos por la monserga que les doy con ello, se lo quita a Andrés, Juan y Santiago.

»Pobres hombres... Con lo que han de soportarme, se están ganando el cielo. Yo les hablo de ti, saben que dialogamos y fingen que no le dan mayor importancia. Pero sé que se la dan. Mi hermano está muy preocupado, de verdad que lo está. Y Juan, desde el asunto del pez gigante, también se inquieta más de la cuenta. Lo noto, claro que lo noto... Los conozco muy bien, ¿sabes? Desde que éramos niños. Afirman que hemos de seguir adelante, que tú hubieses querido que nuestras vidas no se interrumpieran. ¿Y sabes qué les contesto? Que no hago nada distinto a lo que ellos me proponen. Sigo adelante, pero lo hago a tu lado.

»Porque, pese a todo, pese a que esté muy enfadado contigo por haberme abandonado, por hacer descansar sobre mis espaldas esta responsabilidad tan única, voy a seguir divulgando tu mensaje. Cada día más, me siento fuerte, con ganas de continuar, de advertir a todo el pueblo judío que Dios posee un plan y que ese plan en modo alguno fracasó cuando los romanos te crucificaron. Debe haber algo más, sin duda debe haberlo, porque, de lo contrario, nada de lo que hemos vivido tendría sentido. Y lo tiene, estoy completamente seguro de que lo tiene. No me equivoco».

Por extraño que parezca, María Magdalena también se había enfadado. O, por expresarlo con mayor precisión, su enfado no solo no había menguado con el paso de los días y los meses, sino que crecía, se desarrollaba y adquiría nuevas perspectivas. Aunque, eso sí, en lo esencial se mantenía intacto: el objeto de su rabia no era otro que Dios.

A medida que la relación de María Magdalena con el Jesús revivido se tornaba más y más física —Jesús, cada vez que se le aparecía, acostumbraba a tocarla en un brazo o en el hombro y, en varias ocasiones, ella había sentido el calor y el olor de su aliento—, más íntima, *más real*, la mujer se encolerizaba por no poder asimilar tal *realidad* a la realidad. Dicho de otro modo: continuaba reprochándole a Yahvé que hubiese permitido —fuese o no este su auténtico plan, a ella le daba igual— que Jesús muriera en la cruz y que, en consecuencia, ahora ella tuviera que apañárselas con un sucedáneo, con un remedo, con el recuerdo reconstruido de lo que él había sido y ya no era.

Comenzó a reprochárselo sin ambages, cara a cara: «Tú me lo arrebataste». Había abandonado cualquier intento de referirse en plural a los seguidores de Jesús. No le recriminaba, por lo tanto, que «nos lo quitases» sino que «me lo quitases». Era ella, personalmente ella, quien asumía el dolor de la pérdida. Cuando, en una de las charlas que mantenía con Salomé, se lo contó, Salomé advirtió el cambio que había operado en su amiga: «Es Jesús el hombre por el que más te duelen las entrañas», aseveró.

María Magdalena, en un primer momento, no supo —o no quiso— entender a qué se refería Salomé. Salomé, cuyo carácter no permitía que en su vida quedaran hilos sueltos, afinó su afirmación: «Tu desdicha no puede ser mayor, pues amas a un hombre que ya no existe».

El amor, entre los discípulos de Jesús —también entre las mujeres—, se mencionaba constantemente, aunque con un sentido benigno y nunca carnal. No existía prédica de Jesús que no mencionara al amor: «Amaos los unos a los otros», exhortó. Regresaba, de esta forma, a la esencia de las Escrituras, donde un imperativo idéntico existía, por mucho que los sacerdotes del Templo y numerosos rabinos que ejercían en no pocas sinagogas lo hubiesen olvidado: «Ama al prójimo como a ti mismo; yo, Yahvé, lo ordeno».

María Magdalena, por lo tanto, *amaba* a Jesús, pues era ese el mandamiento de Dios y el de Jesús mismo. Pero lo amaba ¿en qué modo?

Se hartó de pensar en ello —Salomé contribuyó a que aclarara sus ideas al respecto— y la conclusión no pudo resultar más obvia: María Magdalena quería a Jesús más en la muerte de lo que lo había querido en la vida. Amaba lo que podía haber sido y no era, la infinidad de caminos que podrían haberse —o no— recorrido, la incertidumbre ancha y magnífica de un campo eterno. De ahí que su enfado mayúsculo, la joven lo dirigiera contra Dios. Él le había arrebatado las posibilidades, los sentimientos inexistidos, los gozos y las penas imaginarios.

Lo que habría de ser y no sería. ¿Quién era Dios para, a una mujer como María Magdalena —devota, obediente, sincera—, arrebatarle lo más precioso? Y ni eso: no se lo arrebataba, sino que la obligaba, impertérrito, a contemplar cómo no sucedería nada de lo que podría haber sucedido.

«No despiertes la ira de Dios», le advirtió, visto el cariz que tomaban los acontecimientos, Salomé. María Magdalena se quedó estupefacta. ¿La ira *de Dios?* ¿Y qué había de la suya? Si alguien poseía motivos para montar en cólera, ese alguien era ella. ¿Dios? Por favor... Dios había tomado sus decisiones. Consciente de ellas, había permitido —pudiendo impedirlo— que Jesús muriera en la cruz. Que Jesús, dicho sea con todas las palabras, fracasara estrepitosamente, que lo hicieran todos sus discípulos con él, que el plan para traer a Israel el reino divino se echara a perder, quién sabe si para siempre. Desde luego, Jesús estaba muerto, y este hecho irrefutable carecía de marcha atrás. ¿Quién invocaría el nuevo reino? ¿Quién se encargaría de facilitar, otra vez, el Juicio Final? ¿Pedro? ¿Aceptaría Dios a Pedro como su mesías? ¿O le reservaría el mismo destino que a Jesús? No, Pedro no se prestaría a participar en un juego semejante... No, después de comprender cómo se las gastaba Yahvé.

«¿Y si lo haces tú?», aventuró Salomé. Se trataba de la idea más absurda que María Magdalena había escuchado en su vida. La propia Salomé, al oírse, cayó en la cuenta y, casi de inmediato, se desdijo: «Ya, ya...». Las mujeres apenas podían salir de casa sin la compañía de los hombres de su familia. Que Jesús las hubiese aceptado en su grupo constituía una excepcionalidad que convenía no olvidar. «Algo así, no volverá a repetirse en siglos», había sentenciado Pedro. Y estaba en lo cierto, pues difícilmente la deferencia que Jesús había consentido para las mujeres la reeditaría un mesías futuro.

«No despiertes la ira de Dios», volvió a insistir Salomé, retornando al mundo de lo posible, de lo realizable. Las Escrituras se hallaban repletas de advertencias: si los judíos contrariaban a Dios, este podía descargar su cólera inmensa sobre ellos. Con un simple gesto, Yahvé traería males inconcebibles, enfermedades y muerte, incapacidades, desdichas, desolaciones. No convenía, por tanto, enfadarlo. ¿Y cómo se lograba algo así? Bueno, la alianza entre el pueblo judío y Dios se basaba, precisamente, en esta idea: solo Dios permanecería en calma si observaba que se lo trataba de acuerdo con la Ley que él mismo había dictado. «Es sencillo», afirmaba cualquier rabino de pueblo. Y añadía: «Sé buena persona, respeta los preceptos y no te desvíes del camino marcado». «¿O qué?». «O conocerás la auténtica iracundia».

Sin embargo, a María Magdalena no se la convencía fácilmente. «De acuerdo», le dijo a Salomé. «De acuerdo, que su ira caiga sobre mí. Que me seque el vientre, que me cubra la piel de pústulas, que entregue mi nombre al olvido. ¿Qué me importa a mí, si el máximo de los castigos ya me ha sido inflingido?».

Frente al tormento que Jesús había soportado —y del que María Magdalena y Salomé habían sido testigos, no se olvide—, cualquier castigo parecía soportable. Podía Dios abrirle a María Magdalena en canal, partirle el pecho en dos y hacer que se le cayera hasta el último de sus cabellos, y nada de ello sería comparable con el dolor de Jesús. Que —esto tampoco se olvide pues María Magdalena no lo hacía— pudo haberse evitado y no se evitó. Dios no intervino, de manera que resultaría hasta cómico que lo hiciese ahora para tomarla con una pobre muchacha de Galilea... Está Judea atestada de pecadores irreductibles y él ha de llegar para castigarla *a ella*. Qué grotesco...

Pero, en fin, no lo sería menos que su comportamiento durante los sucesos del Gólgota... Qué Dios este, que no solo no acompaña a sus más devotos siervos, sino que los ignora y hasta les da la espalda.

Llegados a este punto, Salomé sintió miedo y abandonó a María Magdalena. Comprendía por lo que estaba pasando la joven, se daba cuenta de que sus sentimientos hacia Jesús, lejos de amortiguarse con el paso del tiempo, se tornaban más y más sólidos e inquebrantables. María Magdalena no renunciaba al maestro. No estaba dispuesta a olvidarse de él, a permitir que el tiempo hiciese su trabajo. Por ello, Salomé tomó la determinación de alejarse de María Magdalena. Se arrepentiría más tarde, pero había llegado el momento de que cada una pensara en sí misma. Desde luego, lo que Salomé no podía hacer era continuar al lado de una María Magdalena dispuesta a batallar contra el mismísimo Dios. Si este, en su magnanimidad, lo dejaba pasar, nada sucedería. Pero, ¿y si Dios se hartaba de tanta irreverencia? Era, el de los judíos, un Dios bueno, amistoso y caritativo. Siempre y cuando, no obstante, sus siervos se atuvieran a las Escrituras. Levantar horribles testimonios contra él y sus actos, qué duda cabe, caía completamente fuera de las mismas: las incumplía sin titubeos, por acción y no por omisión, y bien Dios podría fulminar con un rayo al pecador que así se comportase. No, no convenía permanecer cerca de los impíos...

María Magdalena continuaba asistiendo a los bautizos vespertinos que Pedro organizaba en la orilla del Tiberíades. Ya no se sumaba al fervor de los participantes, ni allanaba el camino de las mujeres dubitativas. En lo que a ella respectaba, Dios no merecía que colaborase con él. Así se lo dijo a Pedro, y así tuvo Pedro que escucharla: «Si Dios no hizo nada por mí, no haré yo nada por Dios». Pedro comprendía que el argumento de la joven era impecable. Y desacertado, pues a ella se le había hurtado información. Resuelto a solucionarlo, y con la finalidad de que María Magdalena no perseverase en su error, aceptó desvelarle su culpa, su gran culpa: «Yo negué a Jesús hasta en tres ocasiones y es por eso que ahora pagamos las consecuencias».

María Magdalena se quedó sin habla. Jamás habría esperado una confesión semejante. Estupefacta, abrió mucho los ojos, miró a

Pedro —que permanecía frente a ella en silencio— y terminó entrecerrándolos. «Pero, pero...», aceptó a balbucear.

«Dicho de otro modo, María», retomó Pedro su explicación. «El plan de Dios existió y existe, y si se malogró en su momento fue por mi culpa. Mío es el pecado y mía la carga».

«No lo entiendo...», murmuró María Magdalena. Pero sí, sí que lo entendía. Lo que sucedía era que costaba asumir que la verdad fuese tan sencilla, que siempre la hubiesen tenido delante y que, hasta ahora, no hubieran caído en la cuenta: «El plan de Dios existe y *es este*», expresó en voz baja.

Tanto María Magdalena como Pedro necesitaron que el tiempo transcurriese. De otra forma, no habrían podido asimilar una idea tan revolucionaria. Pedro escribió varias cartas y se las hizo llegar a los discípulos de Jesús cuyos paraderos conocía. En ellas, relacionaba —sin atribuírsela— la cuestión propuesta por María Magdalena: el viaje a Jerusalén no solo no había sido un total fracaso, sino que puede que hubiera salido tal y como se hallaba planeado. «Es difícil de comprender, pero piénsalo despacio», advertía Pedro en las cartas.

Los discípulos localizables, nueve sobre el total de doce íntimos —de once en realidad, pues Judas había muerto—, aceptaban reunirse en un futuro indeterminado: ninguno de los que no vivían en Cafarnaúm se negaba a ello, pero ninguno proponía un rápido encuentro. «Hay que darles tiempo», dedujo María Magdalena. «¿Tiempo?», objetó Pedro. «¿Y si no nos queda tiempo?».

Sin embargo, había prescrito la era de las prisas. Si algo demostraba Dios con sus actos —o la ausencia de ellos, que venía a ser lo mismo—, era que la llegada del reino de Dios acaecería cuando todo estuviese listo, y ni un minuto antes. Con los discípulos de Jesús dispersados por Galilea y Pedro en un estado de confusión máxima, parecía claro que los ángeles iracundos no descenderían hoy.

La enunciación de María Magdalena —todo ha sucedido tal y como debía suceder— sacudió, no obstante, las conciencias del pequeño grupo que aún recordaba a Jesús. Dicho discurso, al mismo tiempo, rompía con la visible enumeración de los hechos —Jesús se anuncia como el rey de Israel, los romanos capturan y ejecutan a Jesús, Jesús fracasa en su propósito— y la subvertía radicalmente. Si María Magdalena se encontraba en lo cierto, la concatenación adecuada no sería la lógica y convencional, sino esta: Jesús se anuncia como el rey de Israel y los romanos *—tal y como* Yahvé ha previsto— capturan y ejecutan a Jesús. Así las cosas, aún restan tareas por culminar.

Una noche, tras la cena, Pedro salió a dar un paseo por el desierto. Al rato, descubrió una luz a lo lejos y caminó hacia ella. Se trataba de los minim, quienes, reunidos bajo su olivo, intentaban poner en práctica sus liturgias heréticas. En el fondo, a Pedro le caían bastante bien: eran fundamentalistas —en el sentido de que trataban de ir a lo fundamental de las Escrituras, esto es, al texto mismo, a la literal adoración de las palabras escritas por encima de cualquier otra consideración— y Pedro sabía cómo tratarlos. Las sinagogas estaban plagadas de tenaces literalistas, por mucho que en ellas pasaran desapercibidos.

Los minim recibieron con alegría a Pedro. Lo recordaban de la vez anterior, de cuando Pedro buscó a Jesús practicando un agujero en el suelo. Aquella peripecia, lejos de parecerles una locura, dejó en los minim una buena impresión: un rabino de la sinagoga emprendiendo una liturgia autónoma y heterodoxa suponía un rayo de esperanza para una secta que, como la de los minim, aspiraba a zarandear las creencias de los judíos. Por supuesto, no se pararon a pensar en la posibilidad de que, a Pedro, los planteamientos literalistas de los minim le trajeran sin cuidado. Si acaso, el discípulo de Jesús, precisamente ahondando en su condición de tal, comenzaba a caminar en sentido contrario al de los minim: Pedro era interpretativo, y más que lo sería con el paso del tiempo.

«¡Pero bueno...!», exclamaron los herejes. «¡A quién tenemos aquí!». En vista del cálido recibimiento que le dispensaban, Pedro se acercó a la luz y se situó bajo el olivo. El grupo de los minim estaba formado por una veintena de hombres, la mayoría de la edad del propio Pedro y la mayoría, como él, pescadores.

«Buenas noches, amigos», saludó el discípulo de Jesús, que consideraba tosco y primario a cualquier literalista en general y a estos en particular. Si las Escrituras no se podían desentrañar, ¿qué sentido tenían? El propio Jesús, primer intérprete del significado de la Ley, aceptaba a esta como norma suprema de los judíos. «No he venido a derogarla, sino a perfeccionarla», había defendido. En fin.

Los minim, tras unos titubeos iniciales, confesaron a Pedro que se encontraban preparándolo todo para retirarse al desierto. «Iremos hacia donde nadie quiere ir y fundaremos una nueva comunidad», explicaron. «Allá, viviremos en paz y exaltaremos la alianza entre Dios y su pueblo elegido». De alguna forma, entendió Pedro, los minim trataban de instaurar, por su cuenta, un *reino* de Dios en los páramos de Galilea.

«¿Y no aguardaréis la llegada del reino anunciado?», preguntó Pedro refiriéndose al que Jesús había considerado inminente y que ahora, tras la nueva interpretación dada por María Magdalena, se juzgaba aplazado. «El reino ha de erigirse», explicaron los minim. «No, no», se opuso Pedro, entre sorprendido y escandalizado. «El reino de Dios llegará como consecuencia de una decisión que solo Yahvé puede alcanzar. De verdad, creedme, sé de lo que hablo».

La idea del retiro al desierto, de la constitución, en suma, de un reino de Dios anterior al reino de Dios resultaba auténticamente seductora. Aquella noche, Pedro regresó a casa cavilando acerca de los planes de los minim. ¿Y si, en el fondo, no resultaba una tarea tan descabellada? Quizás uno de los motivos por los que Dios no había desencadenado el fin del mundo en Jerusalén era que no acababa de creer que aquel grupo de judíos —los que el mesías había elegido para poner en marcha su plan— fuese capaz de gobernar sobre Israel. Y es que una cosa es predicar a los cuatro vientos y otra, diametralmente distinta, desarrollar el gobierno efectivo de los millones de judíos que integraban el pueblo elegido.

¿Y si, llevando la hipótesis hasta sus últimas consecuencias, Dios pretendía, como parte integrante de su plan, que Pedro —instruido tras haber sido testigo de la muerte de Jesús— encabezara los auténticos preparativos de la llegada del reino de Dios?

Así las cosas, Pedro decidió irse con los minim. «¿Te has vuelto loco?», le espetó Andrés, al que la deriva emocional de su hermano preocupaba sobremanera. «Tranquilo, solo pasaré unos cuantos días entre ellos», repuso Pedro. «Pero ¿ahora te has vuelto hereje?», insistió Andrés, nada dispuesto a dejarlo ir por las buenas. «¿No lo somos todos, de alguna manera?», devolvió la pregunta Pedro.

Sí y no. Si era posible responderse de alguna forma, era de esta tan ambivalente. No, claro que Pedro no era un hereje, pues Jesús en ningún momento de su prédica lo había sido. Y sí, desde luego que sí abrazaba la más radical de las herejías, pues emprendía un camino hacia la separación de la ortodoxia judía, anquilosada a juicio de Pedro. Sin ir más lejos, y a modo de simple ejemplo: Pedro, siguiendo al pie de la letra las enseñanzas de Jesús, restaba importancia al Templo de Yahvé. Este hecho, que podría parecer insignificante, se levantaba, sobre los judíos, con una rotundidad que haría temblar las paredes de cualquier sinagoga. «Yo perdono los pecados en las aguas del lago Tiberíades», añadía. ¿Herejía o renacimiento?

El viaje de los minim al desierto carecería de retorno. Al menos, ese era su anhelo y a ello dedicaron todos sus esfuerzos. Pretendían constituir una comunidad ultradevota que se abasteciera por sí misma y que no precisara nada del mundo ajeno. Trasladaron, para lograrlo, familias enteras, con mujeres, niños y hasta venerables ancianos que se negaban a dejar atrás. El reino de Dios min —al menos, tal y como los minim lo concebían— se extendería, intacto, durante siglos y siglos. Los que ahora eran niños tomarían el relevo de la comunidad dentro de dos o tres décadas. A estos nuevos hombres aún no engendrados los relevarían más tarde. Y, así, sucesivamente, hasta que Dios se fijara en ellos y decidiera premiarlos con un descendimiento real y definitivo que convertiría a la comunidad min en la capital del Israel celestial.

A Pedro le sorprendía la franqueza —ingenuidad, más bien— con la que los minim se expresaban. Pese a que pretendían vivir en grutas durante el resto de su existencia, no se ocultarían del resto de los judíos: quien deseara abrazar sus tesis maximalistas era libre de dejarlo todo e integrarse en el seno de su sociedad. Al postulante, se le exigiría un compromiso de por vida y también de por muerte: más allá de su propia existencia, sus hijos, sus nietos y todos sus descendientes habrían de existir como minim, es decir, como siervos elegidos entre el pueblo elegido de Dios. Auténticos señalados por el poder absoluto.

Esa ingenuidad logró que Pedro fuese admitido con demasiada facilidad. «¿Estás seguro?», preguntaron los minim antes de abandonar Cafarnaúm. «Lo estoy», mintió Pedro. «De acuerdo», replicaron. No creían que todo un hombre que había buscado a su maestro muerto en un agujero excavado en la tierra fuese a fallarles como lo haría.

Pedro, por su parte, engañó sin empacho. En secreto, se sabía sirviendo a un propósito superior, que no era otro que el de facilitar la tan anhelada llegada del reino de Dios, del auténtico reino de Dios tal y como Jesús lo predicara: con el propio Dios bajando del cielo al mando de sus temibles ejércitos de ángeles iracundos.

Los minim vagaron durante veintitrés días por el desierto hasta dar con un paraje árido y rocoso donde se instalaron. Como era normal en algunas regiones de Galilea, no les fue difícil hallar unas cuantas cuevas que sirvieron de eje central para la recién fundada comunidad. A partir de ahí, erigieron unos cuantos edificios —de piedra y adobe, sin excesivas complicaciones arquitectónicas: en las cuestiones mundanas, los minim se las arreglaban con poco— y varios depósitos circulares destinados a almacenar agua.

Pedro, cuyas habilidades a bordo de una barca carecían de utilidad en el desierto, aceptó trabajar en aquello para lo que fue requerido: utilizando los materiales de los que el entorno proveía —piedras, piedras y más piedras—, levantaron corrales en los que guardar y criar los animales que traían desde Cafarnaúm. Además, roturaron un pedazo de tierra próximo a un pozo de agua y plantaron trigo, cebada, centeno y avena. Traían, también, esquejes de almendros, vides, higueras, manzanos y olivos, además de cedros y acacias, y se empeñaron, con todas sus fuerzas, en sacarlos adelante. Sus vidas futuras y el éxito de la empresa dependían de que así sucediera.

Resueltos los asuntos terrenales, la comunidad min, constituida por un centenar de personas, se dispuso a desarrollar *el* reino de Dios. «*Un* reino de Dios», intentaba Pedro que aclararan. Pero los minim eran tercos y no aceptaban enmiendas, menos aún proviniendo de un rabino. «Será lo que Yahvé ha previsto, pues su plan es el plan», replicaron en un ejercicio de determinismo divino que chocaba frontalmente con la prédica de Jesús. «¿Dónde queda el libre albedrío?», preguntó Pedro, contento de vérselas ante problemas teológicos de aquella magnitud. «No existe», contestaron, solemnemente, los minim.

«Todo se encuentra previsto y esta palabra que ahora está siendo pronunciada, también». Pedro no pudo hacerles comprender que la misma decisión de abandonar Cafarnaúm y establecerse en el desierto se había alcanzado libremente. Que Dios influyera no quería decir que Dios decidiera. «¿Veis adónde quiero llegar?», preguntaba. No, los minim no lo veían y, además, no les interesaba. Para ellos, el reino de Dios existía si se admitía su imperio extendido *también* hacia los tiempos previos al propio reino. «Entonces, ¿todo sucede porque él lo ha decidido?», preguntó Pedro, creyendo que su cuestión resultaría retórica. «Sí», contestaron, no obstante, los minim. El candor con el que se conducían les obligaba a actuar con una sencillez pasmosa. Para ellos, nada carecía de sentido.

«¿Lo ves? Te lo advertí», le dijo Jesús a Pedro.

Desde que Pedro se había unido a los minim, Jesús y él no hablaban. Fue varios días después de instalarse en el desierto cuando el maestro se dirigió, de nuevo, a su discípulo. Este se habría engañado si hubiese afirmado que no lo esperaba. «No me lo advertiste», replicó en tono, sin embargo, afable.

Pedro se encogió de hombros, pues Jesús lo observaba con cierto reproche en sus gestos. Había puesto los brazos en jarras, en una actitud muy impropia de él. «Esto que habéis montado aquí nada tiene que ver con el auténtico reino de Dios», sentenció Jesús.

«Bueno, lo sé...», se excusó Pedro. «Pero creí que nos vendría bien echar un vistazo».

«¿Nos?». «De acuerdo, de acuerdo... No me he vuelto loco. Sé que estás muerto, ¿contento?». «Por supuesto. Que me veas y que hables conmigo no significa que esté aquí, ¿comprendes?». «Lo comprendo perfectamente». «¿Seguro?». «Sí, seguro».

Y, ya que estaban, añadió Pedro: «Mira, no me toques las narices. Bastante gordo es el lío en el que me he metido gracias a ti». «¿A mí?». «No vamos a discutir sobre ello, pero fue una faena que te murieras». «Que me mataran». «Como quieras... El caso es que, ahora, estoy solo. Y, por si esto no fuera suficiente, María Magdalena afirma que no fracasaste». «¿Cómo que no fracasé? Me crucificaron, Pedro».

«¿Crees que no lo sé? Estaba allí, por si no lo recuerdas...». «Disculpa que no te prestara demasiada atención. Es que me estaba muriendo». «Si te pones sarcástico, no vamos a ningún lado». «¿Y adónde pretendes tú ir? Mírate, pobre tonto. Eras mi mano derecha en Jerusalén y, ahora, en cuestión de unos pocos meses, ¿en qué te veo convertido? En un charlatán que se oculta en una cueva en mitad del desierto».

«No nos ocultamos en cuevas». «Sí lo hacéis». «Esta gente con la que estás no tiene ni idea de cuáles son los deseos de Dios. Él no vendrá porque un centenar de desdichados que malinterpretan las Escrituras crea estar construyendo el reino de Dios antes de que Dios diga su última palabra. Esto que tenéis aquí no sirve para nada. Los minim no lo saben, pero tú sí. O, al menos, deberías saberlo. ¿No te enseñé yo bien?».

Pedro no tuvo más remedio que asentir. Y que sonreír. El maestro se hallaba en lo cierto. Este no era el reino de Dios. ¿Y qué? ¿Acaso importaba? Lo relevante era interpretar adecuadamente las señales que Dios le enviaba. No cometería más errores. «Me enseñaste como nadie lo habría hecho. Pero ahora estoy solo, Jesús, y yo he de encargarme de todo».

«¿De todo?», preguntó Jesús, quien, en la representación de Pedro, volvía a mostrar una suspicacia que en vida jamás manifestara. «Esto no ha terminado», resumió el discípulo. Jesús no respondió de inmediato. Observaba fijamente a Pedro. «¿Eres consciente de cuál es mi estado?», preguntó Jesús. «Moriste en la cruz y ahora hablo contigo en lo que sin duda es un sueño». «Tú lo has dicho, Pedro. Por un lado, no estás solo: tienes a tu hermano, a Santiago y a Juan. Y a María Magdalena, con la que, según me cuentas, conversas de vez en cuando. Por otro lado, no has de encargarte de todo porque no hay nada de lo que encargarse».

«Bautizo en el lago», acertó a farfullar Pedro. «Y lo apruebo. Sabes que yo quise instaurar una nueva forma de perdonar los pecados». «Nos alejamos del Templo, Jesús». «No te desvíes del asunto que estábamos tratando: bautizar a unas cuantas personas no supone una tarea extenuante». «No, la verdad es que no... Y, al menos durante algún tiempo, María Magdalena estuvo echándome una mano y...».

«¡Pues no digas que, en mi ausencia, tú has de encargarte de todo! De hecho, si no quieres bautizar, no lo hagas. Mi plan fracasó y lo hizo para siempre». «No digas eso...». «Siento insistir, pero estoy muerto». «Es que... Es que...». «¡Qué!».

«Quizás tu muerte sea parte del proyecto de Dios».

Durante un largo rato, tanto Pedro como Jesús permanecieron en completo silencio. Pedro se había alejado de la aldea min para que nadie lo sorprendiera hablando solo. Por mucho que la presencia de Jesús fuese completamente real para él, sabía que no se hallaba allí, tan siquiera en espíritu.

«Explícamelo», solicitó Jesús, algo más tarde.

«Tu muerte no fue un error, sino el primero de los preparativos finales para la llegada del reino de Dios», expresó Pedro. «¿Dices que Dios en ningún caso tuvo previsto llegar antes de que los romanos me ejecutaran?». «Sí, digo eso exactamente. Tu muerte resultó ser un hito. Moriste para que los que hubiéramos de permanecer tras tu marcha recordásemos que el auténtico reino de Dios se encuentra por venir. El camino hacia él, sencillamente, es más largo y complejo de lo que supusimos».

«No lo entiendo...», balbuceó Jesús. Pedro era consciente de que el maestro hablaba en la medida en la que él lo aceptaba como ente hablante. Dicho de forma muy simple: era el propio Pablo quien se expresaba por boca de Jesús.

Dicho de forma aún más simple: Pedro se desentrañaba a sí mismo.

«¡Tu muerte sirvió para algo!», exclamó el discípulo. «¿Para qué?», insistió el maestro. «Para traerme hasta aquí. ¡Para traernos hasta aquí! Me dejaste, Jesús, me dejaste y ahora he de construir un futuro para todas aquellas personas que se quedaron huérfanas. ¿Acaso no te das cuenta de lo que estamos sufriendo? No pretendo restar importancia a lo que a ti te hicieron, pero no deberías minusvalorar nuestra pena desolada. Es tanto el dolor, que *ha de* habitar algo en él. No podría ser en vano. Nadie sufre tanto sin que el sufrimiento disponga de algún objeto. Lo he estado pensando, Jesús, y Dios no permitiría que el dolor tras tanta pérdida no sirva para alzarse. ¡Para proseguir! ¡Tiene sentido! ¡Tiene sentido porque Dios así lo quiere!».

«Yo no lo creo», rebatió Jesús. Había escuchado la perorata de Pedro y no le convencía. A su juicio, el único análisis válido era el suyo: trató de propiciar el fin del mundo para proclamarse rey de Israel y fracasó. Ya estaba. No había que darle más vueltas.

«Yo sí lo creo», replicó Pedro.

Mientras tanto, en Cafarnaúm, María Magdalena se lamentaba de haber perdido a su amiga Salomé. Decidió, con todo, seguir adelante, pues ¿qué otra cosa se hallaba en su mano hacer? Se sentía atrapada y comprendía que no podía retroceder. Por lo tanto, continuaría hacia el frente.

A diario, María Magdalena, como cualquier mujer judía soltera o casada, sacaba adelante las tareas del hogar, que eran muchas y variadas: molía el grano, amasaba pan y lo cocía en el horno comunitario, acudía al mercado para comprar fruta y pescado, se ocupaba del corral familiar, lavaba la ropa en el lavadero, la remendaba si era necesario, limpiaba la casa y hasta realizaba algunas de las tareas propias de los hombres, como sacar agua del pozo o podar las ramas de los árboles frutales que crecían en su patio particular.

El padre de María Magdalena era un judío extremadamente piadoso —de lo contrario, ni por lo más remoto habría permitido que su hija viajase a Jerusalén para acompañar a Jesús— que casi pasaba más tiempo en la sinagoga que trabajando para ganarse el sustento. María Magdalena lo veía poco, pero, una vez que se hallaba entre las cuatro paredes de su hogar, se conducía con ternura: no era de esos hombres que siempre están descontentos con todo, que alzan la voz, que se quejan, que gruñen de continuo. Cuando, como buen padre judío, intentó casar a María Magdalena, esta se negó en redondo. En un sentido estricto, la muchacha carecía del derecho a objetar: si su padre le concertaba un enlace, ella debía agachar la cabeza y obedecer. No se esperaba de una mujer nada distinto a atender al marido, darle hijos y mantenerlo feliz y contento. Por suerte para María Magdalena, su padre no insistió: si ella quería extender innecesariamente su soltería, él lo aceptaba. Podía obligarla pero *no quería* obligarla.

La soltería de María Magdalena se extendería en el tiempo. Cualquier mujer judía —y más las que, como ella, vivían en pequeñas aldeas apartadas de las ciudades— pasaba mucho tiempo a solas, lo cual resultaba propicio para reflexionar acerca de lo que había vivido. Llegó a convencerse de que nunca, jamás, de ninguna manera, conocería a un solo hombre que estuviese a la altura de Jesús de Nazaret. En lo que a ella respectaba, Jesús era tan único que, tras su muerte, cualquier otra opción masculina quedaba descartada. No existen más hombres como Jesús, luego, tras Jesús, solo resta la ausencia y el desapego.

Como se ha dicho, a pesar de que no paraba en todo el día, María Magdalena disponía de mucho tiempo para rumiar sus pensamientos. De esta forma, *se vio* —primero, fue un sueño borroso, casi imperceptible; con el paso de los días, en el sueño comenzaron a adivinarse los trazos de lo que habría de ser la configuración final de su visión—, para siempre, junto a un Jesús recuperado.

Aún no la había abandonado la rabia por lo perdido: por lo que podría haber sido y ya no sería. Sin embargo, la sustitución de lo a todas luces inexistente por un mar de ensoñaciones terminó por, al menos en parte, sosegarla. Se sentía bien cuando pensaba en Jesús junto a ella, cuando *notaba* cómo él la tocaba con suavidad, casi como si de una caricia se tratara... Jesús comenzó a estar sempiternamente presente en la vida de María Magdalena. Incluso cuando acudía a lugares donde la presencia de los varones se encontraba vetada —el lavadero, por ejemplo, al que solo las mujeres podían acudir pues se consideraba que aquel lugar era el propio para que ellas gozaran de cierta intimidad, de un espacio para realizarse confidencias, para compartir asuntos que solo a ellas interesaban—, Jesús la acompañaba. Se trataba de una especie de secreto, de una niñería, de un pacto íntimo: Jesús, sé que puedes hablar en voz alta, que tu voz solo yo la escucho, que, en consecuencia, tu presencia no podría ser descubierta; sin embargo, mantente en silencio y finjamos que el uno y el otro sabemos cosas que nadie más conoce.

María Magdalena no se confundía: comprendía que Jesús había muerto en Jerusalén. Entendía, por lo tanto, que su existencia se había truncado, que nunca ella y él podrían recuperar la relación que mantuvieron, quizás para desarrollarla en un futuro, quizás para casarse, para fundar una familia, tener hijos, vivir en paz y hallar el sosiego que en lo adecuado pervive. Sin embargo, tan bien como comprendía eso, comprendía que Dios había actuado con conciencia plena, y que si Jesús se hallaba muerto era por algo.

Sus sueños y elucubraciones, en consecuencia, no carecían de sentido, sino al contrario: Dios, desde el principio, había pretendido que exactamente esto sucediese. De ahí que María Magdalena se mostrase terca ante su padre: «Estoy dispuesta a no esposarme jamás», llegó a decirle.

Tras perder el contacto con Pedro —el único hombre capaz de comprender el alcance de sus sentimientos—, quien ahora vivía en el desierto, y tras el alejamiento de Salomé —que no es que la tomara por loca, pero casi—, María Magdalena resolvió inaugurar, desarrollar y engordar un culto personal: el que tenía Jesús de Nazaret como objeto de deseo y atención. Salvo por el hecho de que Jesús no se hallaba vivo —una cuestión que María Magdalena nunca dejó de lado, nunca olvidó, pero que, de alguna forma, fue relegando más y más en pos de la búsqueda de un Jesús distinto y fulgurante—, la relación de ambos discurría atada a los convencionalismos de los judíos de campo: la vida era sencilla y en el centro exacto de ella se encontraba, tutelándolo todo, Dios.

Un Dios, por cierto, con el que María Magdalena continuaba enfadadísima, pues él era quien había dispuesto que los acontecimientos se sucedieran como lo hacían. El plan había salido a las mil maravillas y todo lo que se quiera, pero Jesús estaba muerto y eso —como lo demás, dicho sea de paso— carecía de marcha atrás. Quizás Pedro, juzgó María Magdalena —el auténtico destinatario, según ella, del proyecto de Dios; o, al menos, el destinatario principal—, se entusiasmara ante la perspectiva de que un Jesús muerto servía más convenientemente al reino de Israel que un Jesús vivo.

Y el enfado quedaba resumido en una única cuestión: ¿Acaso no existía otra alternativa? ¿No fue Dios capaz de concebir un plan del que se obtuviese el mismo resultado *sin* matar a Jesús? Seguro que habría sido posible. Sin la menor duda, Yahvé pudo ejecutar ambos actos: imponer su reino divino y mantener a Jesús con vida.

Entonces, ¿por qué no lo hizo? ¿Porque no quiso? En ese caso, ¿por qué no quiso?

Resuelta a enfrentarse al mismísimo Dios, María Magdalena decidió que, en adelante, Jesús viviría en ella. Lo querría por los dos. No se le ocurrió que precisamente eso podría ser lo que Dios pretendiese: que Jesús perviviera no como hombre, sino como hombre recordado. En lugar de ello, María Magdalena compuso un Jesús rehecho a partir de recuerdos y vivencias pasadas, y lo tradujo en solemnidad y afecto. *Amaba* a aquella remembranza, de forma distinta a como habría amado a un Jesús que no hubiese muerto en la cruz y hubiera continuado viviendo. El amor de María Magdalena era incomparable —porque Jesús estaba muerto y de ese estado no se podía regresar—, aunque tan íntimo que *dolía* sentirlo.

Prefirió, por lo tanto, profundizar en su aislamiento. Tanto fue así que incluso su padre —hombre muy poco dado a prestar atención a nada que no fuese su fe— comprendió que María Magdalena iba por mal camino. «Ojalá estuviera aquí Pedro», le dijo un día, tras la cena. «¿Pedro?», preguntó, algo asombrada, la joven. Tan insólitamente como su padre había confiado en Jesús, un rabino que predicaba en la sinagoga, confiaba ahora en Pedro, otro rabino que predicaba en la sinagoga. Para él, como para muchos judíos piadosos, el rabino no solo era un guía espiritual, sino que su influencia alcanzaba prácticamente todos los ámbitos de la existencia. A fin de cuentas, ¿qué sentido tenía distinguir lo uno de lo otro ya que, en el fondo, se trataba de lo mismo?

«Si no te vas a casar, María, al menos acércate a Pedro y escucha lo que tiene que decirte», sentenció el padre. Se trataba de una orden, no de una sugerencia. María Magdalena a punto estuvo de echarse a reír. Ella conocía mejor que nadie a Pedro. Lo que habían contemplado juntos —ni más ni menos que el martirio de Jesús— los unía de una forma inquebrantable, ahora y para siempre. María Magdalena siempre lo escucharía y —esto nunca lo entenderían los varones judíos— ella siempre sería escuchada por él. Existía una comunión indestructible entre ambos, ya se ha dicho.

«De acuerdo, padre», accedió, no obstante, María Magdalena. A un padre, mejor no contradecirlo, sobre todo cuando no existe razón para ello. «He oído que está rezando en el desierto...», explicó él a renglón seguido. Era una forma de formularlo, aunque no la correcta: Pedro se había unido a una comunidad de herejes que pretendía fundar un reino de Dios falso, si es que algo así era posible.

«Lo está, padre, aunque no creo que tarde demasiado en regresar», dijo María Magdalena. «¿Ah, sí? ¿Cómo estás tan segura?», preguntó él. «Conozco a Pedro, padre. Y no me parece que sus anhelos pasen por vivir el resto de sus días junto a un puñado de minim». «Habla con respeto de los minim, María, pues, aunque estén equivocados, su intención es buena».

«¿Que es buena? Padre, tú sí que estás errado. Los minim son torpes y en nada comprenden lo que aquí está sucediendo», expresó ella. «¿Y tú sí?», repuso él, escandalizado ante el hecho de que fuese una mujer —¡y su propia hija!— la que le estuviese contradiciendo. «Yo sí, padre. Te lo digo con la máxima obediencia, y no pretendo ofenderte, pero los minim han tomado un camino sin salida».

«¿Existe otro, salvo detenerse y rezar?». «Dios tiene un plan, padre». «Eso mismo dijiste antes de marcharte con Jesús. Entiéndeme, yo apreciaba al maestro y deseaba que tuviese éxito en su cometido, pero ya sabemos cómo acabó». «¿Fracasando, padre?». «Tú lo has dicho, María. No se recuerda un fracaso semejante desde que...».

María Magdalena no lo dudó e interrumpió a su padre: «¿Y si no fracasó?».

Jesús, a su lado, le puso una mano en el brazo. «No insultes a tu padre, María», pidió. Ella, sin palabras, le aseguró que no, que de ninguna manera aquella era su intención. «No está preparado para comprender la enormidad del auténtico plan de Dios», añadió Jesús. «Solo Pedro puede. Solo Pedro me vio morir, solo Pedro se halla atravesado por los remordimientos, solo Pedro levantó testimonio contra mi propia existencia. Sois Pedro y tú, María, los únicos que sabéis que nada se ha detenido, que todo está por suceder. Solo vosotros dos conocéis la dimensión del gesto de Dios».

«No digas tonterías, hija mía», decretó, en un tono entre solemne y condescendiente, el padre. «Cuando Pedro esté de vuelta, hablaré con él», repuso ella. «Hazlo. Estoy seguro de que te ayudará a dar sentido a tu vida».

«No sabes hasta qué punto te encuentras en lo cierto», pensó María Magdalena. Aparentemente, se dirigía a su padre, aunque, en realidad, lo hacía a Jesús. «El plan de Dios solo nos involucra a nosotros tres», le aclaró este. «A Pedro, a ti y a mí», completó María Magdalena, a quien la idea de proseguir con la tarea emprendida por Jesús la seducía extraordinariamente. Tanto que, ni por un instante, se le pasó por la cabeza que Pedro se negara a participar.

«Estoy ansiosa por comenzar».

Y, la ira, de pronto, desapareció. Tan pronto como el proyecto tomó forma —el secreto, insuperable y auténtico proyecto de

Dios—, María Magdalena apreció que un nuevo rubor colmaba sus mejillas. Se sentía exultante, y también dichosa. Restaba hablarlo con Pedro, desde luego, pero no creía que este fuera a oponerse: «Hemos de trabajar para que nada se detenga», le diría en cuanto regresara del desierto. «Tú y yo, Pedro, estamos aquí para responder al deseo último de Dios».

El verano tocaba a su fin y pronto las temperaturas se suavizarían. María Magdalena no veía el momento de que Pedro retornara a Cafarnaúm.

10
Tres

Cuando Pedro abandonó la comunidad min y regresó a Cafarnaúm —porque María Magdalena no se equivocaba al respecto y fue cuestión de tiempo que Pedro decidiera emprender la vuelta a casa—, regresó, también, a las tareas que lo habían mantenido ocupado antes de su marcha al desierto: salía a pescar con Juan —hombre de santa paciencia—, bautizaba por las tardes en el Tiberíades y acudía a la sinagoga para predicar y debatir. Lo hacía, sin embargo, con desgana, más llevado por el ímpetu de antaño, por la costumbre, que por una verdadera necesidad de sacar, de allí, algo en claro.

De lo que Pedro tenía enormes ganas era de quitarse de encima el sentimiento de culpa que lo asolaba por haber negado, en tres ocasiones, a Jesús. Y eso a pesar de que Jesús mismo, siempre a su lado, continuamente le restaba importancia a lo sucedido: «Hiciste lo que cualquiera en tu lugar habría hecho», le explicaba.

Pedro no se convencía. No era, el suyo, un carácter acomodaticio que lo predispusiera a atender a razones o, cuanto menos, a engañarse a sí mismo. «Por ese camino, nunca dejarás de experimentar culpa por mi muerte», razonaba Jesús. «Y angustia, y pena», añadía Pedro, cabizbajo. La sola idea de que Jesús lo exonerara de sus errores lo perturbaba. «Un hombre ha de pagar por sus propios pecados». Tentado estuvo, incluso, de preparar su equipaje, viajar hasta Jerusalén, utilizar sus ahorros para comprar un buey y ofrecerlo, como sacrificio, en el Templo de Yahvé.

Por supuesto, desechó la idea. En primer lugar, porque no estaba seguro de que en Jerusalén no fuesen a reconocerlo. A buen seguro, todavía los romanos andaban buscándolo. Y no es que tuviera en gran estima su propia vida, pero... Si los romanos lo capturaban y lo mataban, el plan de Dios —tal y como Pedro juzgaba que el genuino plan de Dios había sido concebido— no podría completarse, pues el verdadero ejecutor del mismo —él— ya no estaría aquí. Salvo, claro, que *ese* fuese también el auténtico plan de Dios: que tanto Jesús como Pedro murieran en la cruz a manos de los romanos.

No, no podía ser. Yahvé era capaz de urdir un plan tan complejo que ningún hombre sobre la tierra lograse comprenderlo. Y ¿qué sentido habría en ello? Si los hombres no lograban entender a Dios, si todos sus actos resultaban ininteligibles, ¿de qué manera lograría comunicarse? Un dios que no habla a sus siervos no es un dios justo. Un dios que no se hace entender por sus siervos ¿es un dios u otra cosa distinta?

Pero existía un segundo motivo por el cual Pedro desechaba la posibilidad de acudir al Templo y sacrificar un animal en él. Y no podía ser más premonitoria: porque no creía que aquel fuese el modo de expiar los pecados; no, al menos, este pecado en particular, este pecado practicado con Jesús de por medio.

Las tres negaciones del mesías merecían un nuevo modo de expiación: el inaugurado por el propio Jesús.

María Magdalena se enteró de que Pedro había regresado a Cafarnaúm cuando su padre se lo contó: «Quién lo iba a decir...». «¿Estás seguro de que está de vuelta, padre?». «¿Que si estoy seguro? Me he cruzado con él en plena calle. Por cierto, me preguntó por ti. "¿Cómo está María?", dijo. Yo le contesté que lo añorabas y que cualquier día de estos ibas a hacerle una visita».

«¿Eso le dijiste?», replicó, sorprendida, María Magdalena. «Eso mismo. Y me contestó que aguardaba impaciente a que el momento llegara. Ve a verlo, hija mía. Tienes mi permiso».

Así las cosas, María Magdalena dejó que transcurrieran tres días —por pudor, pues no se consideraba decente que una joven soltera mostrase impaciencia— y se encaminó a casa de Pedro. Se recibieron con una frialdad que auguraba grandes acontecimientos: solo en los tontos la trivialidad prospera.

«Menos mal que has regresado», dijo María Magdalena. «Aquel no era lugar para mí», repuso Pedro.

«¿Los herejes no son buenas personas?», se interesó ella. No se habían tocado y mantenían las distancias adecuadas entre un hombre soltero y una mujer soltera. «Son, sobre todo, personas equivocadas», explicó él.

«Precisamente para averiguar si yo lo estoy o no, vengo a verte, Pedro». «Y me alegra mucho que lo hagas, porque yo también tenía muchas ganas de debatir contigo».

«¿Conmigo? Yo solo soy una mujer... Seguro que en la sinagoga encuentras suficientes hombres sabios que...». «No. Jamás volveré a poner los pies en la sinagoga».

María Magdalena y Pedro dialogaban en el patio de la casa de este. La mujer, como correspondía, se había sentado en una silla de brazos labrados —la más lujosa en un hogar, por lo demás, modesto— y bebía el vino de almendras con el que él la agasajaba.

«¿Qué?», se extrañó sinceramente María Magdalena. Y se explicó: «Pero... Pero eso es imposible, Pedro. Tú eres un rabino y tu lugar está en la sinagoga».

«Ya no lo soy», sentenció él antes de añadir: «No quiero seguir debatiendo siempre acerca de lo mismo... Me aburre. Además, tengo planes muy diferentes».

«Me alegra oírlo, porque la verdad es que yo también los tengo...». «Durante mi retiro con los minim, he dispuesto de mucho tiempo para reflexionar acerca de lo que ellos piensan. Y de lo que tú y yo discutimos semanas atrás. Y ¿sabes qué?».

«No, dímelo», pidió María Magdalena al tiempo que se inclinaba hacia delante en la silla. Pedro accedió de inmediato: «Creo que estabas en lo cierto. El plan de Dios *aún* no ha finalizado y somos nosotros dos, tú y yo, los que debemos impulsarlo hacia delante».

«¿Piensas que así lo decidió Yahvé?», interrogó ella. «Tiempo atrás, habría dudado a la hora de responder. Hoy, ya no: María, estoy completamente seguro de que somos parte del proyecto divino. Tú y yo lo somos, y sobre nuestras espaldas recae el deber de continuar hacia delante».

«Pienso igual que tú, Pedro. Cuenta conmigo para lo que sea necesario». «¿Te permitirá tu padre que permanezcas a mi lado?».

«¿Mi padre? Te aseguro que mi padre está deseando que pase tiempo contigo. Cree que supones una buena influencia para mí. Y, desde que le he dicho que de ninguna manera quiero casarme... Sé que al pobre hombre no paro de darle disgustos. Se preocupa por mí, eso es todo». Pedro sonrió. Desde la muerte de Jesús, apenas lo hacía, pero la compañía de María Magdalena lo confortaba lo suficiente como para que una sutil sonrisa aflorara en los labios. «¿Que no quieres casarte?», preguntó.

María Magdalena contestó con una rotundidad impropia en una mujer: «No, Pedro. No puedo porque la presencia de Jesús me abruma, ¿lo comprendes? Lo siento muy cerca de mí y eso impide que pueda mirar a otro hombre. Lo he decidido: al menos por el momento, no voy a casarme. Mi lugar se encuentra junto a Jesús».

Pedro no dudó a la hora de replicar: «El mío también».

«Parece que no nos queda más remedio que proseguir el uno al lado del otro...», expresó María Magdalena.

Pedro se hallaba excitado y, a la vez, intranquilo. «Si nos ven por ahí, daremos que hablar», dijo.

«No me importa en absoluto», respondió ella. «Yo solo me debo al plan de Dios, a Jesús y a la pervivencia de su memoria en Galilea».

«Piénsatelo bien, María, pues aún eres una mujer joven y...». «¡Basta! Ya me has oído, Pedro. Me ocuparé de la misión que Dios me encomienda. Y lo haré tanto si me ayudas como si no».

«No te pongas así. Sabes que en mí tienes a un aliado», opinó él. «Lo sé, Pedro, lo sé... Pero es preciso que dejemos las cosas claras».

La frase que, a continuación, pronunció Pedro, se convertiría en premonitoria: «Claras están. Jesús no ha muerto».

María Magdalena y Pedro se dieron cuenta de que aquella empresa los superaba. Necesitaban ayuda, y muy pronto —y eso resultó ser una gran suerte— supieron dónde hallarla: en los que habían sido discípulos de Jesús.

De algunos de ellos, conocían el paradero. Tras la apresurada huída de Jerusalén, no se habían vuelto a ver, aunque varios, pasado el desconcierto inicial, se pusieron en contacto con la sinagoga de Cafarnaúm y dieron noticia de su ubicación. «Estoy vivo y, aunque mi cuerpo y mi mente se hallan deshechos, sabed que sigo amando la obra de Jesús», venían a explicar. Todos, o casi todos, habían terminado por enterarse de la suerte final corrida por Jesús y todos, sin excepción, lo lamentaban tanto que de buen grado, si en su mano hubiera estado modificar la historia, se habrían intercambiado con él. No mentían cuando lo afirmaban.

María Magdalena sugirió que, en primer lugar, buscaran a Tomás. Sabían que se había trasladado a las inmediaciones del monte Arbel, al suroeste de Cafarnaúm, donde esperaba recuperar la paz. La joven no realizó en vano la propuesta: el monte Arbel se alzaba en las inmediaciones de Magdala, la aldea donde había nacido y en la que aún tenía parientes. «Si algo se tuerce, podrán auxiliarnos», aseveró. ¿Qué podría torcerse para ellos dos? No eran más que un hombre y una mujer atravesando los polvorientos caminos de Galilea. Por aquel lugar pasaba una calzada romana —por dónde no— pero apenas veían legionarios, menos aún de los que llegaban con ganas de importunar a los naturales. No, a Roma no le importaba gran cosa la remota y minúscula Galilea, y menos aún le importaban los campesinos pobres que la habitaban. María Magdalena y Pedro se encontraban seguros en ella. Se encontrarían seguros en la mismísima Jerusalén, donde, para entonces, se habrían olvidado de aquel tal Jesús que dijo ser el rey de Israel, de los dos desgraciados que crucificaron junto a él y de la turba de acólitos que lo había defendido en el huerto de Getsemaní. La vida seguía para todo el mundo.

Pedro aceptó la propuesta de María Magdalena. En adelante, la trataría más como a una igual que como a una mujer: no le imponía su criterio de varón ni la primacía que le correspondía en todos los ámbitos de la existencia; sencillamente, caminaban juntos en pos de una misión de Dios.

Siguiendo la ribera oeste del lago Tiberíades, los dos jóvenes alcanzaron Magdala en cuestión de tres horas. Iban ligeros de equipaje, tal y como Jesús predicaba —«avanzad sin una segunda túnica», le gustaba decir—, y fueron testigos de cómo el paisaje reverdecía a medida que se aproximaban a Magdala: por alguna razón, aquel paraje era extrañamente verde en una Galilea, por lo demás, árida y polvorienta.

En Magdala, Pedro preguntó por Tomás. Tras intercambiar unas cuantas frases con varias personas que no lo conocían —pero sí a María, a la que recordaban perfectamente—, dieron con un albañil que lo había visto varias semanas atrás. «Vive en una humilde choza, en la cresta de los acantilados». El Arbel era un monte cortado por el mismísimo Dios. Carecía de laderas o de algo que vagamente se les pareciese, y surgía de la tierra como si fuera un colosal castillo. «¿En la cresta?», preguntó Pedro. Quién sabe por qué, ellos habían dado por hecho que Tomás se habría instalado en las inmediaciones del Arbel, no en su cima. «En la cresta», confirmó el albañil.

Resultó que el monte también era inusual en la cima y, en lugar de disponer de una pequeña cumbre a la que con mayor o menor dificultad se accedía, contaba con una meseta inmensa a la que los que estaban hartos de tener compañía —no más de tres o cuatro hombres que, con el tiempo, se convertían en ermitaños y a los que, en la región, se acababa venerando— se trasladaban a vivir.

María Magdalena, que recordaba el lugar de cuando era niña, guió a Pedro a través de las sendas que conducían a la cumbre. De pronto, la joven se reveló como una estupenda caminante que no se arredraba ante las empinadas cuestas que se extendían ante ellos. Pedro no pudo decir lo mismo. Le sobraba algo de peso y, a la primera de cambio, se quedó sin resuello. María Magdalena lo oía resoplar a sus espaldas, pero, con una sonrisa en los labios —que él no podía advertir pues solo la veía desde atrás—, se remangaba la túnica para dejar libres las piernas y proseguía sendero arriba.

Mal que bien, les llevó dos largas horas finalizar la ruta hasta la cima del Arbel. Una vez en ella, descansaron un rato —descansó Pedro— y retomaron el camino en búsqueda de Tomás. Lo hallaron no mucho después. Como el albañil de Magdala les había explicado, vivía en una pequeña cabaña, que él mismo había levantado, situada justo al borde de uno de los acantilados.

«Tienes unas vistas fabulosas», dijo Pedro antes de que Tomás los descubriera. Este se hallaba sentado en una piedra, con las manos apoyadas en los muslos y la mirada perdida en el lago Tiberíades. Tomás se volvió de inmediato, más sorprendido que sobresaltado: había reconocido aquella voz.

«Pero... Dios santo, ¡si sois vosotros!», exclamó poniéndose en pie y recorriendo a la carrera el tramo que lo separaba de sus antiguos compañeros. Pedro y Tomás se abrazaron de inmediato y, después, este último saludó cordialmente a María Magdalena, aunque sin tocarla porque era una mujer. «¿Qué..., qué hacéis aquí?», acertó a balbucear.

«Venimos a buscarte», respondió la joven. Que hablara ella en lugar de él indicó a Tomás que algo había cambiado. «¿A buscarme? ¿A mí?». «Sí».

De todo el círculo íntimo de Jesús, Tomás era el discípulo que más lo había idolatrado. Consideraba que el maestro era un profeta a la altura de los más grandes y, cuando este anunció que Dios lo había elegido como su mesías, Tomás no cupo en sí de gozo: «Lo sabía», anunció. Los demás no le hicieron demasiado caso, porque conocían la devoción que Tomás sentía por Jesús.

«Yo solo soy el más grande de los pecadores», dijo Tomás. Tras los oscuros acontecimientos de Getsemaní, el pánico lo había dominado y huyó. Como los demás, pero eso no le servía de atenuante. Huyó y, al menos, tuvo el buen tino de pasar por Betania y comunicar a las mujeres lo que había sucedido. María Magdalena recordaba perfectamente aquel instante. Y recordaba, pese a que era de noche, el gesto en el rostro de Tomás: el miedo más hondo lo recorría de sien a sien, lo perturbaba y crispaba la piel, las cejas, el ceño. No había vuelto a verlo hasta ahora.

En la cima del monte Arbel, Tomás trataba de congraciarse consigo mismo. Rezaba de sol a sol, leía las Escrituras, reflexionaba acerca de ellas y rogaba a Dios que perdonase sus pecados. «No soy digno de que Jesús me considerara su discípulo», expresó, apesadumbrado. Tomás encendió una hoguera y preparó un té de manzana que sirvió en una taza de madera. Solo disponía de esa, de manera que primero bebió María Magdalena, después lo hizo Pedro y, finalmente, él.

«No soy digno porque contribuí, con mi cobardía, a su fracaso. Si yo no me hubiese dejado dominar por el terror, quizás ahora no...», trató de explicarse. De inmediato, Pedro, que conocía ese discurso, levantó una mano y lo cortó: «Jesús no fracasó», sentenció.

Con el transcurso de los meses, Tomás se había replegado en su interior. Su obsesión por los sucesos de Getsemaní lo llevaba a concederse más mérito del que le correspondía en la caída de Jesús: por mucho que él hubiese mostrado una actitud valerosa y desprendida, el final habría resultado idéntico y Jesús habría terminado igualmente en poder de los romanos.

Ahora, Pedro, la mano derecha de Jesús en Jerusalén, se presentaba, de improviso, ante él, y le explicaba que se había atormentado en vano, porque el germen de su desdicha —su contribución al fracaso del maestro— no había existido. Se quedó, cómo no, estupefacto.

«¿Qué quieres decir?», preguntó. Pedro le explicó que María Magdalena y él habían llegado a la conclusión de que la muerte de Jesús se hallaba prevista en el plan de Dios y que este, lejos de concluir, aún se encontraba en marcha.

«¿Y por qué venís a contármelo?». «Porque hemos decidido contribuir, con nuestra labor, a ese plan, y queremos que tú nos ayudes». «¿Cómo podría yo hacer algo así?». «Lo cierto es que todavía no lo sabemos, pero ten por seguro que vamos a averiguarlo».

«¿Sabéis algo más que no me estéis contando?». Esta vez, Pedro no respondió con la prontitud y la rotundidad de antes. En su lugar, se giró nerviosamente hacia María Magdalena, quien, a su lado, no apartaba la mirada de Tomás —como si estudiara sus reacciones—, y respondió: «Espero que no nos tomes por locos, pero tanto María como yo sentimos cerca al maestro, hablamos con él, le escuchamos y hasta dejamos que nos aconseje».

Tomás se puso en pie de un salto. «¡Está vivo!». Antes de que Pedro le corrigiera, durante un instante maravilloso, una intensa luz encendió sus ojos. «Está muerto», cortó Pedro. Algo le decía que era mejor no andarse con rodeos. Jesús estaba muerto porque los romanos lo habían ejecutado en la cruz. Y estaba muerto porque *ese* era, además, el verdadero plan de Dios para el reino de Israel.

«En tal caso, ¿cómo podéis afirmar que *lo sentís?*», preguntó, volviéndose a sentar, Tomás. «No sabría cómo explicártelo...», comenzó a responder Pedro. Fue María Magdalena, hasta ese momento en silencio, la que aprovechó la pausa para tomar el relevo: «Creemos que Jesús nos acompaña en espíritu».

Pedro se volvió hacia ella y la miró fijamente. Semejante aserto suponía un salto de proporciones increíbles. Él no habría afirmado que Jesús lo acompañaba espiritualmente. ¿Cómo hacerlo, si no lo creía? Había luchado mucho para mantener lejos la seductora idea de que el maestro —al menos, su alma—, de alguna manera, lo seguía. No, él —Pedro— hablaba consigo mismo, por mucho que Jesús, en su imaginación, se apareciera como un hombre vivo, palpitante, concreto.

Sin embargo, pese a ser todo eso cierto, el testimonio de María Magdalena simplificaba notablemente las cosas. Jesús no era un producto de sus divagaciones —de su locura—, sino que se mostraba porque al menos espiritualmente permanecía en ellos. Restaba, aún, determinar hasta qué punto era ese «espíritu» algo real, algo tangible, *existente*, o, como Pedro sospechaba, se trataba, más bien, del atajo elegido por María Magdalena para explicar a

Tomás la naturaleza de su fe y del proyecto que los había conducido hasta allí.

Un atajo genial.

Inesperadamente, Tomás afirmó que le costaba creer lo que le estaban contando. «No sé, no sé...», dudó en voz alta, y lo hizo por cortesía hacia sus antiguos compañeros. Si Jesús se encontraba muerto, muerto se encontraba. Ese era su razonamiento, que, en su sencillez, guardaba una implacabilidad rotunda, fantástica.

A juicio de Tomás, Jesús había fracasado. Él no estuvo presente durante la ejecución, pero eso no evitaba que comprendiera el alcance real de todo lo sucedido. No en vano, Tomás formó parte del grupo íntimo de Jesús, de los doce discípulos en quienes el maestro siempre se apoyaba, y, hasta la batalla de Getsemaní —él la llamaba así—, permaneció al tanto de los planes de Dios para el pueblo judío. Fueran Dios o sus siervos los culpables de que el reino divino no se materializara, de lo que no cabía duda era de que esa misma ausencia de plasmación suponía la más concluyente muestra del fracaso de Jesús. Por no hablar de la humillante ejecución de este a manos de los romanos...

«Si Jesús está muerto, su alma ha ascendido al cielo y se halla junto a Dios», sentenció Tomás ante un sorprendido Pedro —que no se esperaba una réplica semejante— y una ceñuda María Magdalena. Era ella quien mejor interpretaba el escepticismo de Tomás: si un hombre como él, entregado tiempo atrás a la causa de Jesús, se mostraba ahora suspicaz ante la posibilidad de que espiritualmente su esencia continuara viva, ¿qué no podrían afirmar otras personas, digamos, menos *partidarias* del maestro?

«Es cierto, Tomás», accedió, por fin, Pedro. Aunque entre ellos no lo habían acordado de forma expresa, era él quien asumía, en todo momento, la representatividad del nuevo mensaje. Pedro era varón y rabino, y María Magdalena no era ni lo uno ni lo otro, de manera que habría resultado impensable que optaran por otra posibilidad. Sin embargo, desde el principio, Pedro supo que ella mantenía una singular relación con la idea de la presencia constante de Jesús y no se creyó autorizado para arrinconarla. Ni más ni menos que eso: no juzgó que Jesús hubiese tolerado que a María Magdalena se la desdeñara. «Es importante», habría advertido en aquel tono tranquilo tan suyo. Y como lo habría hecho en un presente hipotético, Pedro lo sentía en este presente real, pues, tratándose del maestro, uno y otro convergían necesariamente.

«Pues si es cierto que el alma de Jesús se encuentra junto a Dios, no sé qué estamos discutiendo aquí...», replicó, por fin, Tomás. La precisión de sus argumentos incomodaba a María Magdalena. La joven no solo veía y escuchaba al maestro, sino que lo sentía físicamente: ¿Qué diría Tomás si ella le contaba que Jesús —Jesús muerto— la había tocado en un brazo? Algo, una intuición, le aseguró que no merecía la pena correr el riesgo. Los problemas que Tomás, inesperadamente, les estaba planteando ya le parecían suficientes. No los alimentaría.

«Lo uno y lo otro no son incompatibles», explicó, entonces, Pedro, que hacía surgir al rabino que llevaba dentro. Continuó: «Desde el principio te hemos dicho que Jesús no está vivo, que de ninguna forma el Jesús que todos conocimos nos acompaña. Jesús murió en la cruz del Gólgota, y nada ni nadie, ni tan siquiera Yahvé, cambiará este hecho. Entre otras cosas, porque lo sucedido sucedido está. Dios nos habla en las Escrituras de la inamovilidad del tiempo, de que lo que ha transcurrido no puede regresar, pues solo ante nosotros se extiende lo que aún se halla por suceder. Pero esto no evita que lo sintamos, que sintamos a Jesús, *en* nosotros. Creo que es la mejor forma de explicarlo, Tomás: el maestro no nos ha abandonado del todo y su marca, indeleble, persiste a nuestro lado, en nuestra presencia».

Tomás miró largamente primero a Pedro y después a María Magdalena. Estos le mantuvieron la mirada.

«Y ese es el plan de Dios», coligió, por fin, Tomás. «Ese es el plan de Dios», corroboró María Magdalena con voz muy pausada.

«Y vosotros queréis contribuir a él... No sé cómo queréis contribuir a él», farfulló Tomás. «Nosotros tampoco estamos demasiado seguros, pero..., pero pretendemos que nos ayudes a encontrar ese camino», repuso Pedro.

«¿Tenéis la certeza de que no os habéis vuelto locos?», preguntó, suspicaz, Tomás. Se puso en pie y caminó, con pasos muy cortos, en dirección opuesta a la choza. Mientras lo hacía, se acariciaba la barba y pasaba la palma de la mano por la túnica. Se trataba de gestos nerviosos que le ayudaban a concentrarse, a pensar. María Magdalena, quizás más impaciente que Pedro, arqueó las cejas cuando Tomás no la observaba.

«Estamos completamente seguros de no estar locos», respondió Pedro. «Jamás encontrarás a dos personas tan cuerdas como nosotros», añadió María Magdalena.

«De acuerdo», dijo Tomás volviéndose hacia ellos y dibujando una gran sonrisa en los labios. Pedro y María Magdalena, que se tomaban muy en serio su labor, cruzaron una mirada rápida. «¿De qué te ríes?», terminó preguntando ella. Sonaba a recriminación.

«Todo esto es muy inesperado... Supongo que tengo que pensarlo con más detenimiento, reflexionar acerca de su trascendencia... Pero ¿no os parece que Yahvé tiene un extraño sentido del humor? De otra forma, no me explico por qué habría de matar a Jesús...».

«¡Él no lo mató!», cortó María Magdalena. «Jesús murió por una razón, no te quepa duda, Tomás», se sumó, de inmediato, Pedro. Ni él ni la joven sonreían. Al contrario: era tal el peso que sentían en sus espaldas que consideraban ilegítima cualquier risa. La misión de Dios era sagrada y, por lo tanto, digna de la mayor circunspección.

«¿Qué razón es esa?», preguntó, no obstante, Tomás. Su forma de pensar, de razonar, avanzaba en línea recta y a paso firme. No concedía margen alguno a la fantasía o a la elucubración. Si Pedro afirmaba que existía una razón para que Jesús hubiese muerto en la cruz, Pedro se hallaba obligado a desvelarla. No servía con anunciarla: había que exponerla.

Un rabino como Pedro sabía que Tomás se encontraba en lo cierto. Él no habría podido predicar en la sinagoga sin ofrecer al resto de varones presentes la oportunidad de contradecirlo. Y, para que esto sucediera, debía ser explícito y concreto. Fue entonces cuando recordó que el germen de su pesar se centraba no en la muerte de Jesús —que también—, sino en la negación previa: hasta en tres ocasiones, Pedro negó conocer al maestro. He ahí el auténtico pecado que él necesitaba expiar, el pecado verdadero, el pecado monstruoso y gigantesco. Todo tormento comenzaba y terminaba aquí.

«He de ser digno de que él perdone mis pecados», expresó Pedro. Agachaba el mentón.

Tomás dejó de sonreír. «¿A quién te refieres? ¿Quién ha de perdonarte? ¿Jesús o Dios?», se interesó.

«Me gustaría que lo hiciera Jesús, pero eso es imposible pues Jesús murió en la cruz», respondió Pedro. «Ya que él no puede aplacar mi dolor, quizás Dios logre hacerlo. No sé, Tomás, no sé... No es fácil, para mí, describir qué siento... Pero sé que Jesús, de alguna forma, continúa en mí, sigue a mi lado... Lo veo, lo percibo, lo oigo... Y es entonces cuando me da por pensar que una clarividencia semejante no puede ser en vano. Siento a Jesús *porque* Dios quiere que lo sienta. Porque, dicho de otro modo, si Jesús permanece a nuestro lado, el plan de Dios cobra, de nuevo, sentido. Lo cobra de una forma espléndida y majestuosa... No es que Yahvé nos otorgue una nueva oportunidad: es que afirma que calculamos mal el tiempo del reino, que nos equivocamos al leer las señales».

«Pedro cree en el perdón de los pecados, Tomás», afirmó María Magdalena tomando el relevo a su compañero. «En un nuevo perdón de los pecados que se extiende desde los instantes anteriores a la muerte de Jesús hasta la extinción del mundo».

«¿Estás diciendo que Jesús puede perdonar los pecados incluso después de muerto?», preguntó Tomás. «Estoy diciendo que la muerte de Jesús perdona los pecados», respondió María Magdalena.

«Que la muerte de Jesús supone el total perdón de los pecados de los hombres», corrigió Pedro. Añadió: «Él no murió por un error, sino porque Dios lo quiso para así quitar el pecado del mundo. Murió para..., para salvarnos».

Ahí estaba. Pedro acababa de formular el mensaje más poderoso de la historia de los hombres. Nada antes y nada después poseería la carga revolucionaria de esta frase. Jesús estaba muerto y lo estaba porque así daba la vuelta a su prédica y la convertía en absoluta: en el instante en el que él era izado a la cruz, en el momento en el que la sangre lo cubría por completo y un dolor extremo lo atravesaba de parte a parte, en ese preciso momento, los pecados de todos los hombres y mujeres quedaban anulados, incluso aquellos de los que no lo pretendieran, no lo desearan, no lo requirieran. Jesús, el más grande entre los hombres grandes, se sacrificaba para que el perdón necesario adviniera. He aquí la auténtica antesala del auténtico reino de Dios.

«Eso me gusta», dijo Tomás. «Tiene más... sentido».

María Magdalena asintió. El razonamiento lineal no había funcionado con Tomás, pero el elegante aserto de Pedro sí. Lo recordarían.

Así las cosas, los tres discípulos abandonaron la cima del monte Arbel y se encaminaron hacia Magdala, donde llegaron cuando caía la tarde. Tomás buscó alojamiento y, tras comprar un pan y algo de pescado recién capturado en el lago Tiberíades, cenaron y se acostaron.

Al día siguiente, pusieron rumbo en dirección a Betsaida, al norte del lago, donde vivía Mateo. Pedro y María Magdalena pretendían reclutar al discípulo de Jesús para su nueva causa. Junto a Tomás, Mateo fue el hombre que, por expreso deseo del maestro, realizó los preparativos de la que sería la última cena: compró el cordero pascual, acompañó a Tomás durante su sacrificio en el Templo y lo cocinó en la casa de Samuel.

El viaje desde Magdala hasta Betsaida les llevaría un par de días, no más, y los tres discípulos aprovecharon la ocasión para ahondar en los aspectos más íntimos de su misión. Tomás deseaba saber cómo habían sido las últimas horas de Jesús y Pedro y María

Magdalena no le ahorraron detalles. «Ojalá que yo también hubiese permanecido a su lado», se lamentó. «No nos situamos demasiado cerca de la cruz», intentó Pedro quitarle importancia a su gesto. «Era peligroso, ¿sabes? Los romanos nos habrían prendido sin miramientos».

Con todo, Tomás insistía: «No debí huir de esa forma...». Fue una casualidad —o no, pues Pedro comenzaba a adivinar señales en cada acontecimiento, por insignificante que este fuera— que varias personas de entre las que hallaban en su camino los reconocieran y les preguntaran acerca del maestro. Aquella era la zona en la que Jesús predicara dos años atrás y su mensaje —y su figura— permeó las conciencias de las gentes llanas que vivían cerca del lago Tiberíades.

Por supuesto, a esas alturas, todos en Galilea conocían la noticia de la muerte de Jesús. «Los romanos nos lo mataron», solían decir, atribuyéndose en esta sencilla frase la propiedad tanto de Jesús como de su mensaje. Y es que la figura del maestro había calado hondo en las riberas del Tiberíades, donde se lo recordaba como un rabino bueno y amable, amigo de los pobres y de los necesitados, proclamador de verdades y hasta taumaturgo ocasional. Sí, se lo quería mucho y la noticia de su ejecución había causado no poca alteración en unas gentes, por lo demás, francas y serenas. Solo en alguna sinagoga, algún joven levantó un puño para exigir «justicia». Como esa «justicia» quería decir «venganza», de inmediato lo llamaron al orden: los judíos no buscarían el enfrentamiento directo con los romanos; al menos, no de momento.

Uno de esos transeúntes con los que se toparon en su ruta hacia Betsaida, un pescador llamado Joaquín, reconoció a Pedro y, abandonando su tarea —se encontraba en tierra, preparando las redes para dar inicio a la jornada—, se aproximó a él y lo abrazó. Pedro, que en primer término no supo de quién se trataba —la prédica de Jesús había sido intensa, sobre todo en su último año de vida, y recorrieron la región entera relacionándose con cientos y cientos de personas diferentes—, devolvió, no obstante, el abrazo. Acto seguido, creyó recordar al hombre cuando este se deshizo en explicaciones. «Soy Joaquín, de la sinagoga de Tabgha. ¿No te acuerdas de que nos reunimos un montón de hombres y mujeres en torno a Jesús, y que, al final, nos entró el hambre y no quedaba nada de comer? Jesús y tú fuisteis a por panes y peces, y no sé de dónde los sacasteis, pero terminamos comiendo todos a dos manos. Aún se habla, aquí, de ese día...».

«Sí, lo recuerdo», replicó Pedro. María Magdalena y Tomás, a su lado, lo flanqueaban en silencio. Habían aprendido a adoptar un actitud prudente, no fuera cualquier imprevisto a malograr su misión.

«Recibimos la noticia...», continuó Joaquín. «No sabes hasta qué punto nos dolió que los romanos acabaran con Jesús... De verdad que él no se merecía un final como ese... Malditos romanos... Hemos rezado mucho por el alma del maestro, puedo asegurártelo. En Tabgha, se lo recuerda con mucho cariño. Siempre supimos que se trataba de un hombre especial, distinto a los demás...».

«Único», dijo Pedro. «¡Sí!, único», replicó Joaquín con el rostro iluminado. «¿Sabes? Algunos de por aquí afirman que en Jesús vieron no solo a un rabino distinto, sino a un hombre excepcional. Un hombre que conoce a Dios de primera mano, que dialoga con él, que lo entiende y, además, nos explica lo que de ese entendimiento se desprende».

«Un mesías», resumió Pedro. «¡Un mesías! Al final, lo era... No fueron pocos los varones de la sinagoga que lo dudaron. Yo, entre ellos. No me cuesta nada confesarlo. Durante una época, discutimos muy a fondo los mensajes que Jesús nos había explicado. De alguna manera, su prédica era..., era...».

«Nueva», intervino María Magdalena. Joaquín se volvió hacia ella y la miró de hito en hito. Reconocía en esa mujer a una de las acompañantes de Jesús; a una mujer que debería haber permanecido en silencio. ¿Quién se creía para tomar la palabra e interrumpir el diálogo de dos varones? Tras observar a la joven, Joaquín volvió la mirada hacia Pedro, quien no movió ni una pestaña. Asumía así la intervención de María Magdalena y, lo que era peor a ojos de Joaquín, la avalaba.

«Original, quería decir», expresó, por fin, el pescador. «Su forma de anunciar la llegada del reino de Dios, sus llamadas tranquilas al arrepentimiento, al examen de conciencia, a la redención... No sé cómo expresarlo... Tenían algo de divino».

«Jesús siempre fue más que un hombre», explicó Pedro. Quería decir que su humanidad se alzaba sobre las de los demás, que su presencia adquiría, por sí misma, un rango único y cuasi perfecto. Quería decir eso y nada más que eso. En aquel instante, al menos.

«Y ahora, ¿qué hacéis?», preguntó Joaquín, que no parecía tener prisa por regresar a su trabajo con las redes. «¿Adónde vais? ¿Os puedo acompañar? La verdad es que me interesa mucho saber qué pensáis acerca de lo que Jesús nos dijo y...».

Pedro cortó por lo sano. Pretendía que el mensaje de Jesús se divulgara a los cuatro vientos, cómo no, pero no *todavía.* No, pues notaba que se encontraban en un momento delicado: el de desvelar al pueblo judío que Dios había elaborado un plan sumamente complejo para rescatarlos de la impiedad y permitir que, en el Juicio Final, se salvaran del caldo purulento de Satanás. Ese era, ni más ni menos, el trabajo que se extendía por delante y para el que precisaban de mentes exquisitas como la de Tomás, y no determinaciones espontáneas —bienintencionadas aunque instintivas— como la de Joaquín.

«Solo vamos a ver a un amigo», mintió a medias Pedro. «¿Hacia el norte?», insistió Joaquín. «Vive en Betsaida». «¿Y no queréis deteneros en Tabgha? Te aseguro, Pedro, que tu prédica será bienvenida en nuestra sinagoga. Puedo prepararlo todo para esta tarde, si es que...».

«¿Qué tal en otra ocasión, Joaquín?», volvió a cortar Pedro. No pretendía conducirse con hosquedad —y menos con alguien como Joaquín: intuía que, tarde o temprano, los hombres como él serían necesarios e importantes—, pero el objetivo que se habían marcado era el de recuperar a Mateo para la causa. En este momento, necesitaban a los íntimos de Jesús, a aquellos que lo hubiesen tratado con cercanía, que conocieran el carácter del maestro, sus deseos, sus inclinaciones, el modo en el que concebía la tarea predicadora.

«Ah, claro, cuando queráis», aceptó Joaquín. Se percibía en su gesto que se sentía contrariado, quizás decepcionado, y Tomás alzó las cejas y sonrió para intentar quitarle hierro al asunto. María Magdalena, fiel al estilo que había adoptado en los últimos tiempos, se mantuvo impertérrita.

Sin más, los tres discípulos se despidieron de Joaquín y continuaron con su camino. La ruta hacia Betsaida los llevó de regreso a Cafarnaúm, donde Pedro rehusó detenerse para no perder tiempo. «Tenemos prisa», aseguró.

Por alguna razón que no podrían explicar con palabras, Pedro y María Magdalena creían que el tiempo se les echaba encima. Habían *comprendido* la auténtica dimensión del plan de Dios, y la certeza de que «tenían prisa» se apoderó de ellos. Yahvé castiga a los perezosos, así que había que apresurarse. En cualquier caso, necesitaban reunir al grupo de discípulos y convencerlos de que Jesús había muerto porque *debía* morir. Si no lo conseguían, difícilmente la semilla germinaría y el proyecto de Dios fructificaría.

11
Dos

Llegaron a Betsaida y encontraron a Mateo sumido en la más absoluta de las tristezas. Él, que había sido un hombre de una solidez inquebrantable —en su época de recaudador de los impuestos romanos, no le temblaba el pulso a la hora de llevarse incluso las monedas necesarias para el más elemental sustento—, tras la muerte de Jesús, se había hundido por completo. «Qué desdicha más grande», dijo. No aportó más razones porque no eran necesarias. Esa desdicha, la más grande, lo agarró por el cuello y lo trasladó a una sima de soledad y desconcierto. No quería regresar de ella. ¿Adónde volver? ¿En qué manera iniciar el retorno?

La cobardía demostrada en Jerusalén —Mateo, como todos los demás, había huido de Getsemaní, abandonando a Jesús a su suerte, condenándolo antes de que lo hicieran los propios romanos— no ayudaba en la curación. Si es que su mal poseía cura. Si es que, en caso de existir, Mateo la anhelaba para sí.

En Betsaida, no tuvo lugar un recibimiento caluroso. Pedro, María Magdalena y Tomás se aproximaron a la casa de Mateo, que se levantaba a las afueras de la aldea, casi en campo abierto, llamaron a la puerta, aguardaron un buen rato, volvieron a llamar y volvieron a aguardar. Ya se marchaban cuando un vecino les indicó, por señas, que Mateo se hallaba en el interior pero que «no solía contestar». Como era norma en los hogares judíos de Galilea, la puerta no estaba cerrada con llave. Tomás la empujó, se asomó al interior —en completa penumbra, pese al sol que lucía fuera— y llamó a su antiguo compañero por su nombre: «¿Mateo? ¿Estás en casa, Mateo?».

No obtuvo respuesta. Pedro se volvió hacia el vecino, quien, desde cierta distancia, insistió: «Perseverad, está en casa». Más a contracorriente de lo que era adecuado, fue María Magdalena la que accedió al zaguán, esperó a que sus ojos se aclimataran a la oscuridad y revisó, una por una, las estancias de la casa. En la última de ellas, que era un dormitorio pequeño, encontró, tendido sobre un catre, a Mateo.

«Mateo», dijo la joven. Para entonces, Pedro y Tomás ya la flanqueaban un paso por detrás. En la habitación, olía a restos de comida putrefactos, a orín y a sudor. Mateo, que se encontraba tendido en el catre, tenía el pelo crecido y la barba desarreglada. Vestía una túnica de color marrón y, pese a que hacía calor, se hallaba tapado con una manta. «Mateo», repitió María Magdalena. «Somos nosotros».

El comportamiento de Mateo no pudo resultar más amable. Se levantó de inmediato, retiró las cortinas que, frente a la ventana, filtraban la luz de la calle y se volvió hacia los visitantes con una sonrisa —más en los ojos que en los labios— abierta y sincera. «Lamento que me encontréis en este estado», aseguró al tiempo que los invitaba a entrar. «Es que últimamente no me siento muy bien...».

Mateo les explicó cómo, tras la huida de Jerusalén, llegó solo a Betsaida. No quería hablar con nadie, ni tan siquiera con los amigos. Se encerró en su casa y en ella permaneció hasta que se quedó sin víveres. Antes de partir junto a Jesús, había enterrado una bolsa con dinero. Ahora, la desenterró, tomó de ella justo lo necesario y se encaminó al mercado con la intención de abastecerse de lo preciso. De esta forma, transcurrieron las semanas y los meses. Mateo se aislaba en casa, revivía, una y otra vez, pasajes de su vida junto a Jesús y, cuando se quedaba sin comida, salía a comprarla. Fue en una de estas excursiones al mercado cuando supo que Jesús había muerto. Bastó con mantenerse a la escucha para enterarse de todo. El maestro solo había sobrevivido unas horas tras los incidentes del huerto de Getsemaní.

Su tristeza se redobló, se triplicó, se multiplicó por cien, por mil. Como sucediera con Tomás —y antes con Pedro—, se echó la culpa. Se encerró en casa y apenas sucedió nada hasta que hoy vio a María Magdalena en el umbral de su dormitorio. La reconoció de inmediato. Se trataba de aquella joven que con tanto mimo cuidaba de Jesús. Y qué decir de los hombres que, al poco, aparecieron a sus espaldas... Uno era Pedro, la mano derecha del maestro, y el otro, su querido Tomás... Se conmovía cada vez que recordaba cómo Tomás y él prepararon la última cena. Con qué afecto, con qué dedicación.

«Lo demás es tortura», les dijo. Se refería a lo que se estaba haciendo a sí mismo. Se refería a su particular descenso a los infiernos, a la firme creencia en que sus faltas habían contribuido a que Dios se arrepintiera, a que su reino de ángeles y hombres buenos y santos no descollara.

«Porque no lo hizo, ¿no?», llegó a preguntar, algo desconfiado. Mateo había considerado seriamente la posibilidad de un reino de Dios circunscrito a la ciudad de Jerusalén. De esta forma, el Israel de las Escrituras se ceñiría únicamente al territorio sagrado, a la ciudad elegida por Yahvé. «No, no», se apresuró a responder Pedro, de los tres, el más indicado para ofrecer cualquier interpretación teológica. «Dios nos dejó claro que su reino se extendería por toda Judea, y también en Galilea».

«En ese caso, le fallamos», concluyó Mateo. En compañía de sus tres visitantes, se había trasladado al patio interior de la casa, donde convidó a té y agua a sus invitados, además de a frutos secos y pan. «Está duro», dijo refiriéndose a este último. La sonrisa no lo abandonaba, o, al menos, un talante y unas ganas de mostrarse afable. Que estuviera roto por dentro era un asunto que Mateo consideraba plenamente suyo. Para los demás —qué menos, se decía—, reservaba un trato fácil, cariñoso, sereno.

«No le fallamos», expresó, entonces, Pedro. Y le explicó a qué conclusiones habían llegado María Magdalena y él. «Tomás, de momento, no las comparte», advirtió. Se encontraban a última hora de la tarde y la conversación fluía liviana. Tomás asintió y agitó una mano en el aire para restar importancia a las palabras de Pedro. De acuerdo, no las tenía todas consigo, pero no descartaba que algo de razón habitara en aquel argumento, por lo demás, bastante peregrino. De no ser así, no se habría molestado en seguirlos hasta Betsaida.

«Además, Jesús nos acompaña en espíritu», intervino, de pronto, María Magdalena. Tanto Pedro como Tomás se sentían incómodos ante esta idea, pero no por ello desautorizaban a la joven. De alguna manera, ella, que hablaba poco, pronunciaba las frases auténticamente relevantes.

«¿Qué significa eso?», preguntó Mateo. Tomás distinguió un repentino brillo en los ojos del que había sido su compañero y su amigo.

«Que Jesús está aquí», contestó María Magdalena. «No... No lo está», replicó, tras una brevísima pausa que utilizó para sopesar sus palabras, Mateo. Añadió: «Jesús murió, vosotros mismos afirmáis que lo hizo. Lo visteis con vuestros propios ojos, ¿verdad? Pues ahora no me vengáis con esas... Está muerto y se acabó».

«Lo está», se inmiscuyó Pedro, que, consciente de que María Magdalena en ocasiones se expresaba de forma ruda, pretendía templar la conversación. «Jesús está muerto y murió porque Dios así lo quiso. Ese es su plan, tal y como nosotros lo interpretamos».

«¿Vais a predicar en nombre de él?», preguntó Mateo. «Vamos a explicar que el reino de Dios, tal y como Jesús de Nazaret se ocupó de divulgar, llegará. Si a eso lo llamas predicar, sí, lo vamos a hacer», respondió Pedro.

«En ese caso, no contéis conmigo», indicó Mateo. El anuncio sorprendió a contrapié a los demás. No se lo esperaban.

«Aún no te hemos pedido nada, Mateo», se defendió, algo ofendido, Pedro. «No habéis venido hasta aquí para comprobar cómo me hallo. Estáis en Betsaida para pedirme que me una a vosotros, que os acompañe en vuestros propósitos. ¿Es así?».

A Pedro no le quedó más remedio que asentir. Mateo, que no abandonaba su deseo de ser cortés, ofreció una explicación: «Mi actitud durante el prendimiento de Jesús logró que me odiara. No os podéis imaginar cuánto. Me reprochaba mi actitud, me reprendía una y otra vez por mi falta de entereza. Debí actuar de otra forma, lo sé. Cuando supe que Jesús había muerto, comprendí que mi falta era irremediable. Sus consecuencias fueron las que fueron, y nada ni nadie podría cambiarlas. Asumí —y asumo— que debo vivir con ello. Y eso ya es bastante duro como para que, ahora, vosotros vengáis a mi casa y me digáis que he estado equivocado, que lo inamovible ya no lo es tanto, que Jesús, de algún modo, pervive entre nosotros. No, lo siento... No os lo tolero».

Pedro, María Magdalena y Tomás permanecieron en silencio. Pedro se pasó la palma de la mano por la nariz y la boca y Tomás se rascó la nuca. Solo María Magdalena se mantuvo impasible. Tenía las manos apoyadas en las rodillas y se sentaba, con la espalda muy recta, en un banco bajo de madera.

Entonces, a Mateo se le partió el alma. Sucedió en un instante, en un visto y no visto: la situación que arrastraba desde hacía meses cristalizó en un punto minúsculo, un punto mucho más allá del tiempo, de los lugares y de las concordias, y rompió eso que Mateo llamaba aliento. Su interioridad se vio fragmentada en mil pedazos —por extraño que parezca, él *lo vio* con una nitidez pasmosa— y notó que se le hundía el pecho, que le faltaba el aire, que perdía la cabeza y se mareaba.

«Creo que...», comenzó a balbucear. Pero se interrumpió a la vez que posaba su mano derecha en el lugar donde latía el corazón. «Has de caminar en los lugares donde el polvo no existe», le dijo, casi en un susurro, María Magdalena. Continuaba erguida en su banqueta, con la espalda recta y las manos apoyadas en las rodillas.

«¿Y el resto de los días?», preguntó Mateo. «¿Y el resto de las horas?». «Respira, compañero», indicó María Magdalena. Pedro y Tomás observaban atentos, pero no intervenían. «Date tiempo», añadió la joven. «Permítete comprender lo que de maravilloso trae nuestro mensaje. Acepta que nos equivocamos, que cometimos errores, que cada falta —también cada una de las tuyas— se hallaba prevista por Dios. ¿Es o no es grande su proyecto?».

Mateo se cubrió los ojos con las manos, se protegió así de la luz y, acto seguido, entreabrió los dedos. Allá, frente a él, se encontraba Jesús. Vestía la misma túnica andrajosa de siempre, las mismas sandalias gastadas, el mismo cinturón hecho de cuero barato. Se había cortado el pelo y lo lucía muy pegado al cuero cabelludo, al estilo de los rabinos galileos, con la barba desarreglada y una media sonrisa en los labios.

«Jesús...», farfulló Mateo. María Magdalena, Pedro y Tomás se cruzaron unas cuantas miradas rápidas. Los dos primeros sabían qué sucedía. El tercero no, pero no tardaría en intuirlo. «Jesús», volvió a expresar Mateo.

«Hola, mi amado amigo», dijo Jesús. Tenía la voz de siempre, el aspecto de siempre, la actitud de siempre. «¿No crees que pueda estar aquí, delante de ti?».

«Dijeron que habías muerto...». «Y es cierto que morí. Los romanos me llevaron al Gólgota y me clavaron a una cruz junto a Ezequías y a Bernabé. ¿No me crees? Mira, observa las cicatrices que los clavos dejaron en mis antebrazos y en mis talones. Morí y ahora estoy aquí, de vuelta».

«¿Has..., has resucitado?», preguntó Mateo en voz alta. María Magdalena, Pedro y Tomás *no* veían a Jesús porque *este* Jesús pertenecía exclusivamente a Mateo. Era el Jesús que Mateo había construido a partir de sus recuerdos y experiencias, el Jesús que él habría deseado que se mantuviera con vida, que hubiese sobrevivido a los sucesos del Gólgota. El resto de discípulos debería construir —y, de hecho, tanto Pedro como María Magdalena ya lo hacían— su propia esencia de Jesús: un germen a través del que, junto a los demás, erigir la nueva época.

«¿Resucitar?», devolvió la pregunta el maestro. «¿Qué es resucitar? Si te refieres a si estoy vivo, tan vivo como lo estuve en el pasado, si soy *lo mismo* que fui antes de que los romanos me asesinaran, mi respuesta no puede ser otra: no. No estoy vivo, no lo estoy, al menos, como lo estás tú, como lo están las demás personas, las que ahora se encuentran junto a ti. Pero te acompaño, por expresarlo de alguna manera, en conciencia... Estoy aquí, junto a ti, dentro de ti, y eso será para siempre. Lo único que has de hacer es no apartarme, no renegar de mí».

«¿Apartarte? ¿Renegar? ¿Cómo puedes siquiera insinuar que yo vaya a comportarme de semejante manera...? ¡No, Jesús, no! ¡Claro que no! Te acepto tal y como eres, como *ahora* eres, con todas las consecuencias».

«Por otro lado, entiende que mi mensaje no ha cambiado. Si acaso, se ha extendido, ¿comprendes? Morí para que el reino de Dios pueda, en algún momento, alcanzarnos. Morí, en suma, para que los pecados de todos los hombres sean perdonados. Deberéis ayudarme con eso, ¿de acuerdo? Id y divulgad el mensaje de que todo está aún por llegar. Decid a las gentes que Jesús os ha explicado que el auténtico advenimiento del reino de Dios es el que se halla pendiente. Ruega que se arrepientan, exhórtalos para que mi martirio no haya sido en vano. Morí por todos vosotros, Mateo. Esa es la única y la auténtica verdad que los tiempos han de contemplar».

Mateo hizo una pausa en la que recorrió, arriba y abajo, el patio de la casa. Se acariciaba la barba para ayudarse a pensar. Jesús, mientras tanto, aguardaba al lado de Pedro, María Magdalena y Tomás. Todos permanecían en silencio.

«No, no puedo serte de ayuda», concluyó, por fin, Mateo. Se dirigía a Jesús y los demás lo sabían, pero María Magdalena, intuyendo a qué se refería, intervino de inmediato: «Hazle caso, Mateo», señaló. «Él sabe qué hemos de hacer; lo sabe mejor que nadie, pues ve más lejos que nosotros».

«¿Hacerle caso?», inquirió Mateo volviéndose hacia ella. «¿A quién te refieres?». «Sabes muy bien a quién me refiero. Nosotros también *podemos* verlo». Mentía, de alguna forma, porque el Jesús que ella *podía* ver no era *el mismo* Jesús que Mateo se encontraba viendo. A efectos prácticos, podría tratarse de dos personas —de dos espíritus— completamente distintas que no tuvieran nada que ver la una con la otra. Si es que compartir un germen no significa compartirlo todo o, al menos, compartir lo suficiente.

«No sé de qué estáis hablando», rechazó Mateo. «Sí lo sabes», le corrigió el propio Jesús. Pedro percibió cómo Mateo volvía la vista hacia un lugar vacío del patio. «¿Está ahí?», preguntó. «¿Cómo lo sabes?», devolvió la pregunta Mateo. «Porque conozco el plan de Dios. Y estamos siendo partícipes de él».

Mateo volvió a quedarse sin palabras. Prefirió retirarse al interior de la casa y regresar algo después. Jesús continuaba esperándolo. «Demos un paseo», dijo el discípulo.

La mujer y los tres hombres abandonaron la casa y tomaron un camino que los alejó de la aldea. Betsaida se ubicaba en un valle fértil donde abundaban los viñedos, los cuales recibían agua de un afluente del río Jordán a través de una compleja red de acequias y canales. Una calma que los romanos habrían considerado sospechosa se extendía hasta más allá de donde los ojos podían ver. Pedro oteó el horizonte y no descubrió rastro alguno de presencia humana.

«No, no contéis conmigo», aseveró Mateo despojándose de sus sandalias e introduciendo los pies en una acequia. El agua estaba fresca y los demás lo imitaron. Con las túnicas remangadas y las piernas a remojo, sintiendo el suave y agradable empuje de la corriente, continuaron con la conversación que había dado comienzo en el patio de la casa. Jesús era el único que no se mojaba los pies.

«Te necesitamos, Mateo», replicó Pedro. «Y estoy segura de que te vendría bien distraerte...», se sumó María Magdalena. Tomás permaneció en silencio. Quería averiguar adónde llegaba aquella charla. «No, no os voy a ayudar», insistió Mateo. A plena luz del día, su aspecto parecía aún más derrotado: grandes ojeras enmarcaban sus ojos y los músculos de los brazos le colgaban flácidos.

«Es que...», comenzó a explicarse. «Si no predicas en mi nombre, te aguarda el pecado», se inmiscuyó Jesús. Y, como Mateo lo observaba sin comprender, el maestro añadió: «¿O acaso no peca quien no actúa por la mano de Dios, quien no sigue sus instrucciones cuando estas han sido descritas?». Mateo intentó rebatir lo dicho: «No sabemos si en verdad Dios nos quiere profetizando su...». Jesús lo interrumpió y, por primera vez, lo hizo con cierta acritud:

«¡No se trata de prédicas ni vaticinios! ¡No debéis anunciar la llegada del reino de Dios, sino la mía misma!».

Mateo crispó el ceño y se volvió hacia María Magdalena, que, con ambas manos, se levantaba la túnica para que esta no se mojara. El agua de la acequia se hallaba deliciosamente fría. «No divulgaré la palabra de Jesús», expresó Mateo. «No divulgaré un mensaje que ya ha quedado en el olvido. No, pues nada sucederá como vosotros creéis». Añadió, tras una breve pausa en la que solo se oyó el leve borboteo del agua: «No es el reino de Dios lo que ha de llegar... O sí, sí vendrá..., pero acompañado del propio Jesús».

Pedro no estaba de acuerdo con aquella reflexión: «Jesús ya está entre nosotros. Su espíritu permanece. Su mensaje perdura. Lo hará si nos empeñamos en ello».

Mateo parecía dominado por una vaga excitación. Había atrapado una buena idea y no quería dejarla marchar: «¿Y él? ¿Jesús no solo en alma, sino también en cuerpo de carne y hueso?».

«¿Él? Jesús murió en Jerusalén», zanjó la cuestión Pedro, al que la diatriba de Mateo comenzaba a incomodarle. Por primera vez en mucho tiempo, Pedro vio a Jesús. Lo tenía frente a él, con los pies en la acequia y las manos a la espalda. El agua empapaba la parte baja de su túnica. El Jesús de Pedro, a diferencia del de Mateo, lucía el pelo largo.

«De acuerdo, lo hizo», trató Mateo de que la discusión no se atorara. «Pero y si, pese a todo, ¿aún puede regresar? ¿Aún *quiere* regresar?».

«¿De entre los muertos?», intervino María Magdalena.

«De entre los muertos», asintió Marcos mirando alternativamente a la joven y a Tomás.

«Quizás eso suponga ir demasiado allá», recobró la iniciativa Pedro, quien decidió abrazar las tesis de María Magdalena —el Jesús que nos sigue es espiritual— para zafarse de las de Mateo —Jesús regresa y es capaz de tomar decisiones pese a que estuvo muerto— y salir airoso. Añadió, pues: «Jesús nos acompaña, aunque lo hace en espíritu. Es su recuerdo el que nos inspira. Dios ha dispuesto que su ejecución en el Gólgota sirva para que los judíos, los buenos y piadosos judíos, volvamos la atención hacia la víspera del día del Juicio Final. Se aproxima. ¡Avisemos de ello!».

«¿Y si no llega?», repuso Mateo. «¿Y si Dios ha previsto que ese advenimiento tenga lugar dentro de muchos años, de muchísimos años, cuando todos y cada uno de los que ahora respiramos hayamos muerto?».

«¿Por qué iba a hacer algo semejante?», se preguntó María Magdalena.

«Porque el reino de Dios ha de ser construido para los judíos auténticamente devotos», contestó Mateo. «Jesús hizo lo que pudo mientras predicó de aldea en aldea, pero no nos engañemos: apenas logró incorporar a unos cuantos centenares de fieles a su rebaño. El reino habrá de llegar para millones de judíos. Así lo decide Dios».

«¿Dices que Jesús regresará de entre los muertos?», se entrometió, por primera vez, Tomás. La disputa había terminado por interesarle.

«Lo hará, claro que lo hará», afirmó Mateo. «De otro modo, el martirio que sufrió carecería de significado. Dios así lo quiso, Dios así lo ordenó. Jesús murió para borrar nuestros pecados, para que jamás olvidáramos que es condición necesaria que los pecados se perdonen, que nos arrepintamos, que cuidemos los unos de los otros hasta el día del Juicio Final».

«Creo que estás exagerando...», dijo, entonces, Jesús, el Jesús que veía Mateo. «¿Realmente puedes llevarme la contraria?», inquirió este. Buena pregunta. ¿Podía? Jesús podía en la medida en la que él mismo, Mateo, podía. Ni más ni menos que eso. «¿Tú qué crees?». «Yo no creo nada, salvo lo que mis ojos ven y mi piel absorbe».

En la acequia, vivían unos peces de tamaño diminuto. Ninguno era más grande que un dedo extendido y parecían alimentarse de musgos, de algas, de verdines que crecían en las piedras sumergidas y las tornaban resbaladizas, peligrosas. Los peces no provenían del río, sino que nacían, crecían y morían allá mismo, en los largos canales destinados al riego de los huertos. Las gentes de la región les atribuían propiedades curativas, pues no temían acercarse a los pies de quienes los introdujeran en las acequias y, a mordisquitos, arrancarles las impurezas.

Pedro los vio rondando en torno a él y sintió cómo se le aproximaban, cómo lo tocaban con sus labios diminutos. Experimentó un cosquilleo que, por inesperado, tuvo algo de sobrecogedor. «Y es así como he de venir a vosotros, como habéis de saberme y encontrarme», dijo Jesús, su Jesús. Pedro levantó el gesto hacia él y él añadió: «Soy la leve inquietud, el desasosiego en el alma de los que aún están por reconocerme».

«Yo no estoy entre ellos, Jesús», le replicó Pedro. «Sabes que sé de ti a ciencia cierta». «¿Y si intentan engañarte?». «No lo conseguirán».

En voz alta, dirigiéndose a sus compañeros, Pedro expresó: «Debemos capturar al pez que trae el aviso del reino».

El pez gigante que nadaba en las aguas profundas del lago Tiberíades.

«¿Está Mateo en lo cierto, maestro?», preguntó, todavía en voz alta y clara, Pedro. María Magdalena también había comenzado a ver a Jesús, un Jesús, el suyo, que, fiel a la costumbre, se le acercaba y le tocaba en el antebrazo. Vestía una túnica nueva, de un inmaculado color blanco, y se le había tostado la tez, quizás a causa de los largos días de prédica a la intemperie. «Sabes que te amo sobre todas las cosas», le dijo, en un imperceptible susurro —en un pensamiento apenas articulado—, la joven. «Sí, lo sé», *le* contestó él.

«Si deseáis que yo sea el hombre que ha de regresar de entre los muertos, ¿por qué no habría de serlo?», razonó el Jesús de Pedro y para Pedro. «Si mi presencia *real* y en absoluto atormentada os importa, os ayuda, calma las preocupaciones y recobra ímpetus..., ¿por qué no? ¿Qué hay de malo en retornar a una vida plena? Soy alimento, soy don, soy suerte que ha de contener cada falta y cada pecado. Estoy aquí para redimiros».

«¿Qué ha dicho?», preguntó Mateo, que no veía al Jesús de Pedro. «Sí, qué ha dicho...», se sumó María Magdalena con su Jesús a su vera, también este con los pies sumergidos en el canal, también este con los pececillos rondándole los pies, comiéndose sus imperfecciones.

«Debo pensar que él no me quiere a su lado», reflexionó, a continuación, Tomás, que aún no veía a Jesús. «Él sí te quiere», le aclaró, raudo, Pedro. No consentiría que Tomás perdiera la fe. «Él sí te quiere y tú has de quererlo. Velo desde el corazón sincero, desde la sencillez de un alma que camina, que trae y da perdón, que consuela y promete. Somos su congregación de singulares adeptos, su asamblea de correligionarios, su iglesia verdadera».

«¿Y cómo lo atraigo hacia mí?», se quejó, con todo, Tomás. «No te muevas», contestó, un tanto enigmáticamente, María Magdalena. «No pienses, no invoques, que de ti no mane inquietud alguna. Eres un hombre que cree en Jesús, y con eso debe bastar».

Tomás no entendió lo que María Magdalena quiso decirle. O lo entendió —«no te muevas»— y le pareció absurdo. A él, los pececillos de la acequia no se le acercaban. Lo rondaban, pero nada más.

«¿Y bien, Mateo?», preguntó Pedro. «Jesús vendrá», contestó Mateo. «De acuerdo, de acuerdo...», concedió Pedro. «Los demás ¿estáis de acuerdo con Pedro?», indagó Mateo. Tomás asentía, pero fue María Magdalena la que lo puso en palabras: «Jesús vendrá en persona y nos salvará».

«El reino de Dios será para el rey de Israel: que se siente en el trono, que interprete la voz de Yahvé», sentenció Mateo. «Murió en la cruz y ahora está...».

«Aquí», completó María Magdalena.

«Iré con vosotros», accedió Mateo.

12
Uno

En Cafarnaúm, Salomé se ocupaba de sus tareas cotidianas. Pertenecía a una familia acomodada —su padre era dueño de cuatro barcas que arrendaba a marineros sin embarcación propia y poseía, además, los mejores olivos de la región—, lo cual no significaba que ella estuviera exenta del trabajo diario. Los padres judíos obligaban a sus hijas a esmerarse porque consideraban que solo así serían merecedoras de buenos maridos. Salomé se esposaría con una generosa dote respaldándola, pero no estaba de más que el novio viese en ella a una mujer capaz y responsable.

Al igual que en la familia de María Magdalena, en la de Salomé eran grandes devotos que respetaban las Escrituras y creían que la llegada del reino de Dios en Israel era inminente. De otra forma, el padre de la muchacha no le habría permitido que partiese, junto a Jesús, en dirección a Jerusalén. Dígase, pues, que el padre de Salomé siempre creyó que Jesús era auténticamente el mesías de Dios y que Salomé, yendo a su lado, solo podía obtener, para sí, dones y beneficios. El hecho de que Jesús fracasase y la consiguiente vuelta de Salomé a Cafarnaúm habían supuesto, para todos, una enorme decepción. De verdad que habían creído que esta vez era la definitiva, que el reino se aprestaba a llegar. Lástima, una verdadera lástima...

Como en casa de Salomé disponían de varios criados, la joven pudo elegir, de entre todas las tareas domésticas, las que más le agradaron. Optó, tras pensárselo un poco, por el cuidado de un huerto de higueras, al que se dedicaba con gusto y pasión. Salomé recolectaba los frutos y los preparaba para su venta, tanto frescos como desecados. En esta labor, se esmeraba más que muchos hombres y pronto consiguió que los higos de su padre adquirieran fama en la región. Eran los más gordos, jugosos y suculentos, y muchos agricultores —algunos llegados desde latitudes verdaderamente remotas— se interesaban por los métodos de Salomé. La joven solía sonreír y les contaba lo que querían saber, sabiendo ella que la auténtica receta del éxito se encontraba no en su buena mano, sino en la calidad única de las higueras de su padre.

El duelo de Salomé tras la muerte de Jesús —de la que, como se sabe, había sido testigo— fue más plácido que el del resto de sus correligionarios. No debería afirmarse que no le dolió —le dolió, vaya que si le dolió—, pero, a saber por qué motivo, ella siempre entendió que la misión que Jesús había llevado adelante conllevaba riesgos implícitos. O, dicho de otro modo quizás más comprensible, que el demonio también tenía algo que decir y lo dijo. Venció, eso era todo. Como siempre sucedería tras las luchas entre el bien y el mal, solo quedaba replegarse, encomendarse a Dios y comenzar a preparar una nueva acometida. Tarde o temprano —cuando Yahvé lo dispusiera—, vencerían y, entonces sí, el reino de Dios advendría y se instalaría para siempre.

Así que su dolor, siendo hondo, fue siempre llevadero. Salomé se preocupó de mantenerse ocupada y trató de salvaguardar los vínculos con el resto de personas que contempló la ejecución de Jesús. Excepto con María Magdalena, de la que se había apartado. Llegó un momento en el que su amiga —porque Salomé y María Magdalena lo eran desde mucho tiempo atrás, de toda la vida, cabría decir— le había dado miedo. Veía a Jesús. Creía ver a Jesús, lo creía con tanta firmeza que *asustaba*. Salomé, no obstante, comprendía la raíz del problema: María Magdalena amaba a Jesús *también* después de su marcha. Quizás lo amó en vida —todos sus discípulos, hombres y mujeres, lo amaban en cierto modo—, pero lo amaba *más* en la muerte.

Qué triste, y qué terrible, había sido, para Salomé, reconocer aquella inclinación en el alma de su amiga. Intentó, en aquel momento y por todos los medios, calmarla. Le dijo que Jesús había muerto, que había que llorarlo y que, a continuación, ellos debían proseguir adelante. Era lo que Jesús habría deseado.

María Magdalena se negó en redondo. Comenzó a visitar, cada vez de forma más asidua, a Pedro, quien, al parecer, en lugar de restar importancia a la confusión de la joven, la alentó. Jesús estaba vivo, afirmaban, al tiempo que no dudaban de que los acompañaba de aquí para allá, de que hablaba con ellos, de que discutía en torno a esto o lo otro y aportaba, en las conversaciones, puntos de vista que hasta entonces habrían sido considerados demasiado audaces.

Jesús estaba vivo, pues. Con esa idea en mente, un buen día, Pedro y María Magdalena abandonaron Cafarnaúm. Salomé podría haberse enterado de adónde se encaminaban, pero no quiso preguntar. ¿Para qué? ¿Qué más le daba a ella? Su intención era la de continuar con la vida. Tenía un higueral del que cuidar y un padre al que satisfacer. Y, con el tiempo, un marido a su lado. Porque, tras su regreso de Jerusalén, se había mostrado dispuesta a que le buscaran un buen enlace. Siendo como era, de una buena familia, en cuanto estuviera lista, pretendientes no le faltarían.

Poco a poco, dejó de pensar en Jesús. Dejó, al menos, de pensar exclusivamente en Jesús y en su desgraciado final. Ese dolor siempre estaría ahí, dentro de ella, no le cabía duda alguna, pero aprendería a convivir con él, a amortiguarlo, a dominarlo. Dentro de diez, veinte, cincuenta años, si es que vivía tanto y llegaba a anciana, recordaría con afecto a aquel rabino que, tiempo atrás, le mostrara que Dios no distingue entre el sumo sacerdote del Templo y un leproso que pide limosna en medio de la basura. A ojos de Jesús —misericordiosos donde los hubiera—, ambos merecían idéntico amor.

Una tarde, se encontraba trabajando en el higueral. Hacía calor y se había levantado algo de viento. Salomé se pasó el dorso de la mano por la frente para secarse el sudor y vio cómo cuatro personas se aproximaban hacia ella. Se entretuvo bebiendo un poco de agua hasta que las tuvo lo suficientemente cerca como para reconocer sus rostros. Eran Pedro, María Magdalena, Tomás y Mateo.

Se conmovió. Ver de nuevo a aquellos que tan significativos habían sido en su vida hizo que se sintiera parte de algo importante. Lo había sido y, tal y como ellos se disponían a explicar, lo sería también en el futuro. Si ella quería.

A María Magdalena, Salomé se abrazó de inmediato. Ambas jóvenes, ante la mirada cordial de los tres varones, se besaron al tiempo que se les saltaban las lágrimas. Salomé reconocía, así, que había sido un error separarse de María Magdalena; esta, por su parte, daba por olvidado el asunto y pasaba a otra cosa.

«¿Qué hacéis aquí?», preguntó Salomé tras saludar —todo lo efusivamente que una mujer soltera podía saludar a tres hombres solteros— y recomponerse. «Oh, disculpad, qué desconsiderada soy... ¿Tenéis sed? ¿Tenéis hambre? Puedo ofreceros algunos de mis higos, que son los mejores de...». Fue Pedro quien la cortó levantando la mano derecha y enseñándole la palma.

Retornó, pues, a la cuestión inicial: «¿Qué hacéis aquí?». «Venimos a buscarte», respondió María Magdalena. Para que no quedaran dudas al respecto, iban directamente al grano. Entre ella y Pedro —que seguía con atención el discurso de la joven e intercalaba, aquí y allá, aclaraciones o enmiendas a lo dicho—, le explicaron dos cosas: la primera, que habían decidido reunir al grupo de Jesús; y, la segunda, que lo hacían porque Jesús iba a regresar de entre los muertos.

Salomé se quedó sin saber qué decir. No veía mal que el grupo de seguidores de Jesús se juntara de nuevo. La separación, tras mucho tiempo de convivencia íntima, había sido abrupta y triste. Merecía la pena, entonces, reunirse para intentar que lo que tan mal había acabado se enmendara. O más o menos, pues la muerte de Jesús no tenía enmienda. No la tenía, al menos para Salomé.

Y eso la llevaba directamente a la segunda de las afirmaciones: ¿Qué era eso de que el maestro planeaba volver de entre los muertos? La muerte era irreversible y en esto tanto las Escrituras como la experiencia parecían rotundas e irrebatibles: quien muere muere para siempre. Su alma se separa del cuerpo y se reúne con Dios. El cuerpo, mientras tanto, se pudre, se extingue, desaparece.

Sin embargo, allá estaban María Magdalena, Pedro, Tomás y Mateo para convencerla de lo contrario. Jesús, a juicio de ellos, no solo se disponía a retornar, sino que ya lo estaba haciendo. En este último punto, Tomás se mantenía al margen. Él no era capaz de afirmar que *veía* a Jesús. Los otros tres discípulos —tras mucho tiempo desertando del término, volvían a reconocerse como tales, a referirse a sí mismos de esta forma, lo cual añadía sostén a su proceso— sí afirmaban *ver* a Jesús, *sentirlo* a su lado, *tenerlo* cerca.

«¿Por qué?», preguntó, a continuación, Salomé. Aún albergaba, en el interior de ella, dudas y reproches. No obstante, era capaz de pasarlos por alto. De arrinconarlos, si llegara el caso. Siempre y cuando contara con una justificación satisfactoria: quería saber las razones que los impulsaban a actuar tal y como lo hacían.

«¿Por qué no?», devolvió la pregunta Pedro. Para él, bastaba con eso. María Magdalena, que conocía bien a Salomé, notó que a ella no le valía, que precisaba de algo más. Por eso, a renglón seguido de lo pronunciado por Pedro, explicó: «Somos la iglesia de Jesús».

Estas palabras no extrañaron a Salomé, sino que la calmaron. En realidad, el aserto de María Magdalena no tenía nada de extravagante o revolucionario: ya antes, con Jesús en vida, habían sido su iglesia, esto es, su grupo, su congregación, su asamblea. ¿Qué había de malo, pues, en continuar siéndolo?

Pedro, que percibió cómo a Salomé la explicación dada por María Magdalena la dejaba indiferente, se lo aclaró: «Ahora poseemos un nuevo propósito, que es ajeno a la propia presencia física de Jesús: él estará o no a nuestro lado, será hombre de carne y hueso, o espíritu, o ser celestial; nada de eso condicionará nuestra actitud y nuestra acción, que serán las de expandir su mensaje hasta el último rincón de Judea y de Galilea, y más allá, entre los judíos de la diáspora, entre los paganos, entre quienes aún no saben que Dios es uno y que no admite falsos tronos».

«¿Vais a continuar enseñando que el reino de Dios está próximo?», preguntó Salomé, cada vez más sorprendida. «Lo vamos a hacer porque Jesús así lo quiere», contestó María Magdalena.

«Pero Jesús está muerto...», insistió Salomé. Su amiga se defendió sin altanería aunque con firmeza: «No, no lo está. No para nosotros».

«Jesús vive, Salomé. Debes entenderlo de una vez», intervino Pedro. Tenía los ojos brillantes y polvo en la barba. Luz y tierra.

«Yo misma lo vi morir en la cruz...», alegó Salomé, cada vez más confusa. María Magdalena retomó la palabra: «Es que murió. Pero, ahora, llega el nuevo tiempo. El nuevo tiempo en el que Jesús vive y nos acompaña, nos guía, nos enseña que el camino que juzgamos erróneo y fracasado no lo era en absoluto. Jesús murió para que triunfasen el amor y la verdad. Predicaremos eso hasta el fin de nuestros días».

Hubo un silencio en el que se oyó el trino de los pájaros. María Magdalena se apartó el pelo del rostro. Pedro se llevó el dedo índice de la mano derecha a la aleta de la nariz y se la rascó casi imperceptiblemente. Tomás y Mateo, que hasta entonces no habían despegado los labios, dijeron que, si la invitación se mantenía, ellos sí aceptaban el agua y los higos ofrecidos por Salomé. Esta, pensativa, les entregó un cántaro, les acercó un cesto repleto de frutos frescos. También tenía algo de pan, que se había llevado de casa antes de abandonarla aquella mañana. «Comed, comed», expresó. «Seguro que estáis hambrientos...».

Comieron y bebieron todos.

El grupo quedó establecido. A Pedro, María Magdalena, Tomás y Mateo, se les unió, en primera instancia, Salomé. En segunda, los discípulos queridos que habían permanecido en Cafarnaúm: Andrés, hermano de Pedro; Juan, su compañero de faena; y Santiago, hermano de este. En total, ocho discípulos —seis varones y dos mujeres— que se disponían a retomar la labor de Jesús en el punto en el que Jesús la había dejado: la llegada del reino de Dios es inminente; arrepentíos.

Desde el principio, Pedro renunció a dar su nombre a la congregación. Aquella no era la iglesia de Pedro, no lo sería jamás. Continuaba siendo la de Jesús, la del mesías de Dios. Por lo tanto, ellos eran los mesiánicos, los que, más tarde, traduciendo el término del hebreo al griego, se denominarían cristianos.

Comenzaron a caminar lentamente por las rutas que bordeaban el lago Tiberíades, donde sabían que serían bien recibidos: aquel era el territorio en el que Jesús había predicado. En un inicio, no obstante, se los trató con cierto escepticismo. Cualquiera con dos dedos de frente ataba los pocos cabos necesarios para comprender la historia en profundidad: Jesús, el próximo rey de Israel, había muerto a manos de los romanos, de modo que nunca subió al trono, de modo que su profecía no se cumplió, de modo que fracasó. Bien, aceptemos el fracaso. Los judíos sabían cómo hacerlo. Llevaban toda su existencia fracasando estrepitosamente, así que lo sucedido con Jesús de Nazaret se entendía sin problemas. ¿A santo de qué, por lo tanto, regresar con *una nueva versión* de los acontecimientos?

Pedro formuló una explicación para tal suceso. Y, a medida que caminaban y la exponía, la fue mejorando y perfeccionando. Sonaba simple en su enunciación pero complejísima tras las palabras: No supimos ver que Jesús no era un hombre sino algo más que un hombre.

«¿Un dios?», preguntó alguien. Entre los judíos, que no admitían más dioses que Yahvé y que consideraban que Yahvé era uno y solo uno, la cuestión poseía un envés que hasta la propia María Magdalena consideraba demasiado audaz: «¿Jesús era Dios?».

No, no lo era. Pedro no dudó a la hora de responder y lo hizo de forma tajante, para que a nadie le quedara duda. Jesús era un hombre caracterizado por una sobrehumanidad latente, pero no era Dios mismo. Si acaso, como a él le gustaba afirmar, su hijo. Puede que Yahvé lo enviara como parte de sí —*algo* más que un mesías, en realidad—, pues su plan maravilloso carecía de parangón en la historia de los hombres en general y de los judíos en particular. En torno a esto último, Pedro comprendía que la mayoría de judíos no distinguía a unos de otros: todos los hombres dignos de esa denominación son judíos y todos los judíos son exactamente los hombres que conforman el rebaño de Dios.

Por primera vez, la iglesia de Jesús cruzó el lago en barca. Lo harían en más ocasiones, y a causa de dos motivos: el primero, para extender el mensaje también a los galileos que vivían en la otra orilla del Tiberíades; el segundo, porque no querían permanecer demasiado tiempo en el mismo lugar, no fueran los romanos a echárseles encima. De los ocho, los ocho eran, en mayor o menor grado, prófugos del poder establecido.

Con buen tiempo y viento a favor, el lago podía cruzarse en dos o tres horas. Los cristianos se acomodaron —las mujeres, a proa; los varones, a popa— en una embarcación adquirida con el dinero de Salomé y dejaron que la suave brisa que soplaba de poniente los empujara hacia el centro del lago.

Algo más de una hora después de partir, se encontraron con una barca con dos pescadores a bordo. Como era costumbre en el Tiberíades, las embarcaciones se completaban con tripulaciones muy escasas: dos, tres, cuatro hombres a lo sumo. Se salía a faenar y se regresaba a casa, siempre en el mismo día. Solo si la pesca no se daba bien, los pescadores tomaban la decisión de hacer noche en el lago.

No habría más de cincuenta o sesenta barcas faenando en el Tiberíades. Ese era el motivo de que todos los pescadores se conocieran, al menos de vista, entre sí. Cuando la barca de los cristianos alcanzó a la que faenaba, Pedro y Juan se apoyaron en la borda de babor y, a corta distancia, se interesaron por la tarea. «¿Qué tal se os ha dado?», preguntó Juan. «Mal, muy mal», respondió un hombre en la otra embarcación. «Llevamos un día y una noche a bordo y no hemos sacado ni piedras». «¿De verdad?», se interesó Pedro. «Anoche, lanzamos las redes algo más al norte, pero no hubo suerte. Esta mañana, al amanecer, decidimos venirnos hasta aquí para ver si se nos daba mejor... ¡Nada! Da la impresión de que no queda un solo pez en el lago».

Jesús, al lado de Pedro, observó la barca de los pescadores. Pedro *notó* a Jesús, aunque no dijo nada. Los pescadores continuaban quejándose de su mala fortuna: «¡Ya no merece la pena dedicarse a esto!», se lamentaban. «¡Me voy a hacer pastor de cabras!». «¡Con las cabras no se saca ni para comer, pero, al menos, siempre las tienes ahí!».

«Diles que echen las redes», le dijo Jesús a Pedro. Hablaba en tono neutro, sin levantar la voz, aunque tampoco sin susurrar. «Lo acaban de hacer y ya has oído lo que dicen... No hay pescado», repuso Pedro. Su voz la escucharon todos a bordo de la barca. Y todos supieron *con quién* hablaba. Se hizo un completo silencio en el que solo se escuchaba el leve chapoteo de las olas golpeteando contra el casco.

«Diles que echen las redes», insistió Jesús. «Que lo hagan una vez más. Díselo».

«¡Me ha parecido ver algo!», gritó, de pronto, Pedro. Se dirigía a los pescadores. «¿Dónde?», preguntó uno de ellos. «Aquí, aquí abajo. ¿Por qué no lanzáis la red? Quizás saquéis algo...». «No, no, acabamos de hacerlo y nada. Los peces están en otro lugar». «El caso es que yo he notado el brillo de los vientres... Ha sido un destello rápido, pero inconfundible. Vamos, echad la red. Total, por intentarlo, no perdéis nada...».

Los pescadores se miraron entre sí al tiempo que se encogían de hombros. Al final, uno de ellos, el que parecía llevar la iniciativa en la embarcación, dijo: «Vale, de acuerdo, te haremos caso».

Acto seguido, lanzaron dos redes. Aquellos hombres eran capaces de desplegarlas en el aire y hacer que cayeran una al lado de otra, sin tan siquiera un dedo de espacio entre ambas y, no obstante, sin tocarse o enredarse.

«¡Aguantad!», exclamó Juan, quien solicitaba a los pescadores que mantuvieran las redes en el agua, que permitiesen que se hundieran más y más. «¡Esperad, esperad...!».

«¡Ahora!», gritó, tras una pausa, Pedro. Desde su lugar en la barca, disponía de un magnífico punto de vista sobre las redes. Mejor que el de los propios pescadores que, haciendo caso de su indicación, comenzaron a recoger.

«¡Pesan, pesan!», se excitó, de pronto, uno. Incluso las mujeres, que nada o casi nada sabían de pesca, comprendieron el sentido último de la exclamación: si las redes pesaban, era porque llegaban cargadas. «¡No puedo con la mía!». «¡Ni yo con la mía!». «Va a... ¡reventar!».

«Pídeles que confíen, que no desfallezcan», dijo Jesús. «¡Seguid sin desfallecer!», aulló Pedro haciéndose bocina con las manos. Para entonces, todos los cristianos se inclinaban sobre la borda de babor. Intentaban ver, con sus propios ojos, cómo, desde las profundidades, subían las redes. Fue Mateo quien primero descubrió el brillo de las panzas de los peces. «¡Hay cientos! ¡Hay miles!», gritó.

Había tantos que las redes se tensaban y amenazaban con romperse. En esta situación, solo quedaban dos opciones: una, continuar intentándolo y jugárselo a todo o nada, a alzar la fenomenal captura o a romper la red y perder peces y aparejo; otra, desistir, abandonar, dejar que las redes cayeran hacia el fondo del lago y permitir que los peces escaparan de ellas. Jesús había sido claro al respecto: quería que sacaran la captura.

«¡Confiad en mí!», exclamó Pedro, quien tentado estuvo de gritar «¡confiad en Jesús!», pero se arrepintió. ¿Qué habría ganado hablando en nombre de un rabino muerto? ¿Cómo interpretarían aquellos pobres pescadores la existencia viva de Jesús? Era tiempo para la prédica, para hablar y convencer; nunca para asustar.

Tomás, Mateo, Juan, Santiago y Andrés, además de Salomé y María Magdalena, observaban con sumo interés la maniobra de recogida de las redes. Tanto era así que se inclinaban demasiado en la borda y la barca amenazó, en un par de ocasiones, con volcar. Juan tocó en el pecho a Andrés y ambos echaron hacia atrás sus cuerpos para nivelar la embarcación.

Los pescadores tiraban, y tiraban, y tiraban, y las redes comenzaban a emerger. El brillo de la miríada de peces agitándose en ellas iluminó el rostro de los pescadores, que sacaron fuerzas de donde no había para izarlas. Los cristianos vieron cómo se les crispaba el rostro, cómo los músculos y los tendones de sus brazos se tensionaban hasta casi romperse, cómo algo, algo distinto y superior a ellos mismos los auxiliaba en la tarea.

«¡Lo vamos a lograr!», logró chillar, entre dientes, uno de ellos. Y era cierto porque, con infinita dificultad, consiguió levantar la red cargada, primero sobre la superficie del lago y, después, sobre la cubierta de la embarcación. El hombre no lo dudó ni un instante: en cuanto hubo asegurado lo suyo, corrió a ayudar a su compañero, que luchaba contra el colosal peso de su propia red. «¡Adentro!», gritó.

En cualquier otra circunstancia, los observadores, una vez que los pescadores hubiesen concluido el trabajo, habrían roto a reír, a aplaudir, a felicitarse por la inmensa suerte de la que acababan de ser testigos. En esta, no hicieron nada. Se quedaron inmóviles, a la expectativa, en silencio. Fue Pedro quien terminaría diciendo: «Os dije que lo conseguiríais».

No habló más, pues quedó sumido en una especie de encantamiento visible solo para él, una nebulosa de luz y persuasión, una intensa llamarada de experiencia sentida: de pronto, Pedro, y a la vista de lo que acababa de contemplar, se supo indigno de ser descrito como un seguidor de Jesús. Fue por ello que se giró y, dirigiéndose al maestro —al mesías, al cristo—, dijo: «No puedo continuar a tu lado, pues ¿quién soy yo? Un pobre pecador, y nada más que eso. Un pobre hombre que ha intentado contentarte, antes y después, ayer y ahora. Pero sé que no estoy a la altura, Jesús, que no he de encabezar yo la constitución de tu iglesia. Confía en Andrés, en Mateo, en Tomás. Cualquiera de ellos lo hará mejor que yo».

Jesús no tardó en contestar. Solo necesitó un instante de breve silencio, un instante en el que Pedro reconoció el páramo del miedo y del reproche. «Eres la persona que elegí y la persona que elijo», explicó Jesús. «Continúa conmigo y hazlo también más allá, cuando yo falte y solo mi espíritu y mi recuerdo te acompañen. Jamás estarás solo, mi amado Pedro. Jamás errarás en tu camino si me eliges tú a mí, si aceptas convertirte en un pescador no de peces, sino de almas. ¿Ves esas redes? Dichosos los pescadores porque ellos han creído en mí. ¿Ves las redes de los días venideros? Dichoso tú que las ves, pues a ti te encomiendo su manejo. Es mi barca tu barca, es la de Yahvé todopoderoso, de Israel sobrepuesto a la desdicha permanente. Estamos dentro de un círculo que se expande, y tú te hallas en el centro exacto del mismo».

Tras decir esto, Jesús desapareció y Pedro regresó a la cubierta de la barca. «¿Estás bien?», oyó que María Magdalena le preguntaba. La joven se había desplazado desde la proa de la embarcación y se interesaba por un Pedro que, como le explicarían más tarde, había perdido brevemente el sentido. «Estoy bien», respondió él. «Nunca me he sentido mejor. Continuemos nuestro viaje. Izad la vela, permitid que el viento la hinche. Nos aguardan en la otra orilla».

La derrota hacia el levante continuó. Tomás se había situado en el timón, pues se decía que tenía buen pulso y que conocía el modo de guiar una embarcación. Algo después, se levantó un fuerte viento y él mismo solicitó el relevo: «Juan, asume tú el mando, que de esto sabes más». Era cierto y Juan, pescador desde niño, asió con fuerza el timón.

Afortunadamente, porque el viento aumentó su fuerza y encrespó las aguas. «¿Nos dará tiempo a alcanzar la orilla?», preguntó María Magdalena, seriamente preocupada. Pedro sabía la respuesta —«no»—, pero arqueó las cejas: lo último que pretendía era asustar a las mujeres.

En el lago Tiberíades, las tormentas eran infrecuentes. Eso sí, cuando estas se desataban, más valía poner proa hacia la costa más cercana, pues zarandeaban sin misericordia a hombres y embarcaciones. Pedro y Juan lo sabían y la preocupación no tardó en aflorar a sus rostros.

«¿Qué sucede, Pedro?», insistió María Magdalena. Ahora, se le sumó Santiago: «¿Qué pasa, amigo?». «Solo se ha levantado un poco de mala mar...», respondió Pedro eludiendo, una vez más, la verdad. Y, dirigiéndose a Juan, cometió un error al espetarle: «¡Enfila hacia la orilla!». Juan *ya sabía* que debía enfilar hacia la costa. De hecho, era exactamente lo que se hallaba haciendo. La exclamación de Pedro solo había servido para sembrar sospechas en los demás.

El viento ya soplaba con fuerza y alborotaba los cabellos de las mujeres. De pronto, la embarcación sufrió varias sacudidas seguidas y una gran ola se levantó sobre las bordas. Salomé perdió el equilibrio y tuvo que agarrase a lo que pudo para no caer.

«No me mientas más», le dijo María Magdalena a Pedro. «Nos ha sorprendido una tormenta y parece que es de las grandes», repuso este. «¿No nos dará tiempo a llegar a tierra?». «No lo sé...». «¡Pedro!». «No, no lo creo...». «¿Y qué podemos hacer?».

Nada. Juan mandó a sus compañeros que se repartieran a lo largo de la embarcación. Después, les pidió que se pusieran de rodillas y que apoyaran los glúteos en los talones. Pretendía obtener la máxima estabilidad posible sin poner en peligro la vida de nadie.

Así, la barca avanzó durante un buen rato. El cielo se encontraba completamente nublado y Juan no era capaz de orientarse. Tan siquiera divisaba la costa... Se limitaba a progresar, a mantener la proa fija en el punto que él consideraba adecuado... Pero no estaba seguro. No, no lo estaba en absoluto.

Pedro se situaba al lado de Juan, por si debía relevarlo en el timón. Aunque había renunciado a encabezar el grupo, a describirse como el dirigente del mismo, se sentía responsable. No podía evitarlo: aquellas personas se hallaban en mitad del lago Tiberíades por su culpa. A causa suya, en el mejor de los casos. ¿Cómo no sentirse responsable de lo que les sucediera?

Sería justo añadir que nadie se quejó. Una vez que los cristianos asumieron que la embarcación debería encarar una inesperada tormenta, acataron las instrucciones, se situaron donde Juan les había indicado y dieron por hecho que este sabría cómo manejarse. Ni se les pasaba por la cabeza que la barca fuese a naufragar, que todos fueran a morir allí mismo, ahogados en mitad del lago. ¿Qué sentido habría tenido algo semejante? Dios poseía un plan, un plan magnífico y definitivo, un plan que ellos habían comprendido, desentrañado, aceptado. No, no iban a morir porque no *podían* morir. Dios no lo toleraría.

Pedro, quizás el menos convencido de todos, rogó en silencio: «Dios, no lo permitas». Jesús, situado entre Juan y él, también arrodillado y con los glúteos apoyados en los talones, lo observó largamente. «¿Ahora desconfías?», dijo. «¿Y qué quieres que haga?», le espetó Pedro, quien a ratos olvidaba el papel que Dios había reservado para Jesús en su plan y le hablaba como al amigo que siempre, y antes que nada, había sido. «Lo único que nos faltaba era esta tormenta...», se lamentó.

«Antes de abandonar la playa, no daba la sensación de que el cielo fuera a oscurecerse de esta forma...», comentó Jesús. Hablaba del tiempo como quien se refiere al paso de una bandada de pájaros: es curioso pero en modo alguno crucial o determinante. «Déjame en paz», replicó Pedro. «De verdad, ahora no es momento».

De pronto, comenzó a llover. Los ocho cristianos intentaron cubrirse con sus túnicas y sus mantos, pero la lluvia, intensa casi desde el principio, no les dio ninguna oportunidad: en cuestión de segundos, se hallaban empapados de los pies a la cabeza.

«¿Y qué piensas hacer para sacarlos de esta?», preguntó, mostrando —o fingiendo— indiferencia, Jesús. Este era el Jesús de Pedro, el Jesús que solo Pedro veía porque solo a Pedro se le aparecía, solo Pedro sentía. Explíquese como se quiera y quede claro que el resto de hombres y mujeres en la barca advertía a Pedro hablando solo. Lo cual, por otro lado, lejos de llenarlos de extrañeza, los tranquilizaba: sabían que Pedro se encontraba *viendo* a Jesús, que Jesús, por lo tanto, estaba con él y, así, con ellos.

«Juan se halla en el timón. Él guiará la embarcación», respondió, malhumorado, Pedro. No tenía ganas de conversar y su atención se dirigía a Juan, que luchaba, cada vez con mayor ahínco, para mantener gobernada la embarcación. La lluvia comenzó a caer de lado. En el cielo, brilló un larguísimo relámpago que, al poco, trajo un monstruoso trueno.

«Eso no será sencillo, si la tormenta arrecia...», dijo Jesús. A diferencia de sus seguidores, Jesús se mantenía seco. Tanto su cabello como sus ropas no absorbían el agua. Pedro no lo habría permitido.

«¿Va a hacerlo?», lo interrumpió, con brusquedad, este. «¿Sabes algo que yo no sé? Porque, si es así, dímelo». Al tiempo que dialogaba, inclinaba el cuerpo hacia delante. No despegaba durante demasiado tiempo los glúteos de los talones, pero se alzaba. Nunca había hablado con el ímpetu y la arrogancia que ahora imprimía a sus palabras.

«No, no, qué voy a saber yo...», expresó Jesús quitándole importancia a lo dicho antes. «Solo digo que no había visto un temporal como este en mi vida».

«Yo tampoco», bufó Pedro. Un nuevo relámpago rompió el cielo. Hasta donde alcanzaba la vista sobre las aguas —que, por otro lado, no era demasiado—, el Tiberíades quedó fantasmalmente iluminado. Mil millones de gotitas suspendidas en el aire titilaron al unísono.

«Deberías pedir a los tuyos que comenzaran a rezar», sugirió Jesús. Miraba alternativamente a Pedro y a la superficie del lago.

«Son tan míos como tuyos», repuso Pedro mostrando enfado. Se tuvo que llevar una mano al rostro para, con la palma abierta, retirar el agua que caía a ambos lados de la nariz. Prosiguió: «Aquí, todos estamos para honrarte, para satisfacer los deseos de Dios. Por cierto, ya que estamos hablando de él... ¿No podrías pedirle que nos ayudara?».

«¿Ayudaros? ¿Cómo?», dudó Jesús. Y, con el rostro vuelto hacia la descomunal cortina de lluvia, añadió: «¿Estás diciendo que pida a Dios que detenga la tormenta?».

«O detenla tú mismo», sugirió Pedro. El trueno que retumbó sobre el lago aparentó ser una especie de eco para las palabras del discípulo. *Detén la tormenta, Jesús.* «Necesitamos que algo suceda...».

El maestro volvió a mirar al discípulo: «Es imposible que yo detenga la tormenta. ¿Por quién me has tomado? Solo soy un hombre, igual que tú, igual que los demás».

«No eres igual que nosotros. A ti, Dios te ha elegido», opinó Pedro. Un rayo cayó muy cerca, sobre las aguas. Salomé se abrazó a María Magdalena, ambas todavía de rodillas, y Andrés comenzó a rezar en voz alta. Rogaba a Yahvé por su vida, por las vidas de todos ellos.

«Para ser rey de Israel, no para aplacar tormentas», aclaró Jesús. Había levantado la mano derecha y mostraba la palma extendida en dirección a Pedro. Este distinguió el agujero dejado por el clavo en el antebrazo.

«¡Pues intercede por nosotros!», bramó el discípulo. Se le acababa la paciencia y, con ella, los buenos modales.

«No sería necesario si confiaras en ti mismo», sentenció Jesús. El viento lo rodeaba y su túnica permanecía en reposo.

«Confío en mí mismo», se defendió Pedro. Un nuevo trueno sepulcral golpeó la barca, cuyas tablas crujieron mientras una gigantesca ola la levantaba en el aire y la dejaba allí suspendida, con la lluvia y el frío, con la desazón que extrae la firmeza —la rectitud— de las almas.

«¿Y confías en Juan?», preguntó Jesús. Jesús miraba por encima del hombro de su discípulo, y lo hacía sin alterarse. No sonreía, pero podría haberlo hecho, si hubiese querido, en cualquier momento: «Yo creo que se comporta muy bien en el timón. Fíjate, él no lo sabe, porque no puede verla, pero la costa no se halla demasiado lejos. Sí, nuestro Juan es un estupendo navegante. Estoy muy orgulloso de él».

«¿Cómo de cerca de la costa estamos?», inquirió Pedro. De nuevo, había recogido su cuerpo. Parecía exhausto y necesitaba recuperarse. Dobló la espalda y dobló los brazos, y se postró ante la imagen de Jesús.

«Si seguimos este rumbo, llegaremos en media hora».

«¿Media hora? No aguantaremos media hora más. Hay que aplacar la tormenta», decretó, seguro de lo que decía, Pedro. Volvía a incorporarse.

«Deja de decir tonterías», replicó Jesús en tono jovial. Y, a modo de obviedad, añadió: «Las tormentas no se pueden aplacar».

«Dios sí puede», rezongó Pedro. Se encontraba a punto de perder los nervios.

«Ni tú ni yo somos Dios», dispuso Jesús. «Y ni tú ni yo hemos visto a Dios deteniendo una tormenta, así que no lo sabemos».

«Yo poseo mi fe», habló Pedro. Notó cómo el estómago se le encogía. Un escalofrío le recorrió el espinazo.

«En ese caso, cree en mí».

«Creo en ti, Jesús».

«Pues te ordeno que también creas en ti», expresó Jesús con voz segura. «No, mejor aún: te ordeno que *solo* creas en ti».

«No puedo hacer eso».

«¿Por qué no puedes?».

«Sería como volver a negarte», resumió Pedro. Mostraba los dientes apretados y hablaba a través de ellos. «Ya lo hice tres veces. No me pidas que vuelva a repetirlo».

«Serán dignos de seguirme quienes hagan de su fe un castillo», dijo Jesús.

«Te quiero, pero la tormenta...», balbució Pedro, bajando la voz.

«Detén la tormenta, Pedro», ordenó, entonces, Jesús. Fue la vez que con mayor firmeza se dirigió a su amigo. No volvería a hablarle así.

«¡No puedo! ¡Solo soy un hombre!», se lamentó Pedro. Lloraba, o parecía que lloraba. La lluvia había comenzado a anegar la embarcación.

«Lo somos todos. Detén la tormenta, Pedro», insistió el maestro.

«¡Es imposible!», gimió Pedro. Lloraba, sí, lloraba como si fuese un niño pequeño.

«Hazlo y verás cómo lo que de maravilloso habita en ti surge y reluce», volvió a insistir Jesús.

Pedro se incorporó y abrió las piernas para mantener el equilibrio. Infernales ráfagas de viento y lluvia lo zarandeaban con fuerza. El agua había empapado su cabello, su barba, la túnica. María Magdalena tenía la mirada fija en él.

«¡No puedo!», gritó Pedro. El viento golpeaba con violencia sobre su cuerpo. La túnica, recogida en los muslos, dejaba a la vista dos poderosas piernas.

«¡Sí puedes!», se enfrentó a él Jesús. Por primera vez en toda la conversación, Jesús levantaba la voz: «¡Ruge como el león! ¡Advierte de que tú gobiernas sobre la iracundia! ¡Eres el jefe de mi iglesia y yo te lo ordeno!».

Pedro apretaba los dientes y encaraba el temporal. Entrecerraba los párpados al tiempo que estiraba los dedos de las manos y extendía los brazos hasta situarlos en forma de cruz. «¡Basta ya!», gritó, con todas sus fuerzas, a la tormenta. «¡Déjanos continuar! ¡Detente!».

La tempestad reaccionó enviándole más y más furia. Golpeó sobre la barca, la sacudió, intentó volcarla. Salomé y María Magdalena volvían a abrazarse.

«¡He dicho que te detengas!», aulló Pedro. Pese a lo apremiante de su mandato, mantenía una inesperada calma. «¡Hazlo! ¡Hazlo ahora mismo!».

Pedro hizo una pausa en la que el resto dejó de latir y de pensar, de sentir, de aguardar. A renglón seguido, continuó:

«¡Danos calma! ¡Trae sosiego! ¡Invoco a los demonios del tiempo para que se rindan! ¡He aquí el hombre que camina sobre el envés del porvenir! ¡No podréis conmigo, pues en Jesús creo! ¡Somos los que han decidido seguirlo, los que forman su iglesia primigenia! ¡Aplácate, oh, viento! ¡Detente, oh, lluvia! ¡Extingue tu aliento!».

Cuando, un rato más tarde, la barca alcanzó la orilla, el temporal se había apagado por completo. Pedro, capitán de cristianos, descendió de ella en primer lugar sabiendo que, en adelante, no podría oponerse a encabezar la iglesia de Jesús. Habría resultado —a su juicio y al de los que le acompañaban— un desaire, una descortesía. El cielo volvía a lucir de un profundo color azul. Si alguien alzaba la mirada hacia él, si entornaba los ojos y se concentraba lo suficiente, podía adivinar el rastro de Dios.

En la orilla este del lago Tiberíades, el mensaje de Jesús no había prendido con la eficacia presente en la orilla oeste. Que nadie se equivoque: sencillamente, este lugar había sido menos frecuentado por el maestro cuando se hallaba vivo. Pedro había resuelto que, ahora que se hallaba muerto, compensarían la falta y extenderían su prédica.

«Más te vale ganártelos desde el principio», le advirtió Jesús. Caminaba a su lado, como caminaban a su lado los siete cristianos restantes: paso lento aunque firme; rumbo sin decidir de antemano; una actitud altiva y humilde al mismo tiempo, por mucho que cueste creerlo.

«Tú déjame a mí», repuso Pedro, que, tras la travesía, se encontraba cansado e irritable. No lo expresaría en voz alta, pero pensaba que qué fácil resultaba, para Jesús, opinar sobre esto o sobre lo otro. A fin de cuentas, él no estaba allí realmente, no era un hombre de carne y hueso, no sentía sed, ni hambre, ni agotamiento. Por suerte para Pedro, el Jesús de su memoria conservaba la paciencia del Jesús existido. «De acuerdo», concluyó el maestro.

A Pedro, con todo, no se le escapaba que la razón, como siempre, se encontraba del lado de Jesús. Ellos ocho no eran extranjeros en aquella tierra, aunque sí foráneos. Galilea era una pequeña provincia constituida, a su vez, por comarcas y regiones que, a efectos prácticos, se comportaban como soberanas y autosuficientes. De ahí, quizás, que el empeño de los romanos por asimilarlas —por convertirlas no ya en una parte del imperio, sino en una parte del imperio idéntica a cualquier otra— no alcanzara el éxito deseado. Los judíos no ofrecían resistencia armada, pero ofrecían resistencia espiritual: y la más cruenta que haya existido jamás.

La foraneidad de los cristianos los obligaba a actuar rápido. Que los naturales de aquellas tierras no fueran a denunciarlos a los romanos —un judío reconocía a otro judío y, por mucho que no poseyera los mismos rasgos o hablara el mismo idioma, identificaba su causa: todos se consideraban siervos de un dios, llamado Yahvé, que, además de ser el único, era el verdadero— no significaba que estuviesen dispuestos a recibirlos con los brazos abiertos.

Comenzaron a predicar en una aldea de pescadores donde no vivían más de treinta personas. Pedro fue quien abrió la charla: se situó en lo que parecía la plaza del pueblo y, con sus siete compañeros escuchándolo atentamente, disertó acerca de la importancia de arrepentirse de los pecados, pues el retorno de Jesús se hallaba cerca.

Al principio, nadie de entre los oriundos de la tierra lo escuchó. Un rato después, dos pescadores realizaron un alto en sus labores, se aproximaron y atendieron con gesto circunspecto. Pedro creyó que, a partir de ahí, más gente se les acercaría, pero erró: nadie les prestó ni la menor atención e incluso uno de los dos pescadores dio media vuelta y se marchó.

«Te lo dije», ironizó Jesús, al lado de Pedro. «¿Y qué propones?», preguntó, sin poder ocultar su malestar, este. «Sigue el rastro de los que no quieren ver y ábreles los ojos». «¿Cómo dices?». «Abre los ojos del ciego».

«Nos vamos», sentenció, en voz alta, Pedro. Los cristianos, que lo habían visto mascullando mientras hablaba con un Jesús para ellos invisible, fruncieron el ceño. Tuvieron que ser Salomé y María Magdalena las que se pusieran en primera línea y arrancaran a caminar. «Gracias», pensó, para sí, Pedro. «Ellas serán las primeras que entren en mi reino», apuntaló Jesús. Y, añadió: «Me arrepiento de no haber contado con las mujeres cuando tuve ocasión de hacerlo».

María Magdalena le dijo a Jesús —al Jesús con el que ella dialogaba— que hay luz que atraviesa la estrechez de las mentes. «No hay más ciego que el que no quiere ver», repuso Jesús. María Magdalena asintió y, en voz alta, aventuró una posibilidad que, en aquel momento, solo parecía remota: «Abriremos los ojos del ciego; prenderemos la chispa de tu mensaje en el cojo y en el paralítico».

En una hora, llegaron a otra aldea, esta alejada de la costa. Siguiendo la costumbre, Pedro comenzó a predicar: «Jesús va a regresar de entre los muertos». «Jesús *está* muerto y, por lo tanto, no puede regresar», alegó un aldeano, quien, aunque nunca había conocido en persona al mesías, sabía de la suerte que este corriera en Jerusalén. «Jesús va a regresar», retó, con voz extrañamente plácida, Pedro. «¿De entre los muertos? Lo dudo mucho...», puntualizó el aldeano.

«¿Le digo que estás aquí?», le preguntó Pedro a Jesús, le preguntó María Magdalena a Jesús, le preguntó Santiago a Jesús, Andrés a Jesús, etcétera. «Que sea Pedro quien describa la caída de la fruta madura», respondió este. A uno, a otro, a otro, a todos individualmente, como si no existiera más veces, en distintos planos, alineado con otras conciencias.

«No ves a Jesús porque no ves más allá de tu nariz», le dijo Pedro al aldeano. «Soy un judío devoto y no tienes por qué amonestarme, rabino», replicó este. «¿Y no es tu ausencia de perspectiva el mayor de los pecados?». «¿Cómo lo sería, si veo aunque afirmes que no lo hago?». «¿Ves a Jesús?». «Jesús está muerto». «Jesús regresa de entre los muertos y te tiende la mano». «¿Cuándo?». «Ahora».

El aldeano notó cómo el cuerpo entero comenzaba temblarle. Se quedó ciego de un ojo, ciego del otro, y cayó de rodillas al tiempo que comenzaba a sollozar: «¿Qué..., qué me sucede?». De pronto, sobre él había caído la negrura de la noche, del silencio en el fondo de la cueva, del terror sin límite. «¿Sabes que puedo salvarte si abres, de verdad, los ojos?», preguntó Pedro.

«¡Sálvame!», exclamó, entonces, el aldeano, que había echado el cuerpo hacia delante y gateaba. «¡No veo! ¡No puedo ver!».

«Tenemos ojos distintos para quien quiera ser partícipe de la única verdad que importa», intervino, áspera, María Magdalena. «Ojos del color de los ojos de Dios». Realizó una breve pausa en la que inspiró una bocanada de aire y añadió: «Ojos de color innombrable, ojos inmaculados y de eterna nitidez. He aquí la transparencia de los tiempos. He aquí el caudal que provee de flujo al reino de Dios. Estamos a punto de ser juzgados. ¡Ve, hombre! ¡Abre los ojos y ve!».

Más y más personas se aproximaban, al principio con cautela, después decididamente interesadas. El aldeano, entre temblores y convulsiones, se incorporaba. «Dios mío, ayúdame...», decía, imploraba. «¿Qué me habéis hecho? ¿Por qué no veo? Devolvedme la mirada, por favor, devolvédmela...».

Pedro se acercó a él y, con movimientos afectuosos, lo ayudó a levantarse. «Estas son las manos de Jesús», le susurró casi al oído. El aldeano no comprendía qué significaba eso y Pedro tuvo que aclarárselo: «Te toco para que él te toque. Abre los ojos a un mundo nuevo».

Con mucho miedo, el hombre, ya completamente erguido, obedeció a Pedro. Muy despacio, separó los párpados al tiempo que extendía los brazos para tratar de asirse a lo indeterminado. El miedo que experimentaba —el terror— era visible para cualquiera de los que lo contemplaban.

«¡Veo!», exclamó, de pronto. Temblaba, temblaba. Pedro contuvo sus movimientos, quizás para que no cayera. «¡Veo!», volvió a exclamar el aldeano. Un desconcierto árido y extraño se extendió hacia los que observaban. ¿Qué había sucedido allí? ¿Qué le ocurría a aquel pobre hombre?

Que Jesús lo había curado de la ceguera. De la ceguera no frente a lo cotidiano, sino ante lo extraordinario. Veía y vería por siempre jamás. Sería testigo de un nuevo comienzo, puro y concreto. «Veo...», repitió una vez más, aunque ahora casi en un susurro. Tras el desconcierto, el miedo se disipaba y llegaba la comprensión. Estoy aquí, soy en este lugar, convivo con una dicha primigenia y absoluta; sé cómo brilla Yahvé.

«¿Te encuentras bien?», le preguntó María Magdalena aproximándose al aldeano y tocándole en el brazo. «Nunca..., nunca me había sentido...», comenzó a explicarse entre balbuceos. El aldeano estuvo a punto de completar así la frase: «mejor». Nunca me he sentido mejor. Pero, ¿era cierto? ¿Percibía, en su estado, una *mejoría?* No, se interrumpió antes de terminar porque no se refería a eso. Él era, por expresarlo de alguna manera, distinto. Otro. Divergente de su estado anterior. Algo había sucedido que convertía su capacidad de ver en una capacidad *diferente* de ver. Diferente, nueva, imprevista, asombrosa.

Veía con ojos desconocidos. Pedro, a su lado, sonrió. También lo hizo María Magdalena, y Salomé, y Mateo, y los demás cristianos. «¿Quiénes sois vosotros?», preguntó el aldeano. «Somos la iglesia de Jesús», contestó Pedro. «¿Puedo unirme a vosotros?». «Desde luego que puedes».

Los ocho se convirtieron en nueve. Por primera vez, un cristiano que no había conocido a Jesús se sumaba al grupo de hombres y mujeres que constituían su iglesia. Se unirían más, muchos más, y la iglesia se expandiría por el mundo.

Antes, sin embargo, debían regresar a Cafarnaúm.

LIBRO TERCERO

RESURRECCIÓN

13
Iglesia

El regreso se realizó en silencio. Jesús había desaparecido de la vista y del pensamiento de los cristianos, y estos se limitaban a estar, a vaciarse de ideas preconcebidas, de pretensiones irrefrenables, de discordia. El lago Tiberíades, plácido y tranquilo, ofrecía una ruta lenta pero segura para la barca de los cristianos.

A medio camino, de nuevo en aquel milagroso centro del lago, el viento cesó repentinamente, la vela se desinfló y la embarcación perdió impulso. Pedro, de pie en proa y con las piernas ligeramente abiertas, se hizo sombra poniendo una mano sobre las cejas y miró en dirección a la orilla oeste. «Es momento de ser pacientes», dijo.

De pronto, divisó al pez. Al gran pez que tiempo atrás descubriese y del que, desde entonces, no había vuelto a saber nada. El animal, de proporciones gigantescas, casi tan grande como la propia barca en la que nueve personas se acomodaban sin esfuerzo, nadaba sin prisa a no demasiada distancia. Pedro lo miró con detenimiento y observó cómo rompía la superficie con su descomunal boca. Una boca sin dientes, implacable aunque en modo alguno amenazadora: el pez parecía una gran carpa que se alimentaría de a saber qué, pero no de hombres.

«¿Lo avistáis?», preguntó Pedro para asegurarse. No para asegurarse de que él lo veía —cosa de la que no dudaba en absoluto—, sino de que los demás lo veían al mismo tiempo. Preguntaba, pues, acerca de si las realidades de cada uno se solapaban, se alineaban, se enfocaban. Intuyó que le iban a responder que sí, y no erró: todos y cada uno de los cristianos que se encontraban a bordo, incluso el aldeano recién incorporado a la iglesia de Jesús, afirmaron *ver* al pez de proporciones descomunales.

Pedro no era pescador en vano: «Atrapémoslo», decretó sin abandonar su lugar en la proa de la embarcación. Los cristianos fruncieron el ceño. «¿Pescarlo?», preguntó Tomás. «Nosotros ya solo pescamos almas», intervino Juan, quizás el más adecuado para hablarle así a Pedro, durante tantos años su compañero de fatigas.

El pez, mientras tanto, se aproximaba más y más a la barca. Salomé se inclinó sobre la borda de estribor para contemplarlo de cerca. María Magdalena hizo lo propio, aunque por el lado de babor. Al tiempo que el pez se deslizaba lentamente, la joven estiró un brazo, introdujo la mano en el agua y, con ella, rozó el lomo del pez. Sintió cómo un agradable escalofrío le recorría la espina dorsal.

«Dios santo...», murmuró para sí al comprender que el pez anunciaba al anunciador. «¡Pedro!», exclamó. Lo hizo en voz alta, para que tanto Pedro como los demás escucharan bien lo que se disponía a añadir: «¡El pez trae el aviso de la inminencia perfecta!».

Sus enigmáticas palabras dejaron pensativos a los cristianos. Para entonces, María Magdalena ya gozaba de buena reputación entre los miembros de la iglesia de Jesús. No solo había sido discípula del maestro, no solo lo había frecuentado como parte de su círculo más íntimo, sino que lo había visto sufrir y morir, y a ese sufrimiento y a esa muerte otorgaba la más profunda de las interpretaciones, el más extraordinario de los significados: sucedió para salvarlos.

Una calma aún más chicha cayó sobre el Tiberíades. La vela no se movía, no se movían las ropas de los tripulantes, no se levantaban olas. El pez nadó despacio y pasó bajo la quilla de la embarcación. María Magdalena volvió a tocarlo con los dedos, volvió a sentir su excepcionalidad. «Está aquí para construir y alabar el mundo nuevo», señaló.

De improvisó, Pedro vio a Jesús. Caminaba sobre las aguas en dirección a la barca. «Jesús», lo llamó el discípulo en voz baja. «Jesús», lo imitó Santiago. «Jesús», «Jesús», «Jesús», dijeron los demás.

Pedro pestañeó una sola vez. Comprendió, entonces, que algo distinto ocurría. Y trató de asegurarse: «Tomás», llamó. «¿Sí, Pedro?», repuso el aludido. No habría sido necesario ahondar, pues, en el tono de Tomás, Pedro supo leer la respuesta que buscaba. Sin embargo, insistió: «¿Ves a Jesús?». «Lo veo», aseguró Tomás. Por primera vez, lo veía. Y lo veía por primera vez *al tiempo* que los demás lo hacían.

Como Pedro había sospechado, las visiones concordaban. Existiría, en adelante, una sincronía en los acontecimientos que a todos —a todos; a Tomás, el discípulo escéptico, incluido— convencería. Si solo lo veo yo, he enloquecido; si lo vemos todos al unísono y sin que nadie —incluso quien no quiera— deje de hacerlo, la misión de nuestros días venideros se ha revelado.

«Jesús», llamó Pedro, ahora en voz alta. El maestro —el mesías, el cristo— retornaba de entre los muertos —resucitaba— y lo hacía en el lugar apropiado para ello: el centro del lago suponía su hogar querido, el núcleo a partir del cual la iglesia que acababa de ser fundada —la iglesia de Jesús— se expandiría.

«Pedro», dijo Jesús extendiendo las palmas de las manos hacia el frente. Las abría ligeramente y mostraba los agujeros dejados por los clavos en los antebrazos. «Es cierto que podías regresar de entre los muertos», masculló Pedro. «Lo hago para que el plan de Dios no se detenga; ahora perdono vuestros pecados».

«¿También los míos?», preguntó Pedro.

«Los tuyos antes que los de los demás, mi amigo», repuso Jesús.

«Pero yo te negué; te negué hasta tres veces», insistió, confuso y contrariado, Pedro.

«¿Te arrepientes de ello?», inquirió Jesús.

«Moriría no una, sino mil veces si así pudiera enmendar mi falta», respondió, sin pensárselo, Pedro.

«No quiero que mueras, pues ya lo hice yo por ti», concluyó Jesús. «No quiero que ninguno de vosotros muera, pues ya he muerto yo por vosotros y por todos los hombres que viven en el mundo. Sean vuestros pecados perdonados. Convertíos en apóstoles y predicad en mi nombre. El reino de Dios se halla próximo. Arrepiéntanse las gentes que pretendan entrar en él».

A continuación, el pez nadó cerca de Jesús, lo rodeó un par de veces y se sumergió hacia las profundidades. Jesús caminó sobre las aguas en dirección a la barca.

Los nueve de a bordo, sin excepción, lo vieron aproximarse. Traía su habitual túnica raída y el aspecto de los bondadosos: alguien le había cortado el pelo y le había arreglado la barba. No llevaba sandalias y avanzaba descalzo. Sonreía, no obstante, como si nada de lo que existiera a este lado de la consciencia pudiera molestarle.

Pedro dudó. ¿Cómo podía ser que Jesús caminara sobre las aguas *sin hundirse?* «No es posible», aseveró. Y concluyó así: «No eres tú, maestro».

Jesús no dejó de sonreír. «¿Vuelves a ponerme en duda?», preguntó. Sin esperar respuesta, añadió: «He dicho que perdono todas tus faltas; digo, por lo tanto, que confíes en mí, pues no seré yo quien haya de fallarte».

«¿Estáis seguros de que vosotros también lo estáis viendo?», preguntó Pedro volviéndose hacia el resto de compañeros. Todos asintieron y fue María Magdalena la que puso en palabras el sentimiento general: «Vemos al hombre resucitado, que es uno y único, que por Dios ha sido enviado y a cuya presencia nos encomendamos».

«¿Luce el pelo corto? ¿Viste la túnica de siempre?», insistió Pedro, cada vez más alterado. María Magdalena lo confirmó. Los demás lo confirmaron.

«¿Acaso no crees que yo pueda caminar sobre las aguas?», preguntó Jesús.

«No, si sencillamente eres un hombre», se defendió Pedro.

«Abandona los interrogantes y descansa en mi palabra».

«Siempre confié en ti, Jesús, y siempre confiaré. Pero...».

«Deshazte de los peros y cultiva la confianza».

«De acuerdo, lo hago».

El gran pez retornó desde las profundidades y, una vez más, se dejó ver. Los rayos del sol iluminaban sus escamas y las hacían brillar en tonos plateados y violetas, anaranjados y térreos. Boqueó un par de veces junto a los pies de Jesús y levantó, al hacerlo, unas olas casi imperceptibles que mojaron los dedos del maestro.

«Ven hacia mí», le dijo Jesús a Pedro mientras extendía una mano. Pedro lo miró sobrecogido. ¿Qué clase de pregunta era aquella? ¿Ir *hacia él*? Jesús se hallaba suspendido sobre las aguas. Quizás esto no supusiese un problema para un hombre resucitado, pero sí para alguien que, como Pedro, jamás había abandonado la vida.

«Pronto has comenzado a desconfiar», añadió Jesús. A ratos, su amplia sonrisa se nublaba un tanto, aunque sin llegar a desaparecer del todo.

«No desconfío, Jesús, pero...», se defendió Pedro.

«¿Regresas a los peros?», preguntó Jesús.

La cuestión planteada por el maestro suponía la asunción de que la confianza —creo en ti, Jesús; creo en lo que afirmas; creo que tú eres la verdad— se impondría sobre cualquier otra circunstancia. «Estamos hechos de amor», había afirmado Jesús cuando aún no había sido ejecutado por los romanos.

«Ven, toma mi mano», afirmó ahora.

Ante la mirada atónita de los cristianos, Pedro se apoyó en la borda de la barca y pasó, por encima de ella, una de sus piernas. «No volveré a pecar», decidió. «Y si, para no negarte nunca más, para afirmar que yo te sigo y te seguiré siempre, he de poner mi vida en manos del destino, así sea».

«El destino solo Dios lo conoce», aseveró Jesús.

«¿Y tú? ¿Tú lo conoces?», preguntó Pedro. Sin desasirse de la borda, pasó la otra pierna por encima de ella. Acto seguido, se sentó con los pies colgando hacia fuera. Si se incorporaba, se soltaba y daba un paso al frente, caminaría sobre las aguas o se hundiría en el lago.

María Magdalena se mordió el labio inferior. *Sabía* que la muerte de Jesús en la cruz no había sido en vano. Dios quería que

Jesús resucitara para poder completar su plan. «Eres el mesías de Dios», murmuró en voz muy baja. «En verdad que lo eres...».

Los discípulos —los ya apóstoles de Jesús— asintieron. Veían a Jesús caminando sobre las aguas, yendo hacia ellos muy despacio, extendiendo los brazos, sonriendo y mostrando las palmas de las manos.

«Conozco la liviandad de todo destino», contestó Jesús. «Y sé que cada hombre describe la ruta hacia él. Ven, Pedro. Estoy aquí. Ven».

Pedro tamborileó en la borda de la embarcación. A continuación, soltó las manos y se dispuso a caminar en dirección a Jesús.

Índice